KB271919

인공지능

파놉티콘

인공지능 파놉티콘

1판 1쇄 인쇄 2026. 4. 8.
1판 1쇄 발행 2026. 4. 15.

지은이 홍성욱

발행인 박강휘
편집 김해슬 | 디자인 조명이 | 마케팅 고은미 | 홍보 강원모
발행처 김영사
등록 1979년 5월 17일(제406-2003-036호)
주소 경기도 파주시 문발로 197(문발동) 우편번호 10881
전화 마케팅부 031)955-3100, 편집부 031)955-3200 | 팩스 031)955-3111

값은 뒤표지에 있습니다.
ISBN 979-11-7332-600-4 93100

홈페이지 www.gimmyoung.com   블로그 blog.naver.com/gybook
인스타그램 instagram.com/gimmyoung 이메일 bestbook@gimmyoung.com

좋은 독자가 좋은 책을 만듭니다.
김영사는 독자 여러분의 의견에 항상 귀 기울이고 있습니다.

김영사

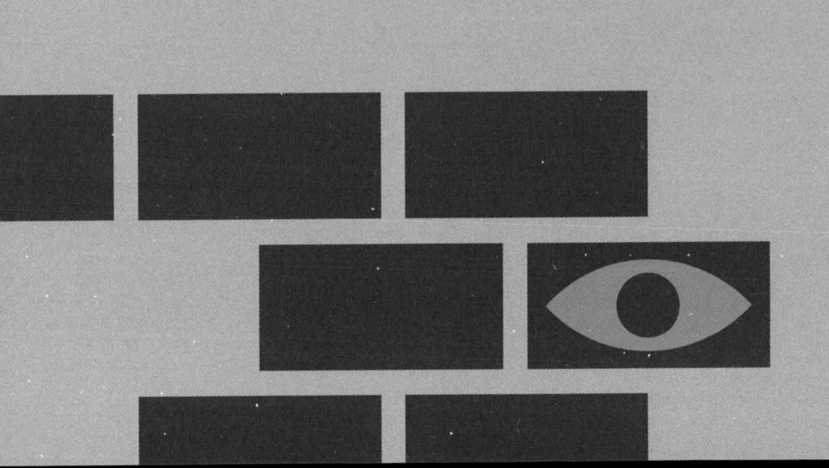

차 례

개정판 서문

2002년에 출간된 《파놉티콘─정보사회 정보감옥》은 내가 1990년대 후반부터 2000년대 초반까지 고민하던 내용을 담은 책이었다. 인터넷이 대중에게 공개된 시기는 1994년 무렵으로, 우리나라에서는 이보다 몇 년 늦게 인터넷 붐이 일었다. 나는 당시 PC통신에서 인터넷 커뮤니티로 넘어오면서 인터넷이 보여주는 감시와 역감시의 가능성에 사로잡혔고, 이 내용을 저서 《파놉티콘》(2002)에 정리해 출간했다. 인터넷과 전자기기의 보급으로 전자감시의 시대가 열렸지만 책에는 같은 기술이 감시에 대한 저항과 역逆감시의 수단으로 이용될 수 있다는 메시지를 담고 싶었다. 기술의 힘을 인정하지만 인간이 여기에 무력해져서는 안 된다는 메시지였다. 의외로 이 책은 오랫동안 널리

애독되었다.

2007~2009년 스마트폰이 보급되기 시작하면서 지금도 많은 이가 이용하는 소셜네트워크서비스SNS들이 대중화되기 시작했다. 구글이 다른 모든 경쟁자를 제치고 검색엔진 시장과 이메일을 독점하기 시작한 것도 비슷한 시기였다. 그 무렵부터 '빅데이터'라는 말이 유행처럼 사용되기 시작했고, 우리나라에서도 페이스북과 유튜브 사용자가 기하급수적으로 늘어났다. 2010년대 초에는 인공지능이 초미의 관심사가 되었으며, 신경망 인공지능, 딥러닝 같은 낯선 용어가 등장했다. 2015년 초 미국의 〈타임〉과 〈와이어드〉는 케임브리지대학교 연구자들의 연구를 인용하면서 "페이스북이 당신 친구보다 당신을 더 잘 안다"라는 기사를 게재했다. 2019년에는 "페이스북은 당신 자신보다 당신을 더 잘 안다"라는 기사가 나오기도 했다.

2002년에 출간한 《파놉티콘》에서는 주로 국가에 의한 시민 감시, 자본가에 의한 노동자 감시와 같은 권력에 의한 감시를 다루었다. 이러한 감시에 대응하기 위해 역감시의 가능성, 프라이버시의 적극적 의미, 정보 제공자 동의의 중요성 등을 강조했다. 그런데 그 이후에 나타난 현상들은 내가 그 책에서 다루었던 내용과 잘 맞지 않는 듯했다. 2001년 미국에서 발생한 9·11 테러 이후 사람들은 국가기관에 의한 감시에 대해 덜 걱정하는 것처럼 보였다. 오히려 CCTV나 얼굴인식 기술이 안전을 위해 필요한 것이라고 수용하는 경향이 보였다. 사람들은 자신의 구매 이력이 낱낱이 노출되는 포인트 카드를 자발적 동의하에 즐겁게 사용했다. 동시에 누가 시키지 않아도 페이스북이나 인스타그램에 자신의 일상을 올리는 등, 친구나 가족뿐만 아니라 모르는 사람들에게 자신과 가족의 사생활을 공유하는 데 거리낌이 없었다. 페이스북의 최고경영자 마크 저커버그는 이런 현상을 두고 "프라이버시는 죽었다"라고 선언했다.

이러한 변화는 21세기에 나타난 SNS, 스마트폰, 빅데이터, 인공지능 같은 새로운 기술 때문인가? 사람들은 정말 감시에 무감각해지면서 스스로 즐겁게 노출하고 있는가, 아니면 그렇게 보이는 것뿐일까? 국가의 감시와 달리 구글이나 페이스북 같은 기업의 감시는 무시해도 좋은가? SNS와 빅데이터는 우리에게 혜택만을 주는 것일까? 마크 저커버그의 선언대로 프라이버시는 정말 죽은 개념에 불과한 것일까? 20세기 말에 기대했던 정보통신 기술을 이용한 역감시의 가능성은 사그라졌는가? 스마트폰과 SNS, 빅데이터와 인공지능이 등장하기 전에 출간된《파놉티콘》에는 이런 질문에 대한 답이 들어 있지 않았다.

이후 나는 새로운 기술, 새로운 감시, 새로운 저항에 대해 틈틈이 공부하면서 21세기에 등장한 새로운 감시문화에 대한 장들을 덧붙여《파놉티콘》책을 보완하고 싶었다. 그러나 적절한 계기가 생기지 않았다. 무엇보다 감시를 연구하는 많은 이들이

21세기의 상황을 훨씬 더 암울하게 평가하고 있다는 사실이 내가 《파놉티콘》 후반부에서 제시했던 결론과 그리 잘 이어지지 않았다. 그런데 2024년 겨울의 어느 날, 이런 불일치를 해소할 수 있는 단서를 찾으면서 최근의 논의와 과거 《파놉티콘》의 논의를 정합적으로 연결할 수 있게 되었다. 이후 집필에 속도가 붙었다. 돌이켜보면 과히 어렵지 않은 일이었지만 하나의 서사를 생각하는 데에 꽤 오랜 시간이 들었다.

20년도 훨씬 전에 쓴 책을 확장하는 일은 새로운 책을 쓰는 것만큼이나 (아니 이보다 더) 어렵다는 것을 이번에 절실히 느꼈다. 1장에서 3장까지는 파놉티콘의 역사에 해당하는 부분이어서 수정할 내용이 거의 없었다. 그러나 감시와 역감시의 사례가 많이 등장하는 4장과 5장은 지금의 맥락에 맞게 손을 보아야 했다. 현재의 상황에 맞지 않는 부분을 제거하고, 최근의 사례들을 여럿 포함시켰다. 그러나 전체적인 틀은 바꾸지 않았다. 2002년에 출간한 《파놉티콘》의 문제의식은 여전히 유효하다고 생각하기 때문이다. 독자 여러분은 4장과 5장의 서술이 인터넷이 이제 막 확산되던 시기에 주로 집필되었다는 사실을 참작해주길 바란다.

2000년대 초반에 집필한 1~5장과 이번에 새로 집필한 6~9장 사이에(즉 5장과 6장 사이에) '간주Intermezzo'를 삽입했다. 원래는 잠깐 쉬어가자는 뜻이지만 이 책에서는 20년의 시간을 건너뛰는 징검다리 역할을 한다. 뒤이어서 빅데이터-인공지능 시대의 감시와 역감시를 논하는 6장 '인공지능과 빅데이터 시대의 감시', 7장 '감시 자본주의, 디지털 감시경제 그리고 감시문화', 8장 '아직 '1984'는 아니다—기술의 어긋남과 저항하는 사람들', 그리고 9장 '빅데이터-인공지능 파놉티콘 시대의 새로운 프라이버시 권리선언문'을 새롭게 포함시켰다. 이번에 출간하는 《인공지능 파놉티콘》은 21세기 빅데이터와 인공지능 시대를 살아가는 우리에게 더 보편화되고 은밀해진 감시에 대응하는 실천적 지침의 첫 단추가 될 수 있다고 생각한다. 책을 집필하는 동안 아내와 나눈 이야기가 항상 나를 자극했고, 이에 감사한다. 마지막으로 끈기 있게 기다려주고 책을 멋지게 편집해주신 김영사 과학팀에게도 감사드린다.

2026년 4월

홍성욱

초판 서문

내가 파놉티콘이라는 제러미 벤담의 감옥을 처음 접한 것은 토론토대학교에서 방문학생으로 공부하고 있던 1991년 가을이었다. 당시 토론토대학교 역사학과에서 개설한 빅토리아 시기 영국사를 청강하고 있었는데, 벤담주의자였던 에드윈 채드윅에 대한 공부를 하다가 파놉티콘을 알게 되었다. 그러고는 이 책의 2장에서 언급하고 있는 거트루드 힘멜파브의 〈제러미 벤담의 귀신 들린 집〉이라는 논문을 찾아 읽었다. 곧이어 프랑스 철학자 미셸 푸코가 《감시와 처벌》에서 파놉티콘에 대해 자세히 분석했다는 사실도 알게 되었고, 이를 매우 흥미 있게 읽었다. 당시 벤담의 전집에서 파놉티콘에 대한 그림들을 보았을 때 받았던 기이한 느낌은 지금도 지울 수가 없다.

그 후 오랫동안 파놉티콘에 대해 잊고 지내다가, 1994년경 서양 기술사와 관련된 책과 논문을 닥치는 대로 읽고 있을 무렵 헨리 포드의 공장과 벤담의 파놉티콘을 직접 비교한 논문을 접했다. 논문 자체는 평이했지만 이를 읽으면서 파놉티콘과 공장 같은 작업장의 규율 문제에 대해 생각할 기회를 갖게 되었다.

1997년 여름 나는 통신 공간 나우누리에 개설된 '21세기 프론티어'라는 모임에 가입하면서 사이버스페이스라는 새로운 세상을 알게 되었다. 이곳에서 글을 쓰고 친구를 사귀던 중 통신 공간상에서의 프라이버시라는 문제에 관심을 가지기 시작했다. 특히 한 공간에 접속해 있는 사람들이 누구인지를 보여주는 user 명령과 상대방이 언제 접속했는지 알 수 있는 pf 명령이 흥미로웠다. pf를 해서 친구가 접속 중이면 실시간 쪽지를 보내거나 대화방에 초청할 수 있었는데, 이를 위해서는 사람들이 자신의 접속 정보log file를 제공해야 했다. 이 기능 때문에 가끔 모르는 사람들로부터 쪽지를 받거나 원치 않는 메시지를 받는 경우도 있었다. 동일한 기능 때문에 친구를 사귈 수도, 스토킹의 대상이 될 수도 있었다.

그 무렵 나는 통신 공간에서의 격렬한 싸움flaming에 휘말린 적도 있었는데, 이 과정에서 나의 몇 개월 전 접속 정보가 고스란히 드러나는 사건을 경험하기도 했다. 익명인 줄만 알았던 사이버스페이스에 자신도 모르는 사이 수많은 전자지문electronic fingerprint이 찍히고 있었던 것이다. 이 시기에 전자감시, 데이터 감시에 대한 책을 찾아 읽다가 정보 파놉티콘, 전자 파놉티콘이라는 개념을 접하게 되었다. 파놉티콘에 대한 호기심이 다시 고개를 들었다.

사이버스페이스에 대한 호기심은 조금 더 학문적인 관심으로 발전했다. 2001년에 출간한 《2001 싸이버스페이스 오디쎄이》를 편집할 무렵 나는 정보통신 기술에 '열림'과 '닫힘'이 공존하기 때문에 이에 대한 무비판적인 낙관론이나 비관론 모두 문제가 있으므로 이 두 측면을 어떻게 정교하게 구별할 수 있는가 하는 문제를 골똘히 생각하고 있었다. 그러다 정보통신 기술을 이용한 권력의 감시와 시민의 역감시가 이러한 측면을 잘 보여줄 수 있다는 생각을 하게 되고 이것에 대해 본격적인 공부를 하기 시작했다. 당시에는 시간적인 제약 때문에 이 주제에 관한 글을 《2001 싸이버스페이스 오디쎄이》에 포함시킬 수 없었다. 파놉티콘을 다룬 글의 초고는 〈원형 감옥: 벤담에서 전자감시까지〉라는 제목으로 2001년 2월 24일 한국과학철학회가 주최한 '기술철학의 문제' 심포지엄에서 발표되었다. 이후 이 초고를 개고해 〈벤담의 파놉티콘에서 전자 시놉티콘까지: 감시와 역감시, 그 열림과 닫힘의 변증법〉이라는 제목으로 《한국과학사학회지》 23권 제1호에 실었다.

논문이 나올 무렵 나는 이를 좀 더 대중적인 글로 다듬어야겠다는 생각을 하고 있었다. 특히 학회지에 발표한 논문에는 감시와 역감시에 대한 구체적인 사례들을 거의 포함시키지 않았기 때문에 이를 보완하면 작은 책자가 될 수도 있을 것으로 보였다. 논문을 읽은 몇몇 사람들 역시 조금 더 풀어 써 더 많은 사람이 읽게 하면 좋을 것이라는 고무적인 논평을 주었다. 그렇게 하여 접촉한 출판사로부터 긍정적인 답변을 받고 바로 원고를 보내겠다는 약속을 했지만, 예상치 않던 일들이 발목을 잡으면서 원고의 완성이 하염없이 늦어졌다. 항상 그렇듯이 미진한 부분이 많지만 더 이상 늦출 수 없어서 급하게 마무리할 수밖에 없었다. 많은 질정을 바란다.

들어가며

이 책은 영국의 공리주의 철학자 제러미 벤담이 설계한 원형 감옥 파놉티콘에서 구현된 감시의 메커니즘과 지금 우리가 살고 있는 빅데이터-인공지능 세상에 만연한 감시문화와 프라이버시 침해, 그리고 감시의 역학관계를 뒤집는 역감시의 가능성에 대한 것이다. 이 책의 구조와 내용을 요약하면 다음과 같다.

1장 '계몽의 빛에서 감시의 시선으로'에서는 제러미 벤담의 파놉티콘을 규율권력이 내재된 구조로 해석함으로써 큰 반향을 불러일으킨 프랑스 철학자 미셸 푸코의 《감시와 처벌》의 주장을 간략히 다룬다.

2장 '제러미 벤담의 파놉티콘'에서는 푸코의 철학적 해석과 파놉티콘에 대한 역사적 연구들을 비교함으로써 파놉티콘과 그

것에 구현된 감시의 메커니즘에 대해 푸코와는 조금 다른 해석을 이끌어낸다.

3장 '공장의 파놉티콘: 감시의 시선에서 정보관리로'는 작업장에서 노동자들과 그들의 작업을 감시하고 통제하는 방법이 산업혁명 이후부터 20세기 초까지 어떻게 발전했는가를 다룬다. 또한 공장 같은 작업장에서의 감시와 감옥에서의 감시를 비교하면서 작업장의 감시가 눈으로 보는 것과 같은 직접적인 감시에서 정보수집 등의 간접적인 감시로 변해왔음을 강조한다.

4장 '정보·전자 파놉티콘과 분산되는 감시'에서는 현대사회의 감시 메커니즘이라고 할 수 있는 정보 파놉티콘, 전자 파놉티콘과 전자장비나 컴퓨터를 이용한 다양한 감시의 사례를 살펴본다. 벤담의 파놉티콘과 정보 파놉티콘, 전자 파놉티콘 사이의 공통점과 차이점도 여기서 간략히 다룬다.

5장 '역감시와 시놉티콘, 역파놉티콘'에서는 역파놉티콘, 시놉티콘과 같은 파놉티콘에 대한 새로운 해석과 역감시의 구체적인 사례를 살펴보면서 파놉티콘의 감시와 감시의 기제들이 열어주는 역감시의 가능성이 역사를 통해 어떻게 상호작용했는지, 지금 우리가 사는 세상에서 역감시가 어떻게 가능한지 살펴본다.

'간주'는 20세기에 대한 1장에서 5장까지의 논의와 빅데이터-인공지능 시대인 21세기에 대한 6장에서 9장까지의 논의를

이어주는 장이다. 노래가 잠시 그친 사이 연주되는 간주를 듣 듯, 독자 여러분이 가벼운 마음으로 잠깐 쉬어가기를 바라며 마 련했다.

6장 '인공지능과 빅데이터 시대의 감시'에서는 빅데이터와 인공지능이 발전한 21세기 이후에 시작된 다양한 형태의 감시 를 다룬다. 그중에는 20세기에 있었던 전자감시가 확대된 것도 있지만 과거에는 없던 새로운 형태의 감시가 시행된 것도 있다. 이런 감시들은 더 보편화되었고, 우리의 삶 속에 더 은밀하게 파고들기 시작했다. 특히 구글, 페이스북 같은 IT 대기업들이 불필요해 보이는 정보를 수집해 한 개인의 성격과 행동을 파악 하고, 미래의 결정을 예측하고 조종하는 새로운 감시 형태에 주 목한다.

7장 '감시 자본주의, 디지털 감시경제 그리고 감시문화'에서 는 빅데이터와 인공지능 시대의 감시를 이해하는 세 가지 이론 적 틀을 다룬다. 쇼샤나 주보프의 '감시 자본주의'는 현재의 자 본주의가 소비자의 '행동 잉여'를 수집해서 개인에 대한 마이크 로타기팅 광고를 만드는 방식으로 작동한다고 주장한다. 로저 클라크의 '디지털 감시경제'는 이런 과정이 어떻게 일어나는지 를 상세히 설명하면서 지금의 자본주의 경제를 감시경제로 특 징짓는다. 마지막으로 데이비드 라이언은 감시가 내면적이고 자발적인 것이 된 오늘날의 감시체제를 이해하기 위해 감시국가나 감시사회와는 다른 '감시문화'라는 개념을 제안한다.

8장은 이런 편재화된 감시에 대한 저항을 다루고 있다. '아직 '1984'는 아니다—기술의 어긋남과 저항하는 사람들'이라는 제목에서 볼 수 있듯이 8장은 우리가 막다른 골목에서 꼼짝달싹할 수 없는 상태로 살고 있는 것이 아님을 보이고자 한다. 먼저 빅데이터와 인공지능이라는 새로운 기술의 감시 능력을 너무 과장해서 평가할 필요가 없음을 보인 뒤 이에 대해 지금도 진행 중인 저항의 다양한 실천 사례를 살펴본다. 이는 5장의 역파놉티콘, 역감시 논의를 이어받는 것이기도 하다.

마지막 9장 '빅데이터—인공지능 파놉티콘 시대의 새로운 프라이버시 권리선언문'은 21세기 프라이버시 개념의 중요성을 강조하는 선언문이다. 자신의 정보를 자신이 통제한다는 과거의 프라이버시 개념을 넘어, 빅데이터와 인공지능의 시대에는 개인의 주체성과 민주주의를 구성하는 정치 및 사회정의의 핵심 요소로 프라이버시를 재해석할 필요가 절실함을 주장하고자 한다. 이 결론은 보편적인 감시문화에 대항해 우리의 실천을 모아야 할 방향이다.

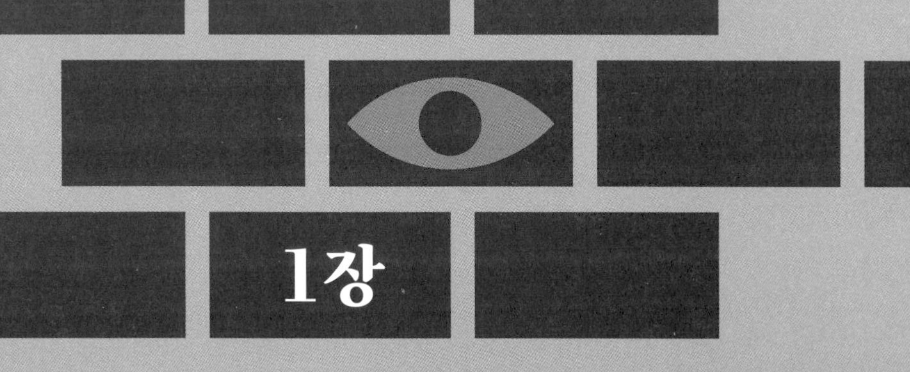

1장

계몽의 빛에서 감시의 시선으로

구치소에서는 저 유명한 벤담의 일망 감시시설을 본뜬 원형 칸막이가 운동 공간이었다. 이 시설물은 수인 각자가 보여지기만 할 뿐 남을 볼 수는 없게 되어 있다. 벤담의 감옥은 원래 베르싸유의 동물원 시설에서 착상을 얻었다고 하는데, 가장 바깥쪽에 원형의 높고 긴 담을 둘러치고 케이크나 피자를 자르듯이 부채꼴 모양으로 칸을 나누었다. 각 칸막이마다 문이 달려 있어서 수인을 안으로 밀어넣고 문을 닫으면 그는 그냥 부채꼴의 시멘트 담 속에 혼자 갇힌다. 원형의 탑이 중앙에 있고 이것은 이층으로 되어 있다. … 감시자는 계단을 통하여 위로 올라가 사방의 칸막이를 위에서 동시에 관찰할 수가 있다. 그러나 나는 감시자가 우리를 칸막이에 넣어두고 정말로 충실히 수인들을 관찰하기 위해서 탑의 가장자리를 빙글빙글 돌아다니거나 하는 꼴을 본 적이 없다. 그는 어딘가 보이지 않는 편안한 자리

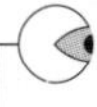

에 앉아 담배를 피우고 있거나 동료와 잡담을 하고 있을 것이다. 하지만 위에서는 언제라도 마음만 먹으면 고개를 쭉 빼거나 돌려서 어느 칸에서 누가 무엇을 하는지를 살필 수가 있다. 시설은 참으로 상징적이었다. 연구실의 쥐새끼들처럼 우리들의 맴도는 움직임은 적나라하다.

— 황석영, 《오래된 정원》 상(2000), 312쪽

시각의 특권적 지위

서양의 과학과 철학에서 시각vision은 다른 감각에 비해 줄곧 특권적인 지위를 차지했다. 눈을 통해 사물을 본다는 것은 이성을 통해 세상을 이해하는 과정과 흡사한 것으로 간주되었기 때문이다. 고대 그리스의 철학자 플라톤에게 본다는 것은 물질로 이루어진 세상과 거리를 둠으로써 진리를 발견하는 철학의 역할을 잘 드러내는 메타포였다. 즉 참된 지식은 곧 '마음의 눈mind's eye'으로 대상을 보는 것이었다. 플라톤의 제자였던 아리스토텔레스도 시각이 지적知的 과정과 가장 닮았다는 이유로 가장 고귀한 감각이라 생각했다. 서양 근대 합리론의 주창자였던 데카르트는 이러한 전통을 계승해 참된 지식이 마치 눈으로 대상을 보는 것처럼 '명징한' 특성을 지니는 것이라고 주장했다.

17세기 과학혁명을 주도했던 케플러, 데카르트, 뉴턴 등이 모두 광학과 시각에 관심을 가진 것은 우연이 아니었는데, 이들에게 본다는 것은 참된 지식을 얻어내는 이성의 작동방식과 뗄 수 없는 관계에 있었기 때문이다. 뉴턴의 조사弔詞를 쓴 영국의 시인 알렉산더 포프Alexander Pope는 "신이 '뉴턴이 있으라'고 하니 모든 것이 빛이었다"라고 광학에 대한 뉴턴의 업적을 칭송했다. 빛과 시각에 대한 강조는 계몽사조에서도 그대로 이어졌다. 뉴턴의 추종자였던 조지 체인George Cheyne은 태양이 지상계에 빛을 내보내듯이 신이 그의 빛을 인간 세상에 내보내고 있으며, 인간은 이 빛에 의해서 "계몽된다"고 계몽의 메커니즘을 설명했다. 무엇보다도 이성을 통한 깨우침을 표방했던 계몽사조에서 '계몽'이란 곧 '빛을 쬔다En-lighten-ment'는 의미였다. 서양의 과학과 철학에서 '진리가 곧 빛'으로 간주된 것과 시각이 특권적인 인식론적 지위를 차지한 것 사이에는 밀접한 관련이 있었다.[1]

시각에는 다른 감각에 없는 독특한 성질 몇 가지가 있다. 예를 들어 시각은 정지와 운동을 동시에 감지할 수 있다. 반면 청각이나 후각은 운동하는 물체의 작용에 의해서만 그 효과가 감지된다. 또한 시각은 청각과 달리 물체의 에너지 소모 없이 대상을 감지할 수 있다. 촉각도 물체의 에너지 소모 없이 대상을 감지할 수 있지만 시각은 촉각과 달리 대상과 주체 사이의 거리를 유지시켜준다는 특성이 있다. 특히 대상과 적절한 거리를 유지하면서 대상을 명백하게 볼 수 있는 시각의 특성은 주체와 객체의 거리를 강조했던 서양 근대 철학과 과학의 핵심적인 특성에 잘 부합했다. 이러한 이유들 때문에 서구의 근대 과학자들과 철학자들은 시각을 지성이나 이해의 모델 혹은 메타포로 즐겨 사용했다.

시각 비판

시각과 빛에 대한 18세기 계몽사상가들의 낙관론과는 대조적으로 마르틴 하이데거Martin Heidegger, 한스 블루멘베르크Hans Blumenberg, 한스 요나스Hans Jonas와 같은 20세기 철학자들은 시각의 메타포를 이용해 과학과 철학에서 이성의 기능을 이해하려는 시도를 비판했다. 이들은 시각이 이성과 지성의 모델이 되면서 주체와 객체 사이의 거리와 인식의 객관성이 강조되었고, 이것이 다시 주체/객체, 심/신, 영혼/물질과 같은 근대 데카르트 철학의 이분법은 물론 근대가 낳은 수많은 문제들을 잉태했음을 지적했다.[2]

1960년대 이후 몇몇 페미니스트 학자들도 서양의 근대 과학과 철학에서의 응시gaze가 남성적인 것이라고 주장하면서 이러한 남성적 시선이 여성의 몸을 대상화함은 물론 주체와 객체와의 거리를 벌려 인간 주체가 배제된 자연과학과 철학을 만들어왔다고 비판했다. 이들은 남성적인 시각 대신 여성적인 촉각을 강조했고, 주체와 객체의 분리가 아닌 합일에 기초한 새로운 과학과 철학의 필요성을 주창했다. 미국의 지성사가 마틴 제이Martin Jay는 근대의 '시각체제scopic regime'를 지배한 이념을 르네상스의 원근법과 데카르트 철학이 결합한 데카르트적 원근주의Cartesian perspectivism라고 명명했는데, 과학이나 철학과 마찬가지로 근대 회화에서도 화가의 감정과 대상 사이의 거리가 강조되고, 그림이 그려진 맥락을 떠나서 사고 팔리는 거래의 대상이 되면서 유화가 지배적인 회화양식이 된 과정 모두가 데카르트적 원근주의의 결과라고 비판했다.[3]

푸코의 규율권력과 벤담의 파놉티콘

미셸 푸코Michel Foucault는 서양의 근대 과학과 철학의 합리적 지식에 대한 비판을 주체/객체, 심/신, 남성/여성, 자연/사회와 같은 지식 내의 다양한 양분법에 대한 비판에서 지식/권력knowledge/power의 그물망에 대한 비판이라는 새로운 차원으로 이행移行시킨 철학자이다. 푸코는 합리적 지식의 탄생과 발전을 새로운 권력의 형성과 뗄 수 없는 관계로 파악하고 일련의 저술을 통해 근대 의학, 경제학, 식물분류학, 정신병리학과 같은 '객관적' 지식이 어떻게 세상의 사물과 사람을 새롭게 분류하고 이해하게 했으며, 이를 통해 어떻게 사람들의 삶을 특정한 방식으로 정형화시켰는지를 제시했다. 근대사회가 '정상'과 '비정상'을 엄격하게 구분하고, '비정상'을 판별하기 위해 다양한 과학적 분석 틀과 기준을 설정한 뒤 이를 기반으로 비정상으로 분류된 사람들을 격리 및 감시했다는 것은 푸코가 제시한 지식/권력의 대표적인 작동방식이었다.

푸코는 무력과 법을 통해 강제로 사람들을 옥죄던 전통적인 군주권력sovereign power과 달리, 근대 사회의 권력은 훨씬 더 간접적이면서 은밀한 방식으로 바뀌었다고 생각했다. 그가 생각한 새로운 근대 권력의 유형에는 두 가지가 있었는데, 그중 하나는 기계로 간주된 사람 개개인의 몸을 훈련하고, 그 능력을 최대한으로 끌어내고 이를 길들여서 효율적이고 경제적인 통제 시스템에 통합하는 '규율권력disciplinary power'이었다. 또 다른 하나는 섹스, 인구, 수명과 같이 사람들의 몸의 집합적 총체에 작동하는 '생명권력bio-power'이었다. 정치경제학과 통계학은 이러한 새로운 권력의 등장과 함께 대두되어 '지식/권력'의 그 물망을 형성한 대표적인 과학 분야였다.[4]

1975년에 출간되어 전 세계적인 베스트셀러가 된《감시와 처벌》에서 푸코는 진리의 메타포로 간주되던 시선을 권력의 기제로 탈바꿈시켰다. 근대 이전의 군주권력이 한 사람의 권력자를 우러러보던 만인의 시선으로 특징지어졌다면, 근대의 규율권력은 한 사람의 권력자가 만인을 감시하는 시선으로 특징지어진다는 것이었다. 만인이 한 사람의 권력자를 우러러보던 사회는 '스펙터클의 사회'였다. 한편 한 사람이 만인을 주시하는 규율 권력의 사회는 '감시사회'이다. 그렇다면 무엇이, 어떻게 이러한 변화를 가능하게 했을까? 푸코는 감옥과 형벌의 역사에서 이 변화에 대한 단서를 찾았는데, 그는 죄수를 벌할 때 신체에 가혹한 형벌을 가하던 전통적 형벌인 체벌이 18세기 말엽부터 19세기 초엽에 죄수를 감옥에 감금하는 징역형으로 바뀌었다는 것에 주목했다. 징역형은 처벌을 가볍게 하기 위해 고안된 것이 아니었다. 이는 '더 잘 처벌하고' '더 보편적이고 필연적으로 처벌하기 위해' 고안된 것이었다. 무엇보다도 징역형은 형벌의 기본 원칙이 육체에 대한 고통에서 영혼에 대한 규율로 바뀌었음을 잘 보여주는 사례였다.[5]

푸코는 이러한 변화를 상징하고 이를 추동한 것이 다름 아닌 영국의 공리주의 철학자 제러미 벤담Jeremy Bentham이 1791년에 제안한 원형 감옥 파놉티콘Panopticon이라고 보았다. 파놉티콘은 당시 망원경과 비슷한 광학기구를 지칭하는 용어로 가끔 사용되던 말이었는데, 벤담은 '다 본다'(Pan : all + Opticon : seeing 또는 vision)라는 의미의 그리스어를 합성해 자신이 설계한 감옥을 지칭하는 용어로 새롭게 사용했다. 벤담의 설계에 따르면 원형 감옥 파놉티콘의 바깥쪽 원주를 따라서는 수감자를 가두는 방이 있고, 중앙에는 수감자를 감시하기 위한 원형 공간

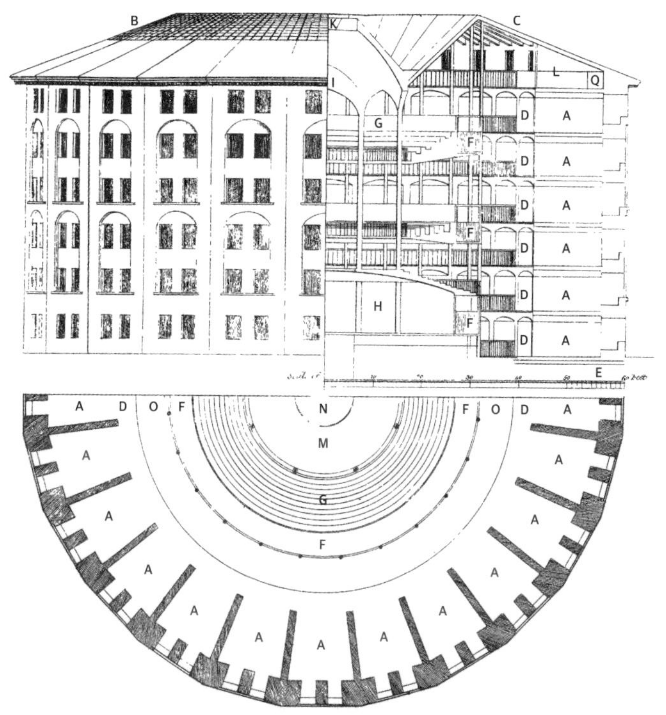

그림 1　제러미 벤담의 파놉티콘. A가 수감자의 방이고, F가 교도관의 감시 공간이다. 수감자의 방은 격자처럼 나뉘어 있지만, 교도관의 감시 공간은 속이 빈 반지 모양의 원형 구조를 하고 있다.

이 있다. 수감자의 방에는 햇빛이 들어오는 외부로 난 창 이외에도 건물 내부를 향한 또 다른 창이 있어서 중앙의 감시탑에 있는 교도관들은 수감자의 일거수일투족을 시시각각 감시할 수 있다. 반면 중앙 감시탑의 내부는 항상 어둡게 유지되어 수감자

는 교도관을 볼 수 있기는커녕 교도관이 자신을 감시하고 있다는 사실조차도 알 수 없다. 수감자는 교도관을 보지 못한 채 항상 보여지기만 하고, 교도관은 노출되지 않은 채 항상 모든 수감자를 감시할 수 있다(그림 1). 이 시선의 '비대칭성'이 파놉티콘의 핵심 구조였다. 벤담 자신이 강조했듯이 파놉티콘은 "수감자들이 단지 감시받고 있다고 생각하게" 만드는 "감시의 환영"을 창조한 극장이었다.[6]

파놉티콘에 수용된 수감자는 보이지 않는 곳에서 항상 자신을 감시하고 있을 교도관의 시선 때문에 규율에서 벗어나는 행동을 하지 못하다가 점차 이 규율권력을 '내면화'해 스스로 자신을 감시하게 된다. "감시는 보편적이었고 영구했으며 포괄적이었고", 이러한 의미에서 파놉티콘은 감시의 원리를 체화한 "자동기계"였다. '자동기계'라는 말에는 파놉티콘의 컴컴한 감시 공간에서 어느 누구라도 교도관의 역할을 수행할 수 있다는 의미가 함축되어 있었다. "건축물과 기하학적 구조를 제외하고는 다른 물리적 도구 없이 파놉티콘은 직접적으로 개개인에 작동하며, 정신이 정신에 가하는 권력행사인 것이다."[7]

푸코는 이 점에 주목했다. "누가 권력을 행사하는지는 중요하지 않다. 아무렇게나 선택된 누구라도 이 기계를 작동시킬 수 있다." 그러므로 파놉티콘은 감옥에만 국한되지 않았다. 파놉티콘의 적용 가능성은 거의 무한했다. 벤담은 자신의 책《파놉티콘》의 서문에서 파놉티콘을 통해서 "도덕이 개혁되고 건강이 보존되며, 산업이 활성화되고 훈령이 확산되며, 대중의 부담이 덜어지고 경제가 반석에 오른다"라고 그 응용 가능성을 강조했다. 또한 파놉티콘의 원리를 이용해 2000명의 극빈자를 수용하는 구빈원 250채를 지어야 한다고 제안하기도 했다. 파놉티콘은 죄수를 교화하기 위해 설계되었지만 동시에 환자를 치료하는 곳에도, 학생을 교육하는 기관에도, 노동자를 감독하는 곳에도, 미친 사람을 가두는 곳에도, 그리고 거지와 게으름뱅이를 일하게 하는 곳에도 적용될 수 있었다. 푸코가 "감옥이 공장이나 학교, 군대나 병원과 흡사하고, 이러한 모든 기관이 다시 감옥과 닮았다고 해서 무엇이 놀라운 일이겠는가?"라고 물었을 때, 그는 바로 세상의 파놉티콘화化를 염두에 두고 있었다.[8]

물론 규율사회는 파놉티콘이 갑자기 만들어낸 것은 아니었다. 파놉티콘 이전에도 규율은 사람을 가두는 것에서 사람들에게 일을 시키고 사람들의 능력을 개발하게 하는 것으로 기능이 바뀌는 등 사회 전반으로 확산되었으며, 국가기관에 의해 관장되기 시작하는 오랜 역사적 과정이 존재했다. 그러나 파놉티콘에서 새로운 것은 그것을 통해 규율이 비정상인을 가두는 것과 같은 폐쇄적인 규율에서 무한히 확장될 수 있고, "가장 미세하고 가장 멀리 떨어진 요소들에까지 권력의 효과가 미칠 수 있는" 새로운 권력의 메커니즘으로 다시 태어났다는 것이다. 계몽사상가 장 자크 루소는 사람들이 세상과 타인을 속속들이 들여다볼 수 있을 때 투명한 사회가 건설될 수 있다고 믿었지만, 자신은 보이지 않은 채 다른 사람을 볼 수 있는 비대칭적 시선의 확장은 규율사회와 감시사회를 만들어냈다. 파놉티콘이라는 건물에 구현된 감시의 원리는 사회 전반으로 스며들면서 규율사회의 기본 원리인 파놉티시즘panopticism으로 탈바꿈했다.[9]

파놉티콘에 대한 연구는 푸코 이전에도 이루어졌다. 그러나 푸코 이전의 연구들은 빅토리아 시기의 영국사나 건축사 등 전문 분야에 한정된 영향만을 미쳤음에 반해, 파놉티콘으로 상징되는 규율권력이 '모세관과 같은 권력capillary power'처럼 사회 곳곳에 스며들어 우리를 통제한다는 푸코의 분석은 철학자나 역사학자뿐 아니라 지식인 일반과 대중에게까지 커다란 영향을 미쳤다. 푸코의《감시와 처벌》은 파놉티콘에 대한 세상의 관심을 근 200년 뒤에 다시 부활시켰다고 해도 과언이 아니다.

파놉티콘과 전자감시

왜 푸코의 해석이 이같이 광범위한 영향을 미쳤을까? 우선 1970년대 초엽에 푸코는 이미 젊은이들 사이에서 세계적으로 유명한 철학자였다는 사실을 감안해볼 수 있다. 그가 1960년대에 출간한《광기의 역사》,《임상의학의 탄생》,《지식의 고고학》 같은 책들은 당시의 시대적 분위기와 맞물려 사회의 권위와 권력에 대항하던 서구 젊은이들의 필독서로 자리매김했다. 푸코의 《감시와 처벌》이 2년 만에 영어로 번역된 것도 그리 이상한 일이 아니었다. 또한 푸코는 다른 저작에서도 그랬듯이 지금까지 학자들이 그다지 주목하지 않았던 '기이한' 사례들을 발굴해 이를 근대 권력의 미시 구조를 잘 드러내는 전형적인 사례로서 독창적으로 해석했는데, 이러한 해석은 많은 독자에게 신선한 충격을 주었다.

그러나 푸코의 해석이 1970년대 상황에서 엄청난 반향을 불러일으켰던 것은 파놉티콘을 통한 감시가 정보혁명의 결과로 나타난 '전자감시'와 흡사하다는 인식과도 밀접한 관련이 있었다. 1968년 영국의 국가민권위원회NCCL는 컴퓨터 데이터베이스가 프라이버시를 위협한다는 주장을 골자로 한 《공격받는 프라이버시》라는 책자를 내놓았고, 1974년부터 미국의 민권연맹은 《프라이버시 연보》를 출간하기 시작했다. 프라이버시가 "다른 사람으로부터 방해받지 않고 혼자 있을 권리"에서 "자신에 대한 정보를 자신이 통제할 권리"로 새롭게 해석된 것도 컴퓨터 데이터베이스가 개인의 정보 통제권을 현저히 위협한다고 간주되던 1960년대였다.[10]

1970년대가 되면서 컴퓨터 데이터베이스, 폐회로텔레비전CCTV, 신용카드와 같은 전자결제를 통한 정보수집 등 다양한 감시와 통제의 방법이 널리 사용되었고, 사람들은 정부나 기업이 개인의 신상 정보를 수집하고 프라이버시를 침해하는 일에 민감해졌다. 사람들은 정보사회가 '정보 감옥information prison'을 낳았다고 생각하기 시작했고, 이 정보 감옥은 바로 "잠자고 있건 깨어 있건, 일하건 쉬건, 욕실에 있건 침대에 있건" 감시를 당한다는 조지 오웰George Orweil의 《1984》가 묘사하는 이미지와 동일시되었다. 정보 감옥은 '정보 파놉티콘' 혹은 '전자 파놉티콘'과 다르지 않다. "국가적 컴퓨터시스템의 도입과 함께 감옥뿐만 아니라 범죄의 통제라는 기능의 총체가 파놉티콘과 흡사한 것"이 되었고, 사람들은 "이 전자 파놉티콘에 갇혀버리는 신세가 되었다"고 느끼기 시작했다. 사회의 파놉티콘화를 주장한 푸코의 저작은 이러한 상황에서 "빅브라더Big Brother"가 지배하는 현대 감시사회에 대한 암울한 예견서로 읽혔다.[11]

나는 이 책의 4장에서 1970년대 이후의 정보 파놉티콘 혹은 전자 파놉티콘이 벤담의 파놉티콘과 어떤 공통점 및 차이점이 있는가를 분석하고자 한다. 그에 앞서 벤담의 파놉티콘에 대한 푸코의 해석이 실제 역사에 얼마나 충실한가를 살펴봄으로써, 그가 규율사회의 기본 원리라고 생각한 파놉티시즘이 우리 사회에 만연한 감시와 통제를 충분히 잘 나타내주는 것인지의 여부를 평가해볼 것이다.

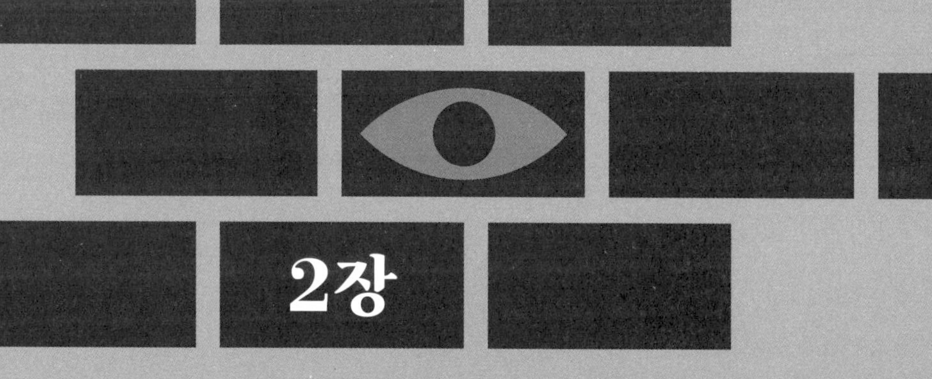

2장

제러미 벤담의 파놉티콘

한마디로 말하자면 나는 빌딩으로 가려지거나 통솔될 정도의 공간이라면 [파놉티콘이] 어떤 종류의 기관에도 예외 없이 적용될 수 있다고 생각한다. 그 목적이 다르거나 혹은 정반대되는 것이라도 말이다. 그것이 선도 불가능한 사람들을 벌주는 곳이건, 정신병자를 가두는 곳이건, 악인을 교화하는 곳이건, 게으름뱅이를 고용하는 곳이건, 의지할 데 없는 사람들을 부양하는 곳이건, 병자를 간호하는 곳이건, 산업 분야에서 자발적인 사람들을 교육하는 곳이건, 혹은 학습의 과정에서 새로운 세대를 훈련시키는 곳이건 말이다. 한마디로 그것은 영원한 감옥의 죽음의 방이나, 재판 이전에 머무는 구치소나, 교도소나, 교화원이나, 작업장이나, 공장이나, 정신병원이나, 일반 병원이나, 학교의 목적에 관계없이 모두 적용될 수 있다는 것이다.

— 제러미 벤담, 《파놉티콘》(1791), 40쪽

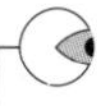

벤담의
파놉티콘 구상

1786년, 러시아에 머물던 제러미 벤담은 파놉티콘에 대한 일련의 편지들을 영국에 있는 친구에게 보내면서 이를 팸플릿 형태로 출판해줄 것을 부탁했다. 1791년 두 편의 긴 후기와 함께《파놉티콘 혹은 감시의 집Panopticon: or the Inspection House》이라는 제목으로 출판된 벤담의 편지와 후기는 파놉티콘을 세상에 처음으로 소개한 문헌이었다. 그 무렵 영국에서는 미국의 독립 이후 중죄를 저지른 사람들을 미국으로 보내는 방식의 형벌이 더 이상 유효하지 않게 되면서 기존의 감옥제도를 완전히 개혁할 필요가 있었다. 당시 감옥 개혁가인 존 하워드John Howard가 포함된 위원회가 난항을 거듭하면서 표류하던 시기에 벤담은 자신이 설계한 감옥인 파놉티콘을 형법의 위기를 극복하기 위한 한 가지 해결책으로 제시했던 것이다(그림 2).[1]

벤담의 파놉티콘에는 다른 교도소나 감옥에서는 볼 수 없는 세 가지 특징이 있었다. 첫 번째 특징은 앞에서 언급했듯이 파놉티콘의 감시가 '시선의 비대칭성'에 근거한다는 것이었다. 원형 건물의 원주를 따라 위치한 수감자의 방은 항상 밝게 유지되고 중앙에 위치한 교도관의 감시 공간은 항상 어둡게 유지되기 때문에 수감자는 보이지 않는 교도관에게 자신의 일상을 모두 드러내놓을 수밖에 없었다. 수감자는 교도관이 지금 자신을 보

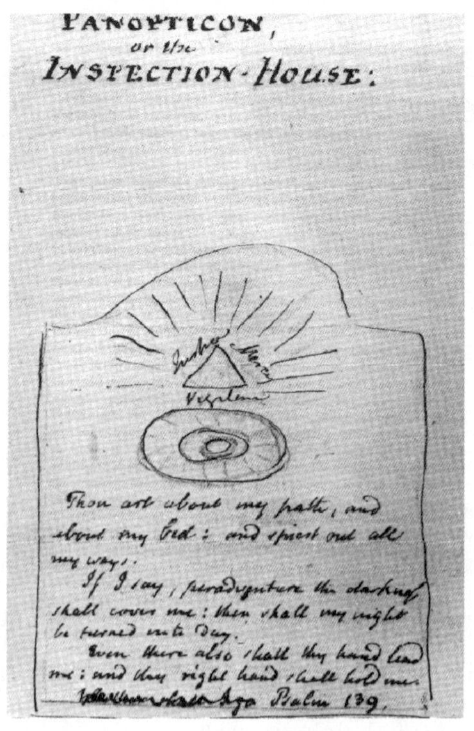

그림 2　제러미 벤담의 파놉티콘 아이디어 스케치. 파놉티콘이 정의justice, 자비mercy, 감시vigilance의 세 가지 원칙으로 구성되었음을 보여준다.

고 있는지 아닌지, 교도관이 지금 있는지 없는지조차도 알 수 없었다(그림 3).

파놉티콘의 두 번째 특징은 그것이 국가나 지방단체에 의해 운영되는 감옥이 아니라, 국가가 파놉티콘의 주인인 개인과 계약을 체결해 운영하는 사설 감옥이자 계약식 감옥이었다는 것

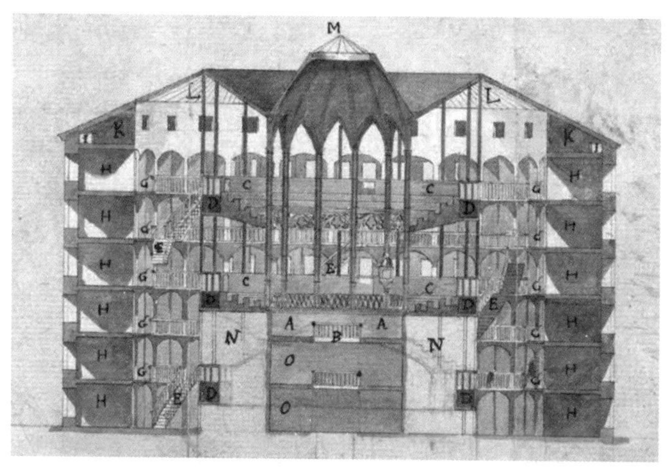

그림 3　와일리 레블리Willey Reveley가 그린 파놉티콘 구조. H가 수감자의 방이고, D가 교도관의 감시 공간이다.

이다. 파놉티콘의 운영자는 수감자 한 명당 12파운드의 정부 보조금을 지급받는 대신 수감자가 평균 사망률보다 높은 비율로 사망할 경우 한 명당 5파운드의 벌금을 지불해야 했다. 따라서 운영자는 수감자를 가혹하게 다룰 수 없었고, 수감자의 건강 유지를 중요하게 생각해야 했다.

세 번째 특징은 파놉티콘이 수감자의 노동으로 유지되는 공장형 감옥이었다는 것이다. 벤담의 표현에 따르면 파놉티콘은 "건달을 정직하게 만들고 게으름뱅이를 근면하게 만드는 공장" 그 자체였다. 파놉티콘의 운영자는 수감자가 노동을 통해 생산한 재화의 대부분을 차지할 권리가 있었는데, 더 많은 재화를 생산하기 위해서도 수감자들의 건강은 파놉티콘의 운영자에게 중요했다. 파놉티콘의 설계도를 본 정치철학자 에드먼드 버크 Edmund Burke는 벤담에게 "이 집에 주인이 있구먼. 마치 거미줄의 거미 같은!"이라고 논평했는데, 여기서 거미줄을 쳐놓고 먹이를 기다리는 거미는 파놉티콘의 운영자를 꿈꾸던 벤담을 빗대어 한 말이었다.[2]

벤담은 파놉티콘의 운영자가 될 야심을 가지고 있었다. 그는 이를 이루기 위해 20여 년이 넘도록 노력을 아끼지 않았다. 1792년 벤담은 수천 명의 수감자를 수용할 수 있는 파놉티콘을 영국 정부에 공식적으로 제안했고, 1794년 의회의 동의를 얻었다. 그는 파놉티콘의 설계도를 그리고 모델을 만들기 위해 매년 2000파운드 이상 소비했고, 1799년에는 파놉티콘을 짓기 위해 12만 파운드를 지불하고 밀뱅크Millbank 부지를 매입하기까지 했다. 그러나 필요한 자금이 추가로 지원되지 않았고 정계에 있는 그의 친구들을 통한 청원도 효과가 없었다. 벤담은 그 이유가 당시 영국 국왕이었던 조지 3세가 자신을 미워하기 때문에 생긴 음모의 결과라고 생각했다.

벤담의 영향력과 노력에도 불구하고 1811년 영국 정부는 파놉티콘을 최종적으로 포기했다. 가장 큰 이유는 계약으로 운영되는 사설 감옥, 수감자의 노동에 의존하는 공장형 감옥인 파놉티콘이 영국의 개혁 세력 일부가 추진하던 공공 감옥, 격리식 감옥과 대치되었기 때문이다. 1811년 벤담의 파놉티콘을 심사한 위원회는 파놉티콘이 수감자가 생산한 이익에 의존한다는 것을 가장 큰 문제점으로 지적했다. 벤담 자신은 곧은 성품의 사람이라 할지라도 이 감옥이 후대에 계승될 때 새로운 주인이 수감자를 착취하고 악용할 가능성이 농후하다는 것이 위원회의 핵심적인 반대 이유였다. 파놉티콘의 건설 계획은 무산되었고 벤담은 그동안 사용한 돈에 대한 보상으로 2만 3000파운드를 지급받았다. 밀뱅크 부지에는 파놉티콘이 아닌 밀뱅크 교도소가 들어섰다(그림 4). 벤담 친구의 회고에 따르면 파놉티콘이 최종적으로 거부된 뒤 "그렇게 강한 심성을 가진 벤담의 뺨에 눈물이 주르륵 흘렀을 정도"로 그의 실망은 대단했다.[3]

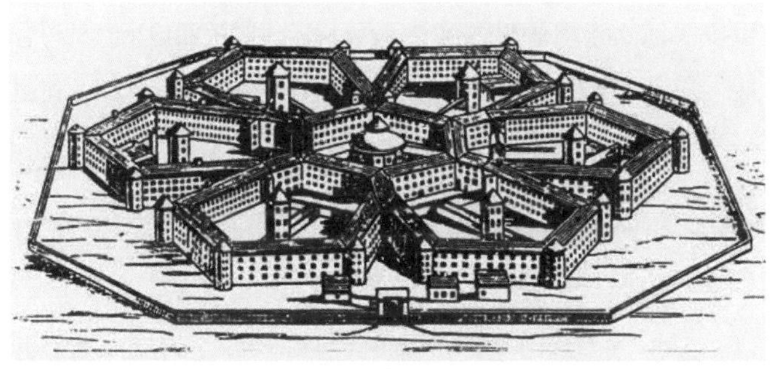

그림 4　제러미 벤담이 매입한 밀뱅크 부지에 파놉티콘 대신 지어진 밀뱅크 교도소.

파놉티콘에 대한 푸코의 해석에서 가장 흥미로운 주장은 감옥을 위해 디자인된 파놉티콘이 사회 전반의 통제와 규율의 원리로 확산되었다는 것이다. 이 해석은 벤담의 주장에도 어느 정도 근거하고 있다. 앞에서도 언급했듯이 벤담은 1791년에 출판된《파놉티콘》의 서문에서 파놉티콘을 통해 "도덕이 개혁되고 건강이 보존되며, 산업이 활성화되고 훈령이 확산되며, 대중의 부담이 덜어지고 경제가 반석에 오른다"라고 그 의미를 과장했으며, 파놉티콘이 학교와 병원, 공장 등에도 이용될 수 있다고 강조했다. 원형 감옥 파놉티콘에 대한 정부의 허가가 나지 않던 중에 벤담은 파놉티콘의 구조를 도입한 구빈원을 짓기 위해 정부와 접촉하기도 했다. 그는 파놉티콘식 학교에 크레스토마시아Chrestomathia라는 이름을 붙였고, 파놉티콘식 육아시설에는 패도트로피움Paedotrophium, 파놉티콘식 가축 사육소에는 프테노트로피움Ptenotrophium, 정숙하지 못한 여성을 위한 파놉티콘에는 소티미온Sotimion, 사생아들을 위한 파놉티콘에는 노토트로피움Nothotrophium이라는 기이한 이름들을 붙였다(그림 5).

뒤에서 다시 이야기하겠지만 벤담의 동생 새뮤얼 벤담Samuel Bentham은 상트페테르부르크에 파놉티콘 구조의 예술학교를 지었다. 파놉티콘은 감옥뿐만 아니라 학교나 다른 사회기관에

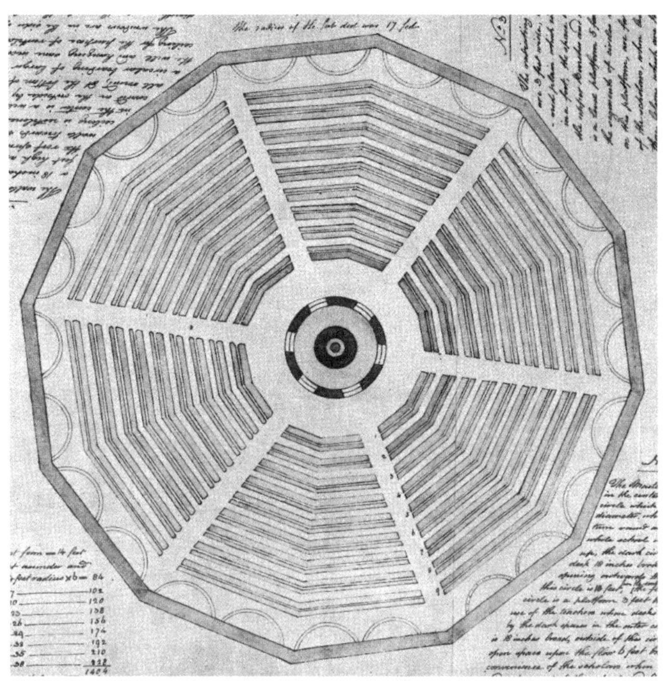

그림 5 제러미 벤담이 설계한 파놉티콘식 학교 크레스토마시아.

도 응용될 수 있다는 벤담의 주장에 착안한 푸코는 파놉티콘이 영혼에 대한 규율을 가능케 하는 "감시의 원리"를 체화한 "권력의 기술"이기 때문에 사회 곳곳으로 확산되었다고 해석했다. 푸코의 해석이 함축하는 바는 이렇게 만들어진 현대사회가 거대한 파놉티콘, 즉 감옥과 별반 다르지 않다는 것이었다.[4]

18세기에서 19세기 영국의 감옥 개혁과 관련해 벤담의 파놉티콘을 연구한 역사학자 재닛 셈플Janet Semple은 푸코가 파놉티콘을 구체적인 감옥에서 상징적인 메커니즘으로 변형시키는 과정에서 벤담에 대한 해석의 오류를 범했음을 비판했다. 푸코는 파놉티콘을 "잔인한 새장"이라고 일컬었지만 셈플은 벤담의 파놉티콘이 더럽고 비인간적이며 착취와 학대가 난무했던 18세기 감옥이나 보통 3분의 1 정도가 죽어나갔던 미국행 죄수 호송선과 비교할 때 분명히 더 발전적인 요소를 가지고 있었음을 지적했다. 벤담의 설계에 따르면 파놉티콘의 수감자 방에는 위생적인 화장실이 갖추어져 있었고, 환기는 물론 중앙난방과 심지어 냉방까지 제공되었으며 시민에게 공개되어 시민으로 하여금 그 운영을 감시하게 했다. 수감자들은 적어도 억압과 굶주림, 질병과 죽음의 공포에서 해방되었는데, 셈플은 이 점에서 파놉티콘(그림 6)이 더 인간적이고 합리적이었다고 강조했던 것이다.[5]

셈플은 푸코가 파놉티콘의 영향력을 과대평가했다는 사실에도 비판을 가했다. 푸코는 19세기 전반기 교도소 개혁에 대한 문헌 중에 "파놉티콘을 언급하지 않은 텍스트나 계획서는 거의 없었다"라며 그 영향을 강조했지만 사실 영국 정부는 파놉티콘을 수용하지 않았고, 이는 대부분의 다른 나라에서도 마찬가지였다. 형벌의 역사를 연구한 마이클 이그나티에프Michael Ignatieff는 파놉티콘을 건설하기로 한 밀뱅크 부지에 들어선 원형 교도

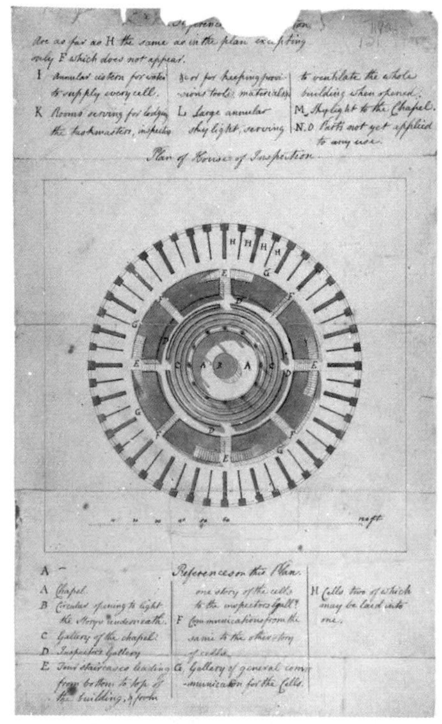

그림 6 파놉티콘에 대한 제러미 벤담과 와일리 레블리의 또 다른 스케치.

소(1821)에 파놉티콘의 구조가 채택되었다고 하지만(그림 4 참조) 벤담 자신이 이 밀뱅크 교도소가 파놉티콘의 이점을 하나도 채택하지 않았다고 분개했음에 주목할 필요가 있다.[6]

실제로 18세기 말부터 19세기를 거치면서 원형이나 반원형 건물 구조를 채택한 교도소가 다수 있었는데, 이 중 벤담의 파놉티콘을 언급하는 경우도 있었다. 그러나 시선의 비대칭성을 이용한 감시의 원리, 계약형 감옥과 수감자의 노동에 의존하는 공장형 감옥이라는 파놉티콘의 핵심적인 요소들을 채택한 경우는 거의 없었다. 파놉티콘과 외양이 비슷한 미국의 반원형 감옥인 버지니아주의 리치먼드 교도소(1797)는 벤담이 아니라 프랑스 건축가 피에르가브리엘 뷔니에Pierre-Gabriel Bugniet의 원형 감옥(1765)에 영향을 받았다. 벤담의 추종자 에티엔 뒤몽Étienne Dumont은 제네바에 반원형 파놉티콘을 건설했지만 계약 원리는 채택하지 않았고, 이는 1865년에 허물어졌다.

파놉티콘의 건축학적 구조에 대해 흥미로운 연구를 한 로빈 에번스Robin Evans는 1840년 영국의 펜톤빌에 지어진 교도소가 파놉티콘에 가장 가깝다고 언급했지만, 이 교도소에서 파놉티콘의 구조와 흡사했던 것은 수감자의 방이 들어서 있는 방사형 건물이 아니라 부채꼴 모양으로 지어진 수감자들의 운동 공간이었다(그림 7). 펜톤빌 교도소의 파놉티콘형 운동장은 이후 오스트레일리아 멜버른의 펜트리지 교도소에도 건설되었다(1장 첫머리에 인용한 황석영의 《오래된 정원》에서 서술된 감시시설 역시 수감자들의 운동을 위한 원형 운동장이었음을 상기할 필요가 있다).

벤담의 영향을 받은 미국 피츠버그의 웨스턴 교도소는 건축적 한계와 수감자의 저항 때문에 "벤담의 아이디어를 원형 그대로 구현하는 것이 실질적이지 못함을 확증한 것"이 되었으며,

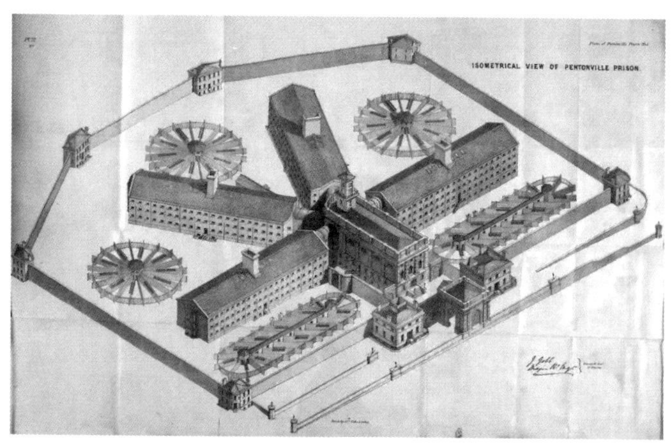

그림 7　1840년에 건설된 영국의 펜톤빌 교도소. 파놉티콘 구조와 닮은 곳은 방사형의 본관 건물이 아니라 수감자들의 운동 공간이다.

실제로 파놉티콘에 가장 가깝게 지어진 미국 일리노이주에 위치한 스테이트빌 교도소의 경우, 중앙 감시탑에서의 교도관의 움직임이 수감자들에게 그대로 노출되었고 수감자들은 중앙 감시탑의 교도관들에게 야유를 보내곤 했다(그림 8). 이러한 사실에 근거해 셈플은 푸코의 논의가 실제로 일어났던 역사적 사실에 대한 기록과 해석이라기보다 현대사회에 대한 철학적 비판(푸코 자신의 용어로 '현재의 역사')이라고 꼬집었다.[7]

　벤담이 21세기를 사는 우리에게 의미 있는 이유는 파놉티콘 때문이 아니라 그의 자유주의 혹은 자유민주주의의 철학적 원칙 때문이다. 그는 정부의 권력을 제어할 방편으로 대의민주주

그림 8　교도관의 감시 공간이 모두 그대로 노출된 미국 일리노이주 스테이트빌 교도소의 실패한 파놉티콘.

의를 강조했고, 이를 위한 보편 평등선거와 정기국회의 필요를 역설하기도 했다. 이와 더불어 그는 여성에게도 투표권을 허용해야 한다고 주장했다. 벤담은 정부의 관료를 시험을 통해 뽑아야 하며, 이들이 인민의 주인이 아니라 인민의 종임을 강조했다. 이는 모두 당시로서는 진정으로 '급진적인' 주장들이었다. 또한 그는 상류층 자제에 국한되던 대학 교육을 중산층 젊은이들에게 확장해 이들에게 실용적인 교육을 제공하기 위해 런던대학교를 설립했다. 그가 자신의 시신을 해부학 수업을 위해 런던대학교 의과대학에 기증했다는 사실은 널리 알려져 있다. 그의 공리주의 정치철학은 존 스튜어트 밀John Stewart Mill 등에 의해 정교한 형태로 발전되어 서구 자유민주주의의 철학적 기초를 제공했으며, 에드윈 채드윅Edwin Chadwick과 같은 개혁가들에 의해 구체적인 사회개혁의 형태로 결실을 맺었다. 자유민주주의에 대한 벤담의 기여를 강조했던 학자들은 파놉티콘을 한낱 이해하기 힘든 에피소드나 그의 진지한 사고를 방해한 쓸데없는 것으로 간주하곤 했다.[8]

역사학자 거트루드 힘멜파브Gertrude Himmelfarb는 이러한 통념을 비판했다. 벤담은 말년에 "나는 파놉티콘에 대해 쓴 논문들을 들여다보는 것이 싫다. 그것은 마치 악마가 들어 있는 서랍을 여는 것 같고, 귀신 들린 집에 발을 들여놓는 기분이다"라고 언급한 적이 있다. 힘멜파브는 여기서 '귀신 들린 집'이라는 구절에 주목해 〈제러미 벤담의 귀신 들린 집〉이라는 긴 논문을 출판했다.[9] 그는 논문에서 벤담이 20년 넘게 파놉티콘에 집착했고, 영국 정부와 이에 대한 계약을 체결해 부자가 될 생각에 몰두했음을 흥미롭게 보여준 뒤 파놉티콘이 벤담의 공리주의 철학의 본질을 규명하는 중요한 단서를 제공한다고 주장했다. '최대 다수의 최대 행복'이라는 슬로건으로 잘 알려진 벤담의 철학의 근저에는 사회 다수의 행복과 안녕을 위해 수감자를 '영원한 고독'의 상태로 24시간 감시하며, 이들에게 감자만 먹인 채 강제노동을 시키고 그 결과를 착취하는 행위를 합법화하는 파놉티콘이 존재했다는 것이다.

즉 벤담의 파놉티콘에서 볼 수 있는 개혁은 사회적인 약자나 소수자에 대한 동정에서 비롯되어 이들의 권리를 되찾게 해주는 개혁이 아니라, 다수의 행복을 위해 소수의 권리를 억누르고 희생하는 식이었다는 것이 힘멜파브의 지적이다. 당시 수감자의 권리를 이야기하는 것은 어불성설이었는데, 수감자에게는 권리라는 것이 없었기 때문이다. 파놉티콘에 갇힌 수감자는 나머지 사회 구성원이라는 다수를 위해 희생되어도 괜찮은 존재였다. 힘멜파브는 제임스 밀James Mill이나 존 스튜어트 밀도 파놉티콘을 지지했음을 보이면서 결국 이 철학적 급진주의Philosophical Radicalism자들 또는 공리주의자들을 현대 자유민주주의의 선조로 간주하는 것에 심각한 문제가 있음을 주장했다.

감옥과 정신병원에 대한 푸코의 해석이 권위와 서구문명에 대한 1960년대 젊은이들과 지식인의 비판을 반영하고 있었다면, 벤담에 대한 힘멜파브의 해석 역시 원자화된 개인주의에 대한 경종을 벤담의 공리주의에 대한 비판의 형태로 제기한 것이었다. 이러한 이유로 벤담의 파놉티콘과 그의 자유민주주의의 철학적 원리를 연결시키는 부분에 힘멜파브의 비약이 있다. 힘멜파브는 논문에서 "파놉티콘이 우리의 이상적인 감옥은커녕 지금의 실제 감옥과도 아무런 공통점이 없듯이, 벤담주의 역시 우리의 민주주의나 민주주의의 이상과도 거의 아무런 공통점이 없다"고 주장하고 있지만, 이러한 부정적인 유비의 차원을 넘어

서는 구체적인 관련을 제시하지는 못하고 있기 때문이다.[10]

벤담의 민주주의와 파놉티콘 사이의 훨씬 더 흥미롭고 긍정적인 관계는 셈플에 의해 제시되었다. 국민이 정부를 감시하고 제어하자는 목적으로 벤담이 제안한 대의민주주의의 철학적인 근거는 권력을 가진 통치자와 국민의 이해가 갈등관계에 있다는 것이다. 즉 통치자는 모든 방법을 동원해 자신의 부와 권력을 더욱 추구하고자 하는데, 이는 그가 국민의 행복과 복지만을 생각한다고 말할 때에도 마찬가지라는 것이다. 사실이 이렇다면 통치자의 사욕을 막을 방법은 국민이 수시로 대표를 뽑아 의회를 구성해 이를 견제하는 수밖에 없다는 것이 벤담의 결론이었다.

셈플은 벤담이 20년 넘게 파놉티콘을 생각하면서 이 원칙을 깨달았다고 주장하고 있다. 즉 자신과 같은 파놉티콘의 계약자는 (표면적으로는) 파놉티콘을 건설하는 것이 수감자와 사회 전체를 위해 도움이 되기 때문이라고 이야기하지만 (실제 속마음은) 계약자인 자신이 돈과 권력에 대한 야심을 충족시키길 원하고 있음을 자각했다는 것이다. 파놉티콘의 운영에 대한 시민의 감시는 바로 이런 이유 때문에 중요했다. 벤담은 파놉티콘의 주인과 수감자들의 이해관계가 일치하지 않는다는 사실을 국가의 통치에 적용시켰고, 그 논리적 귀결은 통치자의 권력을 제어할 상시적인 메커니즘이 필요하다는 것이었다. 정부 관료와 정치인들에 대한 상시적인 감시가 필요하다는 주장을 담고 있는 벤담의 말년 저작 《헌법전》(1830)은 감시의 권력이 역감시reverse surveillance의 구조에 의해서만 투명성을 보장받는다는 원칙을 천명한 책이었다. 셈플의 해석에 따르면 벤담의 이러한 민주주의 원칙들은 파놉티콘에 대한 비판적인 성찰로부터 가능했던 것이었다.[11]

새뮤얼 벤담의 작업장

셈플의 해석은 흥미롭고 설득력 있지만 문제점이 없는 것은 아니다. 가장 중요한 문제는 벤담이 파놉티콘의 아이디어를 어디서 얻었는가 하는 것과 관련이 있다. 푸코는 베르사유궁전에 지어진 루이 14세의 원형 동물원이 벤담에게 영감을 주었을 것이라고 언급했는데, 동물원과 파놉티콘과의 유사성은 로빈 에번스 역시 지적한 바 있지만 문제는 이를 뒷받침하는 증거가 전혀 없다는 것이다(그림 9).

반면 셈플은 18세기 감옥 개혁가인 존 하워드가 영국에 소개한 로마의 방사형 교도소가 벤담의 파놉티콘에 영향을 주었을 것이라고 추론하고 있다. 셈플의 문제점은 파놉티콘을 제러미 벤담의 공리주의 철학과 너무도 밀접한 것으로 간주함으로써 벤담의 동생 새뮤얼 벤담의 기여를 최소화하고 있다는 데에 있

그림 9 루이 14세의 동물원. 중앙의 건물에서 전체를 내려다볼 수 있다.

다. 무엇보다도 제러미 벤담 자신이 러시아 해군에서 배를 건조하던 동생의 작업장을 방문한 뒤 파놉티콘에 대한 아이디어를 얻었음을 명백히 밝히고 있으며, 더 나아가 파놉티콘은 "동생의 아이디어를 빌려 자신이 치장만 한 것"이라고 강조한 것으로 보아 새뮤얼 벤담의 기여를 무시하는 것은 정당화될 수 없다.[12]

더욱 흥미로운 사실은 새뮤얼 벤담에 초점을 맞추면 파놉티콘과 공장시스템의 밀접한 연관을 볼 수 있다는 것이다. 러시아에서 그리고리 포템킨G.A. Potemkin 공작을 도와 해군의 조선 작업장을 관장하던 새뮤얼 벤담은 미숙련노동자들이 많은 조선소를 소수의 숙련노동자들이 효율적으로 관리하는 방법을 고민하다가 이들의 작업을 한눈에 볼 수 있도록 작업장 구조를 설계했고, 제러미 벤담은 동생의 작업장을 방문한 뒤 효과적인 감시체계를 목격하고 이를 자신이 관심을 가지고 있던 감옥의 개혁에 적용시켰다. 이후 새뮤얼 벤담은 영국으로 돌아와 포츠머스 조선소 개혁을 총괄했는데, 무엇보다 그는 숙련노동자들의 노동에 의존하던 공정을 분석하고 분류해 새로운 임금체제를 도입하고 이 중 핵심적인 노동을 기계로 대체했다. 제러미 벤담은 동생이 이 시절에 만든 나무 절단기계에 증기기관을 도입하기 전, 파놉티콘 수감자들의 노동을 동력원으로 사용해볼 생각을

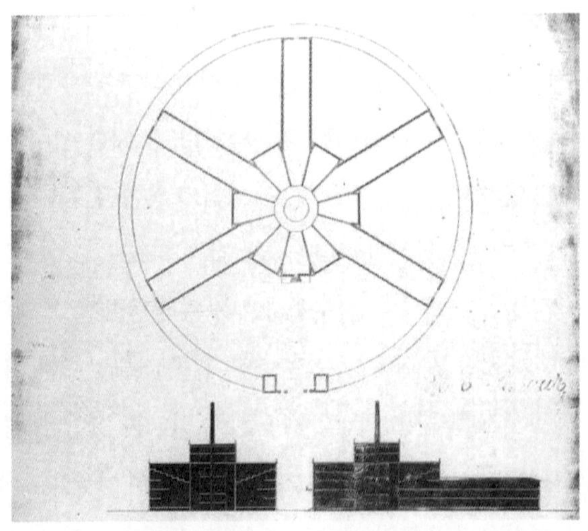

그림 10　제러미 벤담의 동생 새뮤얼 벤담이 1807년에 설계한 상트페테르부르크 오크타 기술학교. 이 학교는 오래지 않아 화재로 전소했다.

하기도 했다. 기계가 노동자들의 노동을 대체했지만 파놉티콘에서 수감자들의 노동은 기계를 대체해 실험에 투입될 수 있었다. 또한 새뮤얼 벤담은 조선소의 회계를 표준화하고 주급제를 시행하는 등 합리적인 경영 기법을 도입했다. 1806년 그는 러시아로 돌아가 알렉산드르 1세의 명에 따라 파놉티콘의 구조를 도입한 목조 건축물 오크타 기술학교를 건설했다(그림 10).[13]

제러미 벤담은 파놉티콘이 감옥뿐만 아니라 학교, 공장, 병원 등에 이용될 수 있다고 주장했는데, 파놉티콘의 아이디어는 감옥에서 공장으로 확장된 것이 아니라 사실 그 기원에서 살펴볼 때 (새뮤얼 벤담의) 공장에서 (제러미 벤담의) 감옥으로 넘어온 것이다. 이것이 파놉티콘이 수감자의 노동을 이용해 물건을 만드는 공장형 감옥이었던 한 가지 이유였다.[14] 그런데 새뮤얼 벤담이 러시아에서 감독하던 공장이 전형적인 자본주의적 공장이라고 간주하기 힘든 측면 또한 없지 않았다. 이곳에서 일하던 사람들은 귀족 마음대로 동원이 가능한, 단순 막노동에 종사하던 농노들이 대부분이었기 때문이다. 역사학자 사이먼 웨럿Simon Werrett은 이러한 근거로 새뮤얼 벤담의 파놉티콘은 자본가/노동자의 관계로 특징지어지는 자본주의적 공장보다는 귀족/농민의 불변적인 위계에 근거한 18세기 러시아 절대주의 교회의 이념을 반영한 건축물에 더 가깝다고 해석했다.[15]

그렇다면 산업혁명과 함께 등장한 자본주의 공장제에서 노동자에 대한 감시는 어떻게 이루어졌을까? 작업장에서의 감시와 감옥인 파놉티콘에서의 감시는 유사점이 더 많은가, 아니면 차이점이 더 많은가? 오늘날 작업장에 만연하고 있는 (전자)감시는 19세기 공장에서의 감시의 연장으로 볼 수 있을까? 다음 장에서는 이러한 문제들에 대해 생각해보고자 한다.

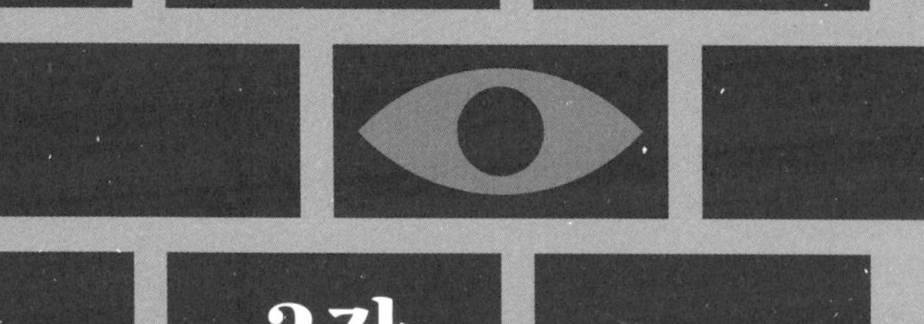

3장

공장의 파놉티콘:
감시의 시선에서 정보관리로

자동 뮬방적기는 3개월에 걸쳐 지속된 하이드Hyde 방적공의 파업의 결과로 만들어졌다. 파업이 진행되는 동안 공장주들의 대변인들이 나를 찾아와 방적기 이야기를 하면서 내게 자동방적기를 만들어달라고 요청했다. 나는 방적기술에 대해서 아무것도 모른다고 말하고 그들의 요청을 거절했다. 다음 화요일 그들은 또 찾아와 다시 한번 요청을 했고, 나는 또 거절했다. 그렇지만 그들은 나를 보기 전에 이미 내 파트너인 토머스 샤프Thomas Sharp 씨를 만나 내 관심을 이쪽으로 돌려줄 수 있냐고 요청했다. 그들이 세 번째로 방문했을 때 나는 자동방적기를 만들어주겠다고 약속했다.

― 자동 뮬방적기의 발명자 리처드 로버츠Richard Roberts의 술회(1851)

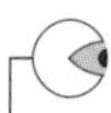

공장과 감옥

파놉티콘은 공장제 생산이 보편적 생산양식으로 자리를 잡아가던 산업혁명 초기에 등장했다. 새뮤얼 벤담의 작업장은 마치 죄수와 다를 바 없는 러시아 농노 출신의 노동자들을 소수의 엔지니어가 효율적으로 감시하기 위해 고안되었고, 제러미 벤담의 감옥으로서의 파놉티콘은 노동을 통해 수감자들의 영혼에 규율을 심어주기 위해 만들어졌다. 벤담은 파놉티콘을 감시의 원리가 내재된 자동기계로 간주했는데,《매뉴팩처의 철학》(1835)을 저술한 영국의 정치경제학자 앤드루 유어Anderw Ure는 자본주의 공장을 "자율적으로 조절하는 동력에 귀속된 기계적이고 지적인 기관들로 구성된 거대한 자동기계"로 보았다. 즉 파놉티콘과 공장은 인간의 개입에 의존하지 않고 스스로 작동하는 메커니즘이었다. 한편 산업혁명 직전에는 사람을 기계로 간주하는 사상이 유행했는데, 스스로 작동하는 파놉티콘과 공장이라는 거대한 자동기계들 속에서 수감자와 노동자는 부속 기계에 지나지 않았다.[1]

앞의 장에서 지적했듯이 공장과 감옥의 상관관계에 주목한 푸코는, 감시와 노동을 통한 파놉티콘의 규율로 보건대 개인에 대한 권력의 통제가 육체적인 형벌에서 산업자본주의의 인간형에 적합한 영혼의 규율로 바뀌었음이 상징적으로 드러난다고 해석했다. 인간의 몸과 마음은 시키는 대로 묵묵히 일하는 기계가 되었고, 공장과 학교의 파놉티콘화는 자본주의적 생산과 규율 학습이라는 현대사회의 권력 구조를 지탱하는 두 기둥을 만들었다.

그렇지만 푸코의 비관적인 역사 인식에 문제가 없는 것은 아니다. 무엇보다 죄수를 물리적으로 가두는 것이 합법적으로 인정된 감옥이라는 공간에서 적용되는 감시·규율의 메커니즘과, 자유로운 사람들을 모아놓고 일이나 훈련을 시켜야 하는 공장 또는 학교 같은 조직의 감시·통제 메커니즘이 본질적으로 동일하다고 보는 것에 문제가 있기 때문이다. 영국의 사회학자 앤서니 기든스Anthony Giddens는 근대국가의 '행정권력administrative power'이 시공간에 대한 규제와 통제를 강화해왔음을 지적하면서 이러한 행정권력의 감시 유형을 두 가지로 나누었다. 하나는 정부가 행정·경찰·군사적 목적을 위해 개개인의 정보를 수집하는 일이고, 다른 하나는 감옥에서처럼 사람이 다른 사람을 직접 감시하는 일이다. 전자를 수행한 기구가 바로 독일의 사회학자 막스 베버Max Weber가 많은 관심을 가졌던 관료제였다. 기든스는 푸코가 이 두 유형의 변증법적 상호작용에 주목하지 않고 단지 감옥에서 수감자를 통제하는 방법과 작업장에서 노동자를 통제하는 방법을 동일시했다는 점을 들어 푸코를 비판했다. 파놉티콘과 같은 건축물은 물리적 감금이 허용되는 감옥에서는 효과적일 수 있지만 고용주와의 자유로운 계약을 통해 하루에 몇 시간씩만 노동에 종사하는 노동자들에게는 효과적인 방법이 될 수 없다는 것이 기든스가 제기한 비판의 요지였다.[2]

산업혁명이 진행되면서 공장이 세워지자 그 공장을 경영하던 자본가는 수십 명에서 수백 명의 노동자들을 한자리에 모아 일을 시켜야 한다는 심각한 문제에 직면했다. 미국의 경제사가 데이비드 랜즈David Landes가 지적했듯이 공장제의 핵심은 "많은 사람을 한곳에 모아두고 감독과 규율 아래 이들에게 일을 시키는 것"이었다.[3] 규율과 노동의 통제는 공장시스템을 잘 작동시키기 위한 핵심적인 요소였다. 어떻게 노동자들을 정시에 출근하고 정시에 퇴근하도록 유도할 것인가? 어떻게 이들이 작업시간 동안 게으름을 피우지 않게 만들 것인가? 어떻게 이들이 주어진 시간에 더 많은 일을 할 수 있도록 만들 것인가? 일을 잘할 경우에는 상을 줄 수도, 게으름을 피울 경우에는 벌을 줄 수도 있었는데, 대부분의 공장에서는 당근과 채찍이라는 방법이 동시에 사용되었다.

그러나 우리가 고려해야 할 점은 노동자에게 규율을 심어주고 노동과정을 통제하려는 시도로 점철된 역사가 노동에 대한 자본의 포섭의 역사일 뿐만 아니라 동시에 이에 대한 노동의 저항의 역사이기도 했다는 사실이다. 이 장의 마지막 부분에서 다시 이야기하겠지만 역사를 통해 볼 때 노동을 마음먹은 대로 통제하고자 했던 자본의 시도는 언제나 적극적 또는 소극적 저항에 부딪혔고 지금까지도 항상 부분적으로밖에 성공하지 못했음을 기억할 필요가 있다.[6]

산업혁명 이후 노동 규율화

이러한 점을 염두에 두고 산업혁명기 이후의 규율과 노동 통제에 대해서 살펴보자. 먼저 우리가 주목할 것은 선대제putting-out system에서 공장제로의 전이가 선대제에 만연했던 노동자들의 '횡령'을 막고 이들을 효과적으로 통제하려는 목적에도 부분적으로 영향을 미쳤다는 점이다. 선대제에서는 노동자 개개인이 노동과정과 노동을 통해 만든 생산품에 어느 정도 통제권을 가질 수 있었는데, "면제품의 6분의 1이 횡령으로 사라지는 지금 우리는 동력 방직기나 수공 방직기 공장으로 변화하는 것을 모색해야 할 때이다"라는 1824년 영국의 한 신문 기사에서 볼 수 있듯이, 자본가는 기계제 공장을 통해 생산품과 노동과정에 대한 통제를 노동자의 손에서 자신들의 손으로 이전시키고자 했다. 이는 산업혁명기의 변화를 체계적으로 이론화했던 카를 마르크스Karl Marx 역시 지적한 바 있다. 마르크스는 자본주의의 발달을 선대제, 단순협업, 매뉴팩처 시기의 분업, 대규모 기계제 생산의 역사로 파악했으며, 기계제 이전 단계에서 기계제 생산으로의 변화(즉 "노동에 대한 자본의 형식적 포섭"에서 "노동에 대한 자본의 실질적 포섭"으로의 변화)가 가치 증식 과정의 변화(즉 절대적 잉여가치의 창출에서 상대적 잉여가치의 창출로의 변화)와 노동에 대한 자본의 규율과 통제가 동시에 이루어지는 과정이라고 해석했다.[5]

초기 공장에는 믿을 만한 숙련노동자가 부족하다는 점과 규율 부재라는 두 가지 문제가 존재했다. 방직산업의 경우 전체 노동자의 절반 정도가 미성년 노동자들이었다. 공장주들은 이들이 규정을 위반할 경우 다양한 체벌을 가했으며, 공장에서 함께 일하는 부모가 이들을 책임지고 감시하는 방법도 널리 사용되었다. 인간의 힘을 수력(이후 증기기관)으로 대체한 리처드 아크라이트Richard Arkwright의 수력방적기water-frame가 처음으로 도입된 크롬퍼드 공장에서는 어린이와 여성 노동력이 대거 고용되었다. 아크라이트의 공장에서는 전체 노동자의 60퍼센트가 어린아이였으며, 그는 노동자들이 살고 있는 인접 마을에 종을 쳐서 시간을 모르는 노동자들에게 출근시간을 알리곤 했다. 작업은 아침 6시에 시작해서 13시간을 일한 뒤 저녁 7시에 끝났고, 야간조는 저녁 6시에 작업을 시작해서 아침 7시에 작업을 종료했다. 노동자들이 작업 중간에 8초 이상 창문을 쳐다보면 근무태만으로 간주되어 벌금이 부과되었다. 아크라이트는 이렇게 "공장에서의 근면이라는 성공적인 코드를 만들고 유지한 것"이 자기 성공의 가장 핵심적인 비결이라고 생각했다.[6]

한편 성인 남성 방적공의 숙련된 조작과 관리가 필수적이었던 뮬방적기가 도입된 경우 자본가는 이를 위해 숙련된 남성 노동자를 고용하고 그의 조수로 부인과 아이들을 고용했다. 이 경우 공장에서 여성과 아이들의 노동은 마치 집에서 가장이 식솔들을 돌보듯이 가부장인 남성 노동자가 관리 및 감독했다. 19세기 프랑스의 공장 규율을 연구한 미셸 페로Michelle Perrot는 초기 공장에서의 가족 단위 노동이 이후 가부장주의로 발달해 공장주는 아버지, 노동자는 자식과 같은 관계가 광범위하게 성립했음을 강조하고 있다.[7] 이렇듯 부모를 통한 통제 외에도 자본가들은 공장지역에 학교를 세워 미성년 노동자들에게 저녁이나 주말에 빈둥거리는 대신 학교에서 교육을 받게 하고 비속어의 사용을 금하는 등 공장 밖에서 규율을 가르치기도 했다.

규율에 대한 문제는 미성년 노동자들에게만 국한된 것은 아니었다. 성인 노동자들에게도 규율 문제는 심각했는데, 이는 자신이 원하던 식으로 일을 해왔던 장인과 계절의 변화라는 자연의 리듬에 맞추어 일을 하던 농민 출신의 단순노동자들이 규칙적인 노동과 규율이 요구되는 공장 노동에 잘 적응하지 못했기 때문이다. 사람들은 매일 정해진 시간 동안 일하는 방식이 아니라 며칠 열심히 일하고 며칠 푹 쉬는 생활에 오랫동안 익숙해져 있었다. 수요일부터 토요일까지 일하고 일요일, 월요일, 화요일을 연속해 쉬는 것도 보통이었다. 도자기공업에서 크게 성공한 개혁적 사업가 조사이어 웨지우드Josiah Wedgewood는 오래된 장인적 전통에 대항해 공장에 "시간을 엄수하고, 작업에 계속 주의를 기울이고, 고정된 시간 동안 일하고, 청결의 기준을 지키고, 낭비를 방지하고, 술을 금하는" 새로운 규율을 도입하는 과정에서 노동자들과 심각한 갈등에 휘말리곤 했다. 미국의 방직·방적 공장의 예를 보아도 공장주들은 공장에서 싸움, 욕설, 남녀관계, 음주, 흡연을 금지했고, 청결을 유지하도록 강요했다.[8]

이러한 방법 이외에도 자본가들이 규율을 주입하기 위해 사용했던 것은 당시 널리 보급되었던 시계였다. 시계는 노동자들을 근면하고 유능한 공장 노동자로 만든 중요한 메커니즘이었다. 공장에 시계가 도입되면서 작업은 생체리듬이 아니라 시계의 시간에 맞추어 진행되었다. 초기에는 공장주가 시계를 독점하면서 시간을 속여 초과 작업을 하게 만드는 경우도 드물지 않게 발생했다. 그러나 정확한 시간의 중요성을 체화한 노동자들은 노동시간의 단축과 초과 노동에 대한 초과 수당을 요구하게 되었다. 이제 시간은 '때우는' 것에서 소비되고 사고파는 것이 되었다. '시간은 돈'이라는 식의 시간관념이 중요해지면서 공장에는 작업시간표와 작업량을 체크하는 표가 도입되었고, 이는 다시 규율과 시간관념을 더욱 강화했다.[9]

노동과 생산에서 시간을 정확하게 지키는 것이 자본주의의

미덕이 되었고, 그렇지 않을 경우에는 손해를 감수해야 했다. 19세기 초 영국 뉴캐슬시의 한 기관차 공장에서는 노동자가 만들고 있는 품목과 사용하는 기계를 고려해 그 작업시간과 임금을 미리 결정하는 상세한 표를 도입했으며, 기계를 손상시키거나 떠들거나 담배를 피우거나 자리를 비우거나 심지어는 사무실을 통과하지 않고 출퇴근하는 경우 모두 체크해서 벌금을 부과했다. 비슷한 시기 일을 더욱 열심히 할 경우 임금을 더 많이 주는 포상 임금제도payment by result도 도입되었다. 비록 이 초기의 포상 임금제도는 생산품질의 저하나 계산을 둘러싼 마찰 때문에 기대했던 성과를 거두지는 못했지만, 19세기 말에 더욱 과학적인 경영 원칙들을 도입하게 된 선례가 되었다.[10]

파놉티콘으로서의 기계

시계가 공장의 규율을 세우고 유지하는 데 중요한 역할을 한 것은 의심의 여지가 없지만, 무엇보다 노동자들에게 규율을 강제했던 것은 공장에 도입된 기계 그 자체였다. 산업혁명기를 휩쓸었던 기계는 인간의 통제 밖에 존재하는 괴물로 간주되었다. 독일의 대문호 괴테는 "위력적인 기계시스템은 나를 고문하고 두렵게 한다. 그것은 뇌우처럼 서서히 가까이 다가오는데, 그 진행 방향이 이제는 확실하다. 이것이 조만간 우리를 덮칠 것이다. 우리는 그

것에 대해 생각할 수 있고 이야기할 수 있지만, 우리의 생각이나 이야기는 아무런 도움이 되지 못한다"라고 당시의 암울한 상황을 묘사했다.[11]

공정에 따라 차이가 있었지만 많은 경우 공장 노동자들은 기계의 움직임을 끊임없이 주시해야 했으며, 자신의 노동을 반복적인 기계의 운동에 맞추어야 했다. 부주의할 경우 제품의 하자와 기계의 손상은 물론 치명적인 인명 사고의 위험이 도사리고 있었기 때문이다. 의사로서 공장에 대한 조사활동에 종사했던 제임스 필립스 케이James Phillips Kay는 이를 가리켜 공장에서는 "살아 있는 기계들(노동자)이 힘겨워하지도 지치지도 않는 무쇠 기계에 사슬로 단단히 묶여" 작업에 종사한다고 한탄했으며, 작가 토머스 칼라일Thomas Carlyle은 인간이 "손은 물론 머리와 가슴까지 모두 기계"가 되었다고 당시의 시대정신을 압축했다. 마르크스는 기계가 노동자에 대한 자본가들의 지배를 완결했다고 보았다.

평생 같은 도구를 다루던 전문성이 이제는 평생 하나의 기계에 봉사하는 전문성으로 변했다. 기계는 노동자들을 어린 시절부터 특화된 기계 부품으로 만드는 데에 오용되고 있다. 이런 식으로 노동자들의 재생산에 필요한 비용이 현격하게 줄어들었을 뿐만 아니라 그가 어쩔 수 없이 공장에 의존하면서 노동자가 자본가들에게 종속되어야 하는 과정이 완결되었다.

파놉티콘의 궁극적인 목적이 감시를 내화해서 규율을 만들어
내는 것이라면, 공장에 도입된 기계는 바로 이런 기능을 담당하
던 파놉티콘과 다르지 않았다. 이는 기계가 숙련노동을 무력화
시켜 새로운 노동 분업을 가져왔으며, 공장에서 육체적·정신적
규율을 강제했기 때문이다. 당시 한 공장주는 "방직 공장에서
기계가 돌아갈 때 노동자들은 세심한 주의를 기울여야만 했다"
라고 이야기했는데, 이러한 의미에서 그 공장주는 "노동자에게
공장의 규율을 심어준 것은 근본적으로 기계"였음을 알고 있었

그림 11　1830년대 방직 공장. 기계의 작동에 맞춰 일을 하는 여성 노동자, 방직기계, 남성
감독관을 볼 수 있다.

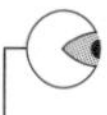

다(그림 11).[12]

이미 발명된 기계가 도입될 뿐 아니라 새로운 기계가 노동을 통제하기 위한 목적으로 발명되기도 했다. 1824년에 있었던 숙련된 뮬방적공의 연대파업 이후 공장주들은 발명가 리처드 로버츠에게 자동으로 작동하는 뮬방적기를 만들어달라고 요구했으며, 로버츠는 그들의 요구를 받아들여 1년 만인 1825년에 그의 유명한 자동 뮬방적기를 제작했다. 자동 뮬방적기는 숙련노동자들의 거센 저항에 직면했지만 결국 빠른 속도로 작업장에 도입되었다. 직물에 색깔을 입히는 캘리코 인쇄술의 발전도 직인과 도제에 거의 절대권력을 행사하던 숙련 인쇄공조합의 힘을 약화시키려는 목적으로 이루어졌고, 플랫과 콜리어 모빗질기계Platt and Collier woolcombing machine도 숙련을 기초로 폐쇄적인 장인 노동자집단을 구성한 모빗질공의 힘을 약화시키기위해 1827년에 발명되었다. 유어의 표현에 따르면 "자본가들은 이렇게 참기 힘든 (노동자들의) 동맹에 대한 해결책을 '과학'에서 찾은 것"이었다. 찰스 배비지Charles Babbage와 같은 정치경제학자들은 숙련노동자들의 담합을 막고 이들을 통제하는 훌륭한 방법으로 기계를 적극 추천했는데, 기계는 "인간의 부주의, 게으름, 부정직을 막을 수" 있으며 인간의 노동을 기계에 맞춤으로써 숙련노동을 쉽게 통제할 수 있다는 이유 때문이었다.[13]

파놉티콘의 핵심 원리였던 시선을 통한 감시는 공장에서 어떤 역할을 했는가? 산업혁명 초기의 공장들은 처음에는 수력을 사용했는데, 이를 위해 큰 제재소mill를 개조한 경우가 많았다. 따라서 초기 공장은 제재소의 구조를 그대로 이어받았다. 공장은 보통 몇 개의 층으로 이루어졌는데 각 층에는 크고 작은 방이 있었으며(그림 12), 각 방에 설치된 다양한 기계들은 중앙 동력원에 샤프트와 벨트로 연결되어 있었다. 건물의 안전 때문에 창을 작게 만들어 내부는 어두웠고 환기는 엉망이었으며, 진동과 소음이 심한데다 습하기까지 했다. 방직 공장의 경우에는 미성년자들이 이러한 열악한 노동조건 속에서 하루 13시간 노동에 종사했다.

어둡고 먼지가 많으며 시끄러우면서 산만한 공장에서 시선을

그림 12　미국 매사추세츠주 로웰에 위치한 초기 방적·방직 공장.

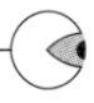

통한 감시는 근본적인 한계가 있었다. 도시 개혁과 빈민법에 지대한 공헌을 한 에드윈 채드윅은 1842년 공장 위생에 대한 보고서에서 공장이 크고 작은 방으로 복잡하게 구성되어 있으며 남녀노소가 함께 작업을 하기 때문에 사람이 적은 곳에서는 '부도덕한' 일들이 종종 벌어진다고 지적한 뒤 모든 노동자를 한눈에 감시할 수 있도록 하나의 넓은 공간에서 사람들이 모두 함께 일할 수 있는 새로운 공장 구조를 추천했다. 그러나 채드윅의 제안은 실제로 널리 수용되지는 않았다. 방적산업의 경우 한 공장에서 다양한 종류의 작업이 진행되어야 했고, 이 각각의 작업은 서로 다른 방에서 이루어지는 것이 보통이었기 때문이다.[14]

특히 19세기 후반이 지나면서 철강산업과 기계산업이 부상했다. 이러한 산업에서는 작업장 규모가 커지고 공정이 복잡해지고 전문화되었으며, 작업장이 기계와 부품으로 가득 들어차고 공장의 내부 공간은 샤프트와 벨트로 메워지면서 자본가나 관리자가 노동자들의 일거수일투족을 감시하기는커녕 작업장에서 작업이 제대로 진행되고 있는지 통제하는 일조차 점차 어려워졌다(그림 13). 이러한 문제를 해결하기 위해 당시 공장 설계와 공정 계획을 전문으로 담당하던 '산업공학자'들은 일반적으로 쓰이던 L, E, H형 공장 구조가 아닌 반듯한 직사각형의 단층형 공장 구조를 제안하기도 했지만, 많은 논쟁 이후 이 역시 효과적이지 못하다는 것이 드러났다.[15]

그림 13　19세기 말의 한 기계 공장. 감독관이 높은 곳에서 내려다보아도 기계장치 때문에
모든 작업 과정을 한눈에 감독하기 어렵다.

공장 노동자들을 통제하고 이들에게 규율을 강요할 때 작업
장의 구조보다 더 문제가 되었던 것은 노동자들의 '숙련skill'이
었다. 19세기 말에서 20세기 초 철강공업과 기계공업 분야에서
는 다양한 종류의 기계와 공정에 숙련된 지식과 노하우를 가진
노동자들이 작업장을 '장악'하고 있었다. 이들이 사용하는 기계
와 노동 자체가 전문화 및 세분화되어 공장주나 관리자들이 숙
련노동자들의 '은밀한 태업'을 파악하거나 통제하는 데에는 명
백히 한계가 있었다. 19세기 공장주들은 노동자들의 습관을 바
꾸기 위한 '산업향상운동'이나 자본가들에게 기술적 작업에 대

한 세부사항을 인식시키는 '체계적 경영'을 통해 이 문제를 극복하고자 했다. 노동자들이 피로를 느끼면 작업을 효율적으로 진행하지 못하므로 피로에 관한 연구 또한 19세기 (유럽의) 과학자들이 주목한 연구 주제이기도 했다.

이 문제에 대한 해법은 20세기 초 미국에서 전혀 다른 방향에서 찾아졌다. 하버드대학교에 진학했지만 법관이 되는 대신 기계 공장에 취직해 엔지니어의 길을 걸은 프레더릭 테일러Frederick Taylor의 '과학적 경영'은 기계산업과 같은 새로운 산업 분야에서 숙련노동자를 통제하는 방편으로 제기되었다. 테일러의 과학적 경영은 기계 표준화와 시간-동작time-motion 분석을 통해 숙련노동을 단순노동의 조합으로 분해해 이를 기반으로 목표 과업과 임금체계를 새롭게 세우고, 목표를 초과 달성했을 때 보너스를 지급한다는 것이 주요 골자였다. 시간 분석을 위해 사용한 스톱워치는 테일러주의의 상징물이었다. 테일러 자신이 26년간 금속을 절단하는 한 가지 종류의 노동에 대해 분석한 끝에 1906년에 출판한 《금속 절단 기술에 대해서》는 금속 절단에 개입되는 12개의 변수에 대한 '수학적' 분석을 바탕으로 가장 효율적인 작업방식을 제시한 책이었다.

은밀한 태업만 발생하지 않으면 생산성이 두 배로 향상될 수 있다고 믿었던 테일러는 자신의 과학적 경영을 통해서 "기계 작업장의 통제를 숙련노동자의 손에서 빼앗아 경영진의 손으로 이전하고, 따라서 '주먹구구식'을 '과학적 통제'로 대체하는" 목적을 구현할 수 있다고 생각했다. 숙련노동자의 노동을 분석하는 작업은 과학적 경영의 핵심 담당자인 엔지니어들에게 맡겨졌고, 노동자가 아닌 이 엔지니어들은 숙련노동자의 노동과 기계의 효율적 작동을 위한 새로운 종류의 정신노동을 담당하게 되었다. 테일러주의는 작업의 구상과 기획을 숙련노동자의 머리에서 화이트칼라 엔지니어가 일하는 공장의 기획부로 이전했던 것이다.[16]

이 장의 첫머리에서 노동에 대한 자본의 통제가 항상 생각대로 진행되지 않는다는 점을 언급했는데, 이는 테일러주의와 관련해서도 그대로 드러난다. 워터타운 무기 공장에 도입된 테일러주의는 노동자들의 저항에 직면해 실패로 끝이 났으며, 심지어 자본가들마저도 기획부라는 새로운 경영조직을 운영하는 것을 환영하지 않았다. 테일러의 제자들은 테일러의 시간연구보다는 기계의 작동에 관심을 갖거나 동작연구에 관련된 작업을 추진했다. 반면 시카고의 웨스턴 전기회사의 호손 작업장에서 생산성 효율을 연구한 사회학자 엘턴 메이오Elton Mayo는 테일러식으로 노동자들을 기계처럼 생각하고 다루는 것보다 노동자들을 중요한 사회 구성원으로 생각함으로써 그들이 스스로의 작업에 대해 가지고 있는 중요성이라는 자의식을 독려해주는 것이 생산성을 더욱더 높이는 방법이라 주장했다.[17]

테일러주의는 다른 나라에서도 거센 반발을 경험했다. 영국에서는 테일러주의의 영향이 미약했으며, 프랑스와 독일에 도입된 테일러주의 역시 강한 반발을 마주했다. 한편 일본의 경우에는 유럽보다 반대가 약해 테일러주의가 협력과 조화를 강조하는 일본의 전통적인 경영방식과 적절하게 섞이면서 토착화되었다. 사회주의혁명을 겪은 뒤 빠르게 산업발전을 이루어야 했던 구소련의 경우에만 테일러주의가 그 원형에 가깝게 수용되었다.[18]

당시 사람들이 열광했던 것은 테일러주의가 아니라 헨리 포드Henry Ford의 포디즘Fordism이었다. 테일러가 기술과 노동을 분석해 새로운 경영의 원리를 추출했다면, 1913년 포드사의 하이랜드파크 공장에 도입된 어셈블리라인과 컨베이어벨트는 새로운 경영 원리를 기계로 구현한 것이었다.

포드는 숙련된 기계공 출신으로 자신의 자동차 공장을 세운 뒤 1905년 한 해 동안 약 4000대에서 6000대의 자동차를 생산했다. 그러나 8년 뒤인 1913년에는 그의 공장에서 매년 '모델 T'라는 검정 자동차가 무려 25만 대씩 생산되었다. 이 모델 T에는 교환이 가능한 부품들만 사용되었는데, 이 부품을 만들기 위해 포드와 그의 엔지니어들은 특수 목적의 수백 가지 공작기계를 설계하고 제작했다. 당시 포드의 공장에는 500개가 넘는 특수한 공작기계가 사용되고 있었다. 이 기계들에 의해 생산된 부품들은 컨베이어벨트로 작동되는 어셈블리라인을 통해 공급되어 단순작업에 종사하는 1만 3000명의 노동자들에 의해 조립되었다. 이런 '인간과 기계의 포드식 결합'을 통해 포드의 공장에서는 매년 100만 개의 램프, 100만 쪽의 타이어, 25만 개의 핸들이 제작되었고, 이런 부품들이 최종 조립라인에서 결합됨으로써 매년 25만 대의 자동차가 생산된 것이다. 생산이 증가하면서 자동차의 가격도 하락했다. 1905년에는 포드 자동차 한 대가 1200달러가 넘었고 1908년에는 900달러 정도였지만, 생산성의 향상에 힘입어 1924년에는 290달러로 떨어졌다.

포드의 공장에서는 자동차를 만드는 데 필요한 부품들이 컨베이어벨트를 통해 이동되었는데, 노동자 개개인은 각자의 위치에서 컨베이어벨트를 통해 자신에게 보내진 부품을 조립하는 한 가지 단순노동만을 (예를 들어 찰리 채플린의 〈모던 타임즈〉에 나오는 것과 같이 나사를 조이는 작업만 반복하는 장면처럼) 끊임없이 계속하게 되었다(그림 14). 이 공장에서는 비숙련노동자와 단순 숙련노동자가 늘어나면서 이들의 노동을 감시하는 반장과 반장을 돕는 감독 및 사무원이 급속히 증가했다. 하지만 노동자에 대한 근본적인 감시와 통제는 공장에서 천천히 그러나 쉬지 않고 돌아가는 기계가 담당해주었다. 노동자의 노동은 이미 정해져 있는 기계의 표준 일당량에 맞추어져 있었고, 노동자가 기계의 리듬에 맞추지 못할 경우 그는 바로 반장의 눈에 띄었다. 숙련공

그림 14　헨리 포드의 어셈블리라인을 패러디한 찰리 채플린의 〈모던 타임즈〉.

이라고 할지라도 그의 작업량과 작업 속도는 노동자에 의해서
가 아니라 미리 입안된 계획에 따라 결정되었다. 노동자들은 단
지 자신에게 전달된 일만 하도록 지정되었을 뿐 자신의 일을 선
택할 수 없었다. 하이랜드파크 공장은 한편에서는 효용의 상징
으로 간주되었지만, 다른 한편에서는 "정신병원"이라고 비난받
았다.[19]

　그러나 이러한 비난에도 불구하고 포드는 공장을 계속 확장
했다. 곧이어 지어진 루지 공장은 하나의 공장 내에 철의 제련
부터 각종 부품의 생산, 자동차의 최종 조립까지 필요한 모든

공정을 다 갖추고 있는 대규모 공업단지였다. 한 관찰자에 따르면 루지 공장은 "각각의 단위가 신중하게 디자인된 톱니바퀴처럼 서로 맞물려 함께 돌아가고, 완벽히 시간을 맞추며 부드럽게 작동하는 믿기 힘든 효용을 지닌 하나의 거대한 산업기계"였다. 포드의 공장에서는 수만 명의 노동자들이 작업하고 있었지만, 경영자들은 이 모든 공정을 한눈에 파악하고 통제할 수 있는 시스템 구축을 이상으로 삼았다.[20]

1914년 1월 포드는 노동자들의 일급을 2.3달러에서 5달러로 두 배 이상 인상했다. 노동자가 생활에 따르는 다른 걱정 없이 일하도록 만듦으로써 사고 위험을 감소시키고 이를 통해 생산성을 더 올릴 수 있다는 믿음에서였다. 그러나 포드사는 월급을 두 배 이상 올리면서 노조를 절대 용납하지 않는다는 원칙을 천명한 것은 물론 노동자들의 일상생활에까지 적극적으로 개입하기 시작했다. 포드사는 노동자들에게 은행 계좌를 만들어 저축을 하라고 강요했고, 하숙하는 노동자들에게는 가정을 꾸리라고 독촉했으며, 가정을 가진 노동자들에게는 자녀들을 학교에 보내고 아내는 집에서 가사를 돌보게끔 하라고 요구했다. 당시 노동인구의 상당 부분을 차지했던 이민노동자들에게는 영어를 가르쳤다. 작업장뿐만 아니라 노동자들의 일상생활도 생산성에 중요한 요소가 된 것이다. 포드사는 이를 감독하고 감시하기 위해 회사 내에 사회조사부sociological department를 설치해 운영했다. 포드사의 감시에는 회사 안팎이 따로 없었다.

　시간－동작 연구에 기초한 팍팍한 목표량의 설정, 성과급제도, 컨베이어벨트시스템에 의한 연속생산, 생산직 노동과 기획의 분리, 표준화, 개인과 부서의 업무 수행을 한눈에 파악하고 비교하는 회계나 인사관리 같은 다양한 경영 기법의 발전, 노동자들의 일상에 대한 간섭 등은 컴퓨터가 기계와 공정에 사용되기 이전까지 숙련노동자들의 규율과 통제를 위해 도입된 장치였다. 여기서 볼 수 있듯이 작업장의 통제는 눈으로 보는 감시에서 작업을 기계로 대체하고, 탈숙련하고, 작업에 대한 실시간의 정보를 수집하고, 작업자 개개인에 대한 정보관리를 강화하고, 이를 과학적으로 분석하는 방법으로 바뀌어갔다. 이는 다음 장에서 살펴볼 '정보 파놉티콘information panopticon'의 도래를 예견하는 것이었다.

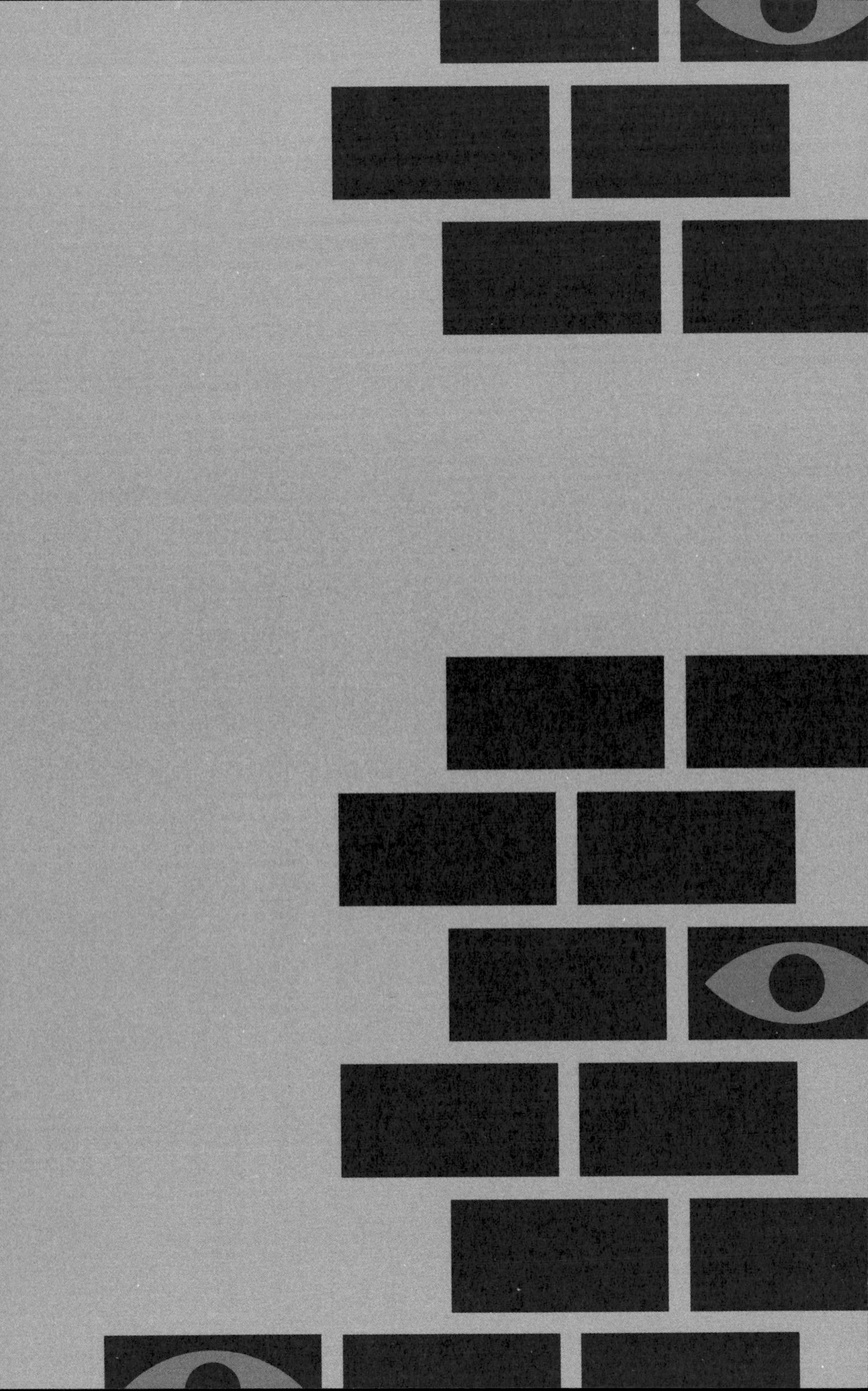

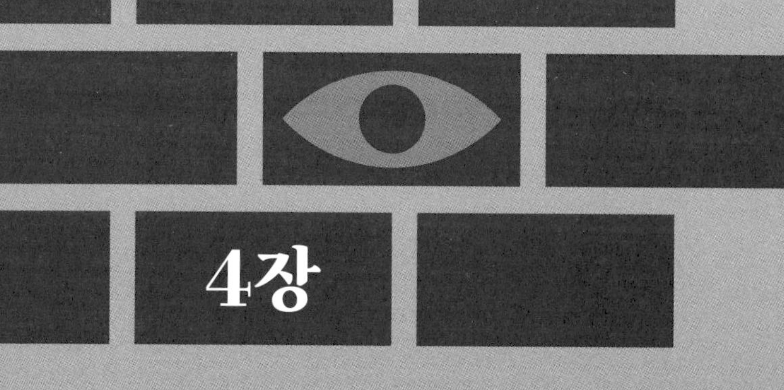

4장

정보·전자 파놉티콘과
분산되는 감시

비록 우리가 아무 기록도 없는 빈칸처럼

알려지지 않았고 무시당한다고 느낄지라도

용기를 내라! 우리의 중대한 자아는

거대한 데이터뱅크에 보관되고 있으니

우리의 유년시절과 성년시절은

효율적으로 편집되고

우리의 저축과 보증은

모두 영원히 파일화되며

일반적이고 특별한

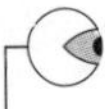

우리의 취향과 성향,

수입과

정규활동, 과외활동 모두

이것이 우리의 행복한 상태일지니

우리가 죽을 날까지

하늘에 있는 거대한 컴퓨터에 의해

우리가 낚아채져서 죽는 그날까지

— 펠리시아 램포트Felicia Lamport, 〈사생활 박탈Deprivacy〉(1971)

숫자의 산사태와 데이터감시

포드의 공장에서 볼 수 있는 아이러니는 컨베이어벨트와 같은 새로운 통제시스템을 도입한 공장이 헨리 포드라는 한 사람의 '군주'에 의해 지배되는 전근대적인 군주권력의 전형적인 모습을 보여주었다는 것이다. 포드사의 경쟁 회사였던 제너럴 모터스GM의 경영자 앨프리드 슬론Alfred Sloan은 군주의 권력을 분산시키고 관리자 업무의 투명성을 높이는 새로운 경영방식을 도입해 포드를 추월했다. 경영 원리로서 슬론주의Sloanism의 핵심은 소비자의 소비를 생산과 통합시켜 경영의 대상으로 체계화한 것이었는데, 포드가 모델 T라는 한 가지 차종에 집착한 것에 반해 슬론은 1920년대에 매년 새로운 자동차 모델을 생산하고, 중고차 교환을 도입하고, 스타일과 브랜드 이미지를 판매하는 경영 기법을 도입했다. 이를 위해서는 소비자의 정보를 수집하고 분석하는 일이 필요했고, 이때 정보처리기계와 테일러주의가 필수적인 도구가 되었다. IBM의 사무기기들은 "소비 대중의 행동 유형을 기록하고 분류할 수 있게 했으며," 광고회사들은 회사 상품에 대한 정보를 소비자들에게 전달하기 위해 "테일러의 과학적 경영 이념을 판매와 보급 과정에 적용시킬 방법"을 연구하기 시작했다. 슬론 이후 소비자 정보수집은 기업의 성패를 좌우하는 핵심적인 활동이 되었다.[1]

생산을 소비와 통합해 경영의 대상으로 삼고 이를 위해 소비자의 정보를 수집한 것은 슬론의 혁신이었지만, 국가권력이 사회 구성원들의 정보를 수집하기 시작한 것은 오래전으로 거슬러 올라간다. 서구사회의 역사를 살펴보면 대략 19세기 초부터 행정권력이 주체가 되어 국민에 대한 대대적인 조사활동을 벌이기 시작했음을 알 수 있다. 나이, 가족수, 가구, 인구는 물론 수입, 주거환경, 범죄 기록, 작업환경, 질병 등에 대해 광범위한 조사가 이루어졌으며, 숫자로 치환된 이 결과를 분석하고 그 의미를 이해하기 위해 통계학이 발달했다. 통계학statistics이라는 말 자체가 국가state의 통치와 관련된 학문을 뜻했다. 인간 세상의 모든 것이 측정되고 숫자로 표시되었으며, 이렇게 모아진 숫자는 통계적으로 분석되어 새로운 정책과 법률을 위한 기초자료로 사용되었다. 푸코는 이러한 정보수집이 '정상'과 '비정상'을 구분하기 위한 권력의 기제라고 강조했지만, 19세기에 등장한 복지국가라는 이상과 정책 또한 이러한 숫자와 통계 없이는 불가능했다.

캐나다의 철학자 이언 해킹Ian Hacking은 19세기 동안 이루어진 정보의 수집과 분석을 "숫자의 산사태"라고 일컬었는데, 이는 정보 기술의 발달과도 밀접하게 연결되어 있었다. 찰스 배비지는 이미 19세기 초엽에 영국 사회에 대한 데이터의 통계 처리를 위해 계산기를 설계했다. 1890년 미국의 인구 총조사를 처리하기 위한 연산기계 공모에 당선된 미국 엔지니어 허먼 홀러리스Herman Hollerith의 데이터처리기계는 정보처리기계와 사무기계의 새로운 장을 열었는데, 홀러리스가 세운 회사는 20세기 내내 공룡기업의 자리를 지키던 IBM으로 발전했다. 제2차 세계대전 동안 영국 과학자들에 의해 개발된 전자 컴퓨터 콜로서스Colossus도 독일군의 암호해독이라는 정보처리 목적으로 만들어졌다. "숫자의 산사태"는 정보와 기술이 권력과 만나는 접점이었다.[2]

이 접점은 20세기 중엽 이후 전자 컴퓨터가 사용되고 컴퓨터 데이터베이스가 확산되면서 '데이터감시dataveillance'라는 새로운 단계로 진화했다. 1950년대에 등장해 상용화되기 시작했고

1960년대에 정부, 기업, 은행으로 확산된 메인프레임컴퓨터는 수집된 정보의 처리뿐만 아니라 다양한 정보수집과 저장을 혁신적으로 용이하게 만들었다. 미국의 경우 1960년대부터 미국 국세청IRS, 미국연방수사국FBI 등의 국가기관이 세금, 범죄 관리의 목적으로 컴퓨터 데이터베이스를 구축하고 이를 광범위하게 사용하기 시작했다. 특히 1971년 250만 명의 범죄자에 대한 신상정보를 만들면서 출범한 FBI의 국가범죄정보센터는 1986년에만 수천만 명에 이르는 거대한 데이터베이스를 구축했다. 이 데이터베이스의 초기 목적은 보호관찰과 같은 사법적인 절차를 용이하게 하는 것이었지만, 이후 사람을 고용하거나 자격증을 발급할 때 그 사람의 과거를 조회하는 민간적·상업적 목적으로 더 많이 쓰이게 되었다. 비슷한 시기에 인구조사국, 노동통계국, 국세청, 사회보장국의 자료도 데이터베이스화되었다.[3]

축적된 데이터베이스는 본래 목적 이외의 용도로도 광범위하게 사용되었다. 사회안전 파일Social Security file에 수록된 정보를 FBI, 중앙정보국CIA, 복지부서들, 이민국, 보건복지부, 교육부에서 열람했고, 심지어 자식을 방기한 배우자를 찾는 목적으로도 이 파일이 열람되었다. 시민의 신용, 건강 등에 대한 정보는 신용조사회사, 생명보험회사, 의료보험회사에서도 수집했으며, 신용카드회사의 고객 신용 정보는 정부기관의 정보와 교환되었고, 카드회사는 이 정보를 다시 다른 회사와 광고 대행사에 판매했다. 1976년 운전면허에 수록된 정보에 보험회사가 자유롭게 접근할 수 있게 되면서 기업의 정보수집과 보관은 가속화되었다. 이렇듯 신상 정보는 다양한 방법으로 수집 및 축적되었고 교환·연동되었으며, 그 열람 범위가 지속적으로 확산되었다. 이 모든 과정은 기록이 디지털화되고 컴퓨터가 데이터 송신선을 통해 서로 연결되면서 더욱 빠르게 진행되었다. 1980년대에 지문자동검색시스템이 개발된 후 지문 검색은 초당 500개에서 600개로 늘어났으며 2000년대 초에는 그보다 열 배 이상 빠른 속도를 자랑했다. 1996년 미국 의회는 운전면허증에 사회보장번호를 표시하도록 하는 법안을 상정했는데 시민들의 반발로 무산되기도 했다. 이 과정에서 알 수 있는 것은 행정 데이터베이스들이 서로 연동되는 경향뿐만 아니라 신용 정보와 같은 기업의 고객 정보 데이터베이스와 교환되는 경향을 보였다는 점이다.[4]

신상 데이터베이스에 수록된 다양한 정보들은 전자카드가 실용화됨에 따라 종잇장처럼 얇은 카드 한 장에 통합될 수 있게 되었다. 1995년부터 우리나라에서 추진되었다가 여론의 반대에 부딪혀 무산된 전자주민카드에는 원래 주민등록증, 등초본, 인감, 지문, 운전면허증, 의료보험증, 국민연금 등 7개 증명 41개 항목이 통합되어 포함될 예정이었다. 미국과 캐나다에서는 2001년 9·11 테러 이후 스마트카드(IC카드)를 이용한 전자 신분증을 만드는 계획이 추진되었다. 20세기 후반의 20년 동안 여러 선진국에서 주민증 도입을 거듭 시도했으나 그때마다 반대에 부딪혀 무산되었지만, 9·11 테러 직후에는 캐나다 국민의 80퍼센트가 주민증을 소지하고 이를 위해 지문을 찍을 용의가 있다고 응답해 충격을 안겨주었다. 스마트카드를 이용한 전자 신분증을 추진하는 세력 중에는 자신들의 시스템을 표준으로 만들고 싶어하는 썬마이크로시스템즈, 오라클과 같은 정보 기술계의 선두 기업들도 포함되어 있었다.[5] 우리나라의 경우는 이미 김대중 대통령 재임 기간에 전 국민을 대상으로 한 전자지문 데이터베이스가 구축되었다. 이는 일주일에서 한 달 정도 걸리던 범인 색출과 변사자 신원 확인을 한두 시간 내에 처리하는 등 경찰 수사를 놀랍도록 효율적으로 만들었지만, 전 국민을 잠재적 범죄자로 간주한다는 데서 엄청난 프라이버시 침해의 소지가 있다는 문제도 제기되었다.

신상 카드는 주민등록증에만 국한되지 않는다. 2001년 우리나라 정부는 진료 기록뿐만 아니라 의료비를 결제할 수 있는 신용카드 기능도 겸한 전자건강보험증 도입을 추진했으나 여론의 반대로 결국 무산되었다. 전자건강보험증에 혈액형이나 알레르기 약물과 같은 단순 정보만 수용된다면 문제가 없겠지만 자세한 병력이나 성병 감염과 같이 개인이 감추고 싶은 의료 정보가 함께 수용될 수도 있으며, DNA 검사가 일반화되면서 DNA 정보도 포함될 수 있다는 위험성을 내포하고 있기 때문이었다. 전자건강보험증은 잠정적으로 포기되었지만 2002년 초 정부는 홍채나 얼굴형과 같은 생체인식 전자정보를 포함한 생체인식 여권을 추진하기 위해 타당성 검토에 들어갔다. 미국, 유럽 등 주요국에서 생체인식 여권 도입을 본격화하기 시작했는데 우리만 뒷짐지고 있다가는 치열한 기술 경쟁에서 밀릴 수 있다는 것이 정부 측 논리였다. 흥미로운 사실은 전자주민카드를 추진할 때에도 정부는 다른 나라에 밀리지 않게 이를 빠르게 추진함으로써 핵심 기술을 선점해야 한다는 주장을 폈다는 점이다.[6] 실제로 2008년부터 우리나라에서는 개인정보와 바이오 정보가 저장된 전자칩을 내장한 전자여권이 도입되었다.

전자기기를 통한 직접 감시

데이터베이스 감시 외에 전자기기를 통한 직접 감시 또한 1960년대 말부터 확산되었다. 가장 대표적인 것이 1967년 포토스캔사에서 발매되기 시작한 CCTV이다. 이 기기는 여러 곳에서 일어나는 사건이나 사람들의 행동을 중앙통제실에서 동시에 관찰할 수 있게 함으로써 전자감시를 한 단계 높은 차원으로 발전시켰다. 특히 영국은 CCTV의 나라라고 해도 과언이 아니다. 1990년대에 영국은 이미 런던 중심가를 통행하는 자동차들의 번호판을 CCTV로 촬영해 전자 감식함으로써 도난 차량이나 범죄 차량을 실시간으로 적발할 수 있는 감시시스템을 운영할 정도로 기술력을 축적했다. 1993년 네 살 난 어린이의 유괴 살인범이 각각 열 살, 열한 살 소년으로 밝혀져 영국 전체를 충격에 휩싸이게 했는데, 이들이 붙잡힌 것도 거리와 건물 곳곳에 설치된 CCTV 덕분이었다. 2025년 현재 영국에는 500개 이상의 도시에 모두 500만 대 이상의 CCTV가 작동 중이다. 한편 9·11 테러 이후인 2002년 2월 미국 워싱턴시는 지하철역과 학교, 교차로에 500대 이상의 감시카메라를 설치하고, 이것들과 백화점들에 설치된 감시카메라를 경찰국센터에서 함께 운용하기 시작했다. 처음에 CCTV는 우범지대나 큰 교차로 등에 설치되었는데, CCTV의 감시 아래 있는 곳이 상대적으로 안전해지자 골목길의 범죄에 사람들이 더 두려움을 느끼게 되어 결국 CCTV를 거의 모든 길에 설치하는 결과로 이어졌다. 우리나라에도 현재 거의 모든 주차장에 CCTV가 설치되어 있다. 사람들은 CCTV가 공공의 안전을 위한 어쩔 수 없는 감시라고 생각하여 이에 대해서는 거부감을 거의 보이지 않는다.[7]

CCTV 기반 감시는 꾸준히 확대되었다. 2025년 미국 시애틀에서는 시 전역의 교통·도심 카메라를 실시간으로 통합 모니터링할 수 있도록 한 감시망 확대 정책이 통과되며 이민자, 소수자, 정치활동가에 대한 표적 감시 위험이 시민사회로부터 강하게 제기되었다.[8] 이 사례는 CCTV가 기술적 중립성을 넘어 권력의 일방적 시야를 정당화하고 일상의 비가시적 정보를 수집 및 축적하는 장치로 기능할 때 민주적 통제와 개인의 기본권이 약화될 수 있음을 보여준다. 결국 CCTV 감시는 단순한 치안이나 업무 효율의 문제가 아니라 이 기술을 누가, 어떤 목적으로 운영하느냐와 이에 대한 제도적 통제장치의 유무에 따라서 감시의 효과를 생산하는 사례라고 할 수 있다.

20세기 후반부터 지문은 물론 사람의 홍채, 얼굴 모양, 손등에 표시되는 정맥 등을 수학적 기법을 사용해 파일로 만드는 생물통계학biometric이 빠르게 발전하면서 사람의 다양한 생체 정보를 전자화하는 작업 역시 부상했다. 생체측정시스템에서 다루는 대상은 지문, 홍채, 얼굴뿐만 아니라 망막 지문, 서명과 필적, 장문(손바닥 무늬), 목소리, 얼굴 온도, 걸음걸이, 행동, 문체 등 다양하다. 미국의 소포 배달업체인 UPS는 2000년대 초까지 15년간의 고객 서명을 디지털화해 회사의 데이터뱅크에 저장했다. 게다가 이런 디지털화된 생체 정보는 CCTV나 비디오카메라와 같은 전자 기술과 연결되면 엄청난 감시 능력을 발휘한다. 2001년 초 미국의 슈퍼볼 경기장에서는 10만 명의 관람객 얼굴을 비디오카메라로 촬영해 미리 준비된 위험인물 목록과 즉각적으로 비교하는 기술을 선보였다. 이후 미국 플로리다주

탬파시에서는 이 기술을 치안용으로 도입했는데, 36대의 감시 카메라를 유흥가에 설치하고 이를 통해 하루 최대 15만 명을 촬영해 이들의 얼굴을 중앙 컴퓨터에 입력된 3만여 명의 수배자 얼굴과 비교했다. 수배자가 검색되면 인근의 경찰차가 즉각 체포에 나선다. 미국시민자유연맹ACLU은 이를 인권침해라고 비난했고 탬파시 시민들 역시 "얼굴인식 카메라는 시민들의 얼굴을 바코드로 만들어 감시하는 '빅브라더'"라며 시위에 나섰지만, 이런 반대에도 아랑곳하지 않고 버지니아주 버지니아비치시도 이 시스템을 도입하기 위해 15만 달러의 예산을 요청했으며 세븐일레븐과 같은 편의점에서도 이 기술의 도입을 검토했다.[9]

최근 들어 생체인식을 통한 감시는 20세기 말엽과 비교할 수 없을 정도로 고도화되었다. 2017년경 중국 정부는 신장위구르자치구에서 얼굴·홍채 인식, DNA 및 음성 데이터 수집을 포함한 대규모 생체 정보 기반 감시체계를 가동했다. 이 체계는 소수민족인 위구르인 등을 집중적으로 통제·추적하는 데 쓰였고, 국제 인권기구는 이를 반인도적 범죄의 가능성으로 규정했다. 2020년대 초 미국에서는 클리어뷰AI Clearview AI사가 수십억 장의 SNS 사진을 사용자 동의 없이 수집해 얼굴인식 데이터베이스를 구축했고, 이 데이터베이스가 수백 곳의 경찰서에서 시위자, 용의자, 시민 식별에 활용되어 논란이 일었다. 이 사례는 민간기업과 공권력이 협력해 감시체제를 강화한 것으로, 프라이버시의 심각한 침해를 초래할 수 있는 새로운 유형이라는 점에서 강하게 비판받았다. 2020년대에 영국에서는 공공장소에 설치된 CCTV에 실시간 얼굴인식 기술을 결합해 군중 속 익명의 시민을 식별하려는 시도가 이루어졌다. 시민단체, 인권활동가, 규제기관은 인식 오류와 무차별 감시의 가능성 때문에 이 같은 시도에 강하게 반발했다. 영국의 사례는 2024년 유럽연합EU이 공공장소에서 실시간 생체인식 규제를 강화하는 계기가 되었다.[10]

인공위성을 활용한 감시

CCTV는 본질적으로 국소적local인 감시체계이다. 사고가 잦은 길목 곳곳에 CCTV를 설치할 수는 있지만 고속도로를 주행하는 자동차를 몇 시간 동안 따라가면서 지속적으로 감시할 수는 없다. 그러나 인공위성은 감시를 기동력 있는mobile 것으로 만들었다. 지구 주위를 도는 24개의 인공위성과 통신함으로써 자신이 어디에 있는지 알려주는 위치추적장치GPS는 이미 우리의 일상생활에 깊숙이 스며들었다. 냉전 시기에 적의 군사적 동향을 감시하기 위해 개발된 장치가 이제는 자동차 운전자들이 편리하게 사용할 수 있는 장치가 된 것이다. 그러나 여기에서도 편리함은 항상 감시와 붙어다닌다. 같은 장치가 택시회사에 도입되었을 때 회사는 택시의 위치, 운행 여부, 손님 유무, 요금 계산 등을 추적해 감시할 수 있다. 실제로 우리나라의 거의 모든 택시회사가 이 장치를 도입해 택시를 모니터링하고 있다. 위치추적장치는 범법자들을 감시하는 데에도 사용된다. 미국에서는 27개 주에서 1200명의 가석방된 범법자들의 일거수일투족을 이 위치추적장치를 이용해서 감시하고 있다. 2002년 3월 캘리포니아주 오렌지 카운티는 2003년부터 성폭행 가석방범들에게 GPS 팔찌를 채워 감시하는 방법을 사용하겠다고 공표했는데, 우리나라의 경우 이제 성범죄자들에게 착용시키는 전자발찌가 상용화되어 널리 쓰이고 있다.[11]

위성과 결합할 경우 우리가 매일 사용하는 휴대전화도 훌륭한 감시 수단이 된다. 미국은 응급환자의 위치를 파악하려는 목적으로 휴대전화에 위치추적장치를 설치하는 법안을 통과시키기 위해 몇 년 동안 노력했지만 인권단체의 반대에 부딪혀 이를 이루지 못하다가, 9·11 테러 이후 반테러법(PATRIOT법)에 범죄자 추적을 목적으로 휴대전화를 이용한 위치추적시스템을 의무화하는 조항을 만들었다. 이는 미국 내에서 사생활 침해에 대한 격렬한 논란을 불러일으켰다. 그런데 이에 질세라 2002년 2월 우리나라 정부도 2003년부터 휴대전화를 통한 위치추적을 의무적으로 도입할 계획을 발표했다. 2026년 현재 국내 3개 통신

사는 모두 분실폰 위치 찾기를 위한 위치추적 서비스를 제공하며, 가족 간 위치 공유 서비스를 부가 서비스로 제공하고 있다. 2025년 11월 카카오는 카카오맵을 이용해 카카오톡에 친구로 등록된 상대의 위치를 알 수 있는 서비스를 제공하기 시작해 논란이 되었다. 정부나 사업자가 내세운 이유는 응급한 상황에서 위치를 파악하고 범죄자를 추적하기 위한 것이라고 하지만, 이러한 범汎추적시스템은 공권력에 의한 심각한 사생활의 침해 가능성을 내포하고 있다.[12]

휴대전화를 이용해 은밀하게 이루어지는 위치추적도 일상적이다. 2017년 우리나라에서 발생한 구글의 안드로이드 기반 위치 정보 무단 수집 사건은 기술 플랫폼과 소프트웨어가 개인의 일상적 이동과 사적 데이터를 얼마나 쉽게 포착하고 축적할 수 있는지를 단적으로 보여주는 것이었다. 구글의 사례에서는 사용자가 GPS를 꺼두거나 SIM카드가 없을 때조차 기지국 정보를 통해 위치가 전송된 사실이 드러났다. 구글은 이 정보를 서비스 기능 개선에 활용하고 폐기했다고 밝혔지만, 이는 글로벌 플랫폼 기업의 기술적 설계 자체가 이용자의 동의 여부와 무관하게 감시 가능성을 내장하고 있음을 보여주는 사례이다.[13] 또한 최근 우리나라 사회에서 급증한 사적 스파이웨어spyware와 위치추적 앱의 남용 사례는 이런 감시 기술이 기업이나 국가의 통제를 넘어 개인 간 권력 불균형과 폭력의 수단으로도 전용될 수 있음을 보여준다.[14] 이 같은 앱은 보호를 위한다는 명목 아래 위치, 대화, 사진 등 민감 정보를 은밀히 탈취하고 프라이버시를 침해하며 사회적 안전까지 위협하고 있다. 이러한 사례는 결국 위치추적 기술이 편의나 안전을 위한 기능으로만 볼 수 없는 권력의 기술임을 보여준다. 감시의 위험은 플랫폼 차원에서든 개인 차원에서든 구조적으로 확장될 수 있다.

GPS의 기술적 기반이 되는 인공위성의 위력은 여기서 그치지 않는다. 미국을 비롯한 캐나다, 영국, 오스트레일리아, 뉴질랜드 등 앵글로색슨 다섯 개 선진국이 공동으로 개발하고 미국 국가안보국NSA의 관장 아래 1971년 공식 설립된 에셜론Echelon 시스템은 120개가 넘는 위성을 기반으로 감시의 범위를 범지구적인 영역으로 확장했다. 에셜론은 미국, 영국, 캐나다, 호주, 뉴질랜드 정보기관들의 협력적 신호정보SIGINT 수집 체계로 알려져 있으며, 위성, 해저케이블, 무선통신 등을 통해 전 세계의 전화, 팩스, 이메일 등 다양한 통신을 광범위하게 수집·분석했다. 1990년대 보도에 의하면 매달 1억건의 통신을 모니터했다고 할 정도로 강력한 정보 수집과 독해 능력을 보유했다. 에셜론은 '납치', '폭파', '미사일', '핵무기', '각국의 국가원수의 이름' 등 특정 키워드가 담긴 통신 내용을 자동으로 검색해서 분석하는데, 이런 키워드는 언제든지 필요에 따라 변경될 수 있다. 에셜론 감시체계는 냉전 시기에 설치되었지만, 냉전이 끝나고도 존

속하면서 미국의 기업을 위해 외국 기업 간의 계약 내용 등 비군사적인 내용도 도청했다는 의혹을 받았다. 유럽연합은 사업 기밀을 전화, 팩스, 이메일을 사용해 전달하지 말라는 비밀 보고서를 작성했을 정도이다. 에셜론을 관장하는 미국의 국가안보국은 에셜론만큼이나 비밀에 싸인 기관이다. 암호해독과 도청이나 감청을 전문으로 하는 이곳은 1952년에 설립되었지만 그 존재 자체가 극비에 부쳐지다가 30년이 지난 뒤에야 세상에 공개되었을 정도이다. 특히 9·11 테러 이후 나온 반테러법은 미국의 CIA나 FBI가 에셜론을 이용해 개인의 은행 계좌 거래 내역, 신용카드 사용 내역 등 개인정보를 수집하도록 허용했는데, 이는 인권침해에 해당한다는 거센 비판을 불러일으켰다.[15]

기업의 소비자 감시

기업에 의한 소비자 정보수집도 컴퓨터 데이터베이스를 통해 새로운 단계로 진입했다. 가장 손쉬운 방법이 신용카드나 백화점카드와 같은 전자카드를 이용한 소비자 프로필 수집이다. 신용카드를 처음 만들 때 소비자들은 개인의 실명 정보를 제공하며, 신용카드로 물건을 구입하고 결제를 할 때마다 그 기록이 수집되고 분석된다. AS를 받기 위해 물품 보증서에 작성해 보낸 정보도 마찬가지다. 이러한 기록은 소비자의 (암묵적이건 명시적이건) 동의하에 수집되며 판매 대상으로 간주된다. 데이터베이스를 수집하고 분류하는 데이터뱅크에서 관심을 갖는 개인 데이터는 표 1에서 볼 수 있는 것과 같이 다양하다. 2000년대 초반을 기준으로 미국의 익스페리언Experion사는 기업 정보, 소비자 신용 정보, 고용 정보, 기타 금융 정보, 시장 점유 정보, 인구 정보, 재산 정보, 자동차 정보 등 40여 가지의 정보 서비스를 제공하는 자산 규모가 15억 달러의 정보기업이었다. 미국의 액시엄Axiom사는 2억 명에 가까운 미국인의 정보를 수집, 분류하며 이를 AT&T, 월마트, 시티뱅크, IBM과 같은 고객 회사에 판매했다. 액시엄사의 한 이사의 말과 같이 이들은 "오늘날 엄청난 양의 데이터를 수집하고, 분류하고, 이해하는 우리의 능력은 거의 무한하다"라고 자부한다. 이러한 데이터는 기업에만 팔리는 것이 아니다. 이제 FBI 같은 정부기관도 이들의 데이터에 접근하는 중요한 고객이다.[16]

주의할 것은 이러한 정보의 수집·분류 과정에서 개인정보가 유출되어 중대한 문제를 초래할 수 있다는 점이다. 1990년대 미국 오하이오주에 사는 한 여성이 자신의 생일은 물론 좋아하는 잡지와 사용하는 샴푸 등 그녀의 사생활을 자세히 알고 있는 사람으로부터 12쪽에 달하는 편지를 받았는데, 편지에는 그 여성에 대한 성적性的 환상과 일종의 협박까지 포함되어 있었다. 나중에 밝혀진 바에 따르면 이 여성은 쿠폰과 샘플을 보내준다

개인의 신분 및 자격 정보	출생증명서, 운전면허증, 여권, 투표인 등록증, 자동차등록증, 학교 기록부, 결혼증명서
재정 정보	은행 기록, 저축 통장, 현금인출카드, 신용카드, 신용 보고서, 소득 신고, 주식 계좌, 여행자수표
보험 정보	건강보험, 자동차보험, 주택보험, 사업보험, 일반 및 특수 책임 보험, 단체 및 개인 보험 증권
사회보장 정보	사회보장, 건강관리, 고용연금, 실업연금, 양로연금, 정부의 다른 보조금, 재향군인연금, 노령연금
공익 설비 정보	전화, 전기, 가스, TV, 인터넷 서비스, 하수구 설비, 난방, 쓰레기, 보안, 배달
부동산 정보	부동산의 구입, 매각, 임대료, 임대차
오락/여가 정보	여행, 레크리에이션, 자동차, 숙박 예약, 항공편 예약, 선박편 예약, 열차편 예약, 공연 티켓 예약, 신문 구독, TV 시청
고객 정보	상점 신용카드, 다른 계정, 예약 할부 구매, 임대차와 임대료, 구입품, 구매 문의, 신청자 명단, 의류 사이즈
고용 정보	입사 지원, 건강 진단, 참고인, 업무 평가, 고용 이력
학력 정보	학교 지원 내역, 학업성적, 참고인, 과외활동, 상벌
법률 정보	전과, 재판 기록, 변호사 선임 기록, 언론 보도 사건, 법률 서비스 요약

표 1 데이터뱅크에서 수집되고 분류되는 신상 정보(출처: 렉 휘태커, 이명균·노명현 옮김, 《개인의 죽음》, 생각의나무, 2001, 230~232쪽).

는 광고를 보고 자신의 정보를 적어 보냈다. 이를 수집한 메트로메일MetroMail사는 텍사스주에 있는 교도소의 무급 재소자들에게 그 정보를 컴퓨터에 입력하라고 시켰고, 이를 입력하던 한 재소자가 이 여성의 신상 정보를 입수하고 스토킹을 단행한 것이었다. 물론 이러한 예는 매우 드문 경우이지만 개인정보가 오용되었을 때 직면할 수 있는 끔찍한 상황을 극단적으로 보여준다.[17]

컴퓨터의 감시 능력은 1990년대에 들어 인터넷이 상용화되면서 사이버스페이스를 통한 사이버 감시cybersurveillance라는 새로운 차원으로 진화했다. 인터넷 브라우저를 통해 개인의 컴퓨터에서 웹페이지로 전송되는 쿠키cookie 파일은 개인의 인터넷 서핑 습관이나 웹사이트의 방문 정보를 담고 있기 때문에 기업이 소비자 정보를 수집하는 유용한 수단이다. 원래는 쿠키를 사용해도 웹사이트 이동 경로까지는 알 수 없었다. 그런데 더블클릭(DoubleClick.Com)이나 인게이지(Engage.Com) 같은 회사들이 자사에 회원사로 등록된 수천 개 이상의 웹사이트를 관리하면서, 배너 등을 사용해 한 사이트에서 다른 인터넷 사이트로 옮겨 다니는 것까지를 포함한 사용자 정보를 수집하고 분석해 기업의 마케팅을 돕기 시작했다. 국소적인 모니터링이 연동됨으로써 기동성을 띤 감시가 가능하게 된 것이다. 공짜 프로그램에 숨겨져 사용자의 IP주소, 인터넷사이트의 접속과 열람 시간

등을 모니터하는 스파이웨어도 기업이 인터넷을 통해 소비자 정보를 수집하는 방법으로 사용된다.[18]

인터넷 이용자들에 관한 정보는 인터넷 서비스업체에서 이를 필요로 하는 기업으로 유출되는 경우가 많다. 미국의 인터넷기업 아마존은 2000년 9월 갑자기 회원들에게 이메일을 보내 "앞으로 회원들의 신상 정보는 '회사 자산'으로 간주되어 판매하거나 양도할 수 있다"라고 통보함으로써 기존의 약관을 휴지로 만들어버렸다. 1998년 미국 해군은 AOL(American Online)로부터 한 해군 장교가 자신을 동성애자라고 기록한 신상 정보를 부당하게 탐득하여 결국 그 장교로 하여금 스스로 사임하게 만들었다.[19] 21세기에 들어서도 쇼핑몰을 타깃으로 고객 4000만 명의 신용카드 및 개인정보가 해킹으로 유출되었고, 2015년에는 공무원의 인사 기록을 관장하는 미국 인사기록처가 해킹되어 공무원 2100만 명의 민감한 개인정보가 유출되었다. 또한 2017년에는 신용평가사인 에퀴팩스Equifax가 소유한 1억 4000만 명의 사회보장번호, 생년월일, 주소, 운전면허 등이 유출되었다.[20] 특히 이 기관은 전 국민의 신용을 평가하는 미국의 핵심 기관으로, 유출된 정보 건수가 미국 인구의 거의 절반에 가까운 수준이었다. 이 같은 사건 이후에는 개인정보 규제 강화에 대한 논의가 촉발되고 보안체제가 강화되지만 최근까지도 이러한 유출 사건은 끊이지 않고 있다.

우리나라의 경우도 이러한 개인정보 유출이 급증하는 추세이다. 2001년 1월부터 6월 사이 6개월 동안 정보통신부에 신고된 프라이버시 침해 사례는 5562건으로, 이는 2000년 1년 동안 신고된 사례의 두 배에 해당하는 수치였다. 이 중 대부분은 인터넷 서비스업체나 이동통신업체가 가입자 정보를 유출하거나 목적 이외의 용도로 사용한 것 등이었다. 티켓 예약 서비스, 인터넷 서점, 배달 서비스, 성인 사이트와 같이 소비자의 신용카드 정보를 포함한 개인정보를 등록해야 하는 업체에서는 '고급' 정보가 유출될 가능성이 크다.[21] 2011년에는 SK커뮤니케이션즈가 운영하던 '네이트'와 '싸이월드'에서 해킹으로 인해 이름, ID, 이메일, 전화번호, 암호화된 주민등록번호, 비밀번호 등이 포함된 약 3500만 명의 회원 개인정보가 유출되었다. 이 사건은 우리나라 인구의 상당 부분에 해당하는 개인정보가 한꺼번에 유출된 대형 사고였기에, 포털 및 인터넷 기업이 과도한 개인정보를 수집·보관하는 관행에 대한 비판 여론이 거셌다.[22] 2014년 KB국민카드, 롯데카드, NH농협카드에서 약 1억 건의 개인정보가 탈취된 사건 또한 큰 충격을 안겨주었다. 비록 '유출'된 것은 아니지만 2022년 카카오 데이터센터 화재는 한 플랫폼기업이 통신, 결제, 지도, 택시 등 국민 생활의 필수 인프라에 관한 막대한 데이터를 독점적으로 보유하고 관리하는 구조 자체가 사회적 위협이 될 수 있음을 보여주었다. 2025년에 발생한 SK통신사의 고객 정보 유출 사건과 온라인 쇼핑몰 쿠팡의 고객 정보 유출 사건은 클라우드 기반 서비스와 민간 데이터 관리체계가 여전히 취약하며, 대형 기업마저도 보안에 대한 투자가 미미하다는 점을 여실히 드러냈다. 2020년부터 2025년까지 5년 동안 개인정보 유출은 1억 5000만 건이 넘었는데, 평균적으로 "국민 한 명당 세 번꼴로 털렸다"고 볼 수 있다.[23] 이러한 사례들은 개인정보가 단순한 사적 정보가 아니라 사회적 기반 시설로서 보호되어야 하는 공공재적 성격을 가지고 있으며, 기술적 보안 강화뿐 아니라 데이터 거버넌스 자체의 새로운 설계가 필요하다는 점을 인식시켰다.

국가기관의 사이버스페이스 감시

사이버스페이스에서는 소비자 정보를 원하는 기업만 정보수집 활동에 종사하는 것이 아니다. 국가기관 역시 사이버스페이스에 깊숙이 자리하고 있다. FBI에서 개발한 소프트웨어 카니보어Canivore는 인터넷 서비스회사ISP에 장착되어 한 터미널에서 다른 터미널로 전송되는 인터넷 패킷을 가로챌 수 있다. 이 프로그램은 수초 동안 수백만 통의 이메일 내용을 자동으로 검색할 정도의 위력을 가지고 있다. 시민단체는 FBI가 카니보어를 사용할 때 용의자의 이메일뿐만 아니라 용의자가 이용하는 인터넷회사의 모든 이메일을 동시에 감시할 수 있다는 의혹을 제기했고, 비난 여론이 거세지자 FBI는 육식 동물을 의미하는 카니보어라는 이름을 DCS1000으로 바꾸기도 했다. 그러나 미국이 9·11 테러 이후 통과시킨 반테러법에는 법원의 허가 없이도 경찰이나 FBI가 카니보어를 사용해 인터넷 트래픽과 개인의 이메일을 검사할 수 있게 되어 있다.[24]

FBI는 카니보어 외에도 감시 대상자의 컴퓨터를 모니터링하기 위해 매직랜턴Magic Lantern이라는 소프트웨어를 개발했는데, 이는 트로이 목마 바이러스에서 착안한 것으로 개인의 컴퓨터에 설치되면 키보드를 두드려 사용하는 모든 활동을 자동적으로 FBI에 보고하는 프로그램이다. FBI는 이 매직랜턴을 통해 암호화된 이메일은 열어볼 수 없던 기존 수사력의 한계를 극복했다고 자평했지만, 심각한 사생활 침해 가능성 때문에 미국의 경제 잡지 〈포춘〉으로부터 2001년 최악의 제품이라는 평을 듣기도 했다. 9·11 테러 이후 영국의 국립범죄정보처NCIS도 정보 통제 수단의 일환으로 모든 통신 데이터를 기록하고 보관하는 계획을 추진했다. 감시를 담당하는 기관은 국가의 경찰기관이나 정보기관에 한정되지 않았다. 2000년 미국 증권거래위원회는 인터넷 사기를 막기 위해 '공짜 주식'과 같은 특정한 단어가 쓰인 이메일이나 채팅 내용을 자동으로 적발하는 프로그램을 설치하겠다는 발표를 해서 논란을 빚었다.[25]

우리도 국가기관에 의한 감시에서 결코 자유롭지 못하다. 우리나라의 경우 인터넷 국제전화, 휴대전화 문자메시지, 이메일, PC통신과 인터넷 서비스회사의 정보, 휴대전화 가입자의 신상정보와 통화시간, 음성사서함 내용, 상대방 전화번호 등은 수사기관에 열려 있다고 볼 수 있다. 2000년 전화통신에 대한 수사기관의 감청은 2380건으로 1999년에 비해 26.4퍼센트 감소한 반면, 인터넷이나 PC통신 분야는 224건으로 전년도에 비해 23.8퍼센트 늘어났다. 특히 PC통신사업자들이 수사기관에 넘겨준 통신 자료는 총 3465건으로 1999년에 비해 두 배 이상 증가했다. 정보통신부는 폐쇄closed 커뮤니티에 대한 조사와 해킹, 바이러스, 저작권 침해, 음란물 때문에 이러한 조사가 어쩔 수 없었다고 해명하고 법원이 발부한 허가서에 의거해 이를 수행했다고 했지만, 수사기관이 청구하는 감청영장을 법원이 거의 대부분 발부해주는 것이 현실이며 이러한 실상을 대부분의 인터넷 사용자들은 인식조차 하지 못했다는 데 문제가 있다.[26]

전자화된 작업장 감시

작업장에서의 감시도 전자화, 컴퓨터화되었다. 직장에서 사용하는 컴퓨터와 인터넷 인트라넷, 그리고 각종 전자장비는 정보처리를 통해 업무를 도와주지만 동시에 작업자의 업무시간과 작업의 진행

과정, 심지어는 작업자의 거동까지 낱낱이 기록해 상관에게 전달하기도 한다. 특히 직장에서 사용하는 이메일은 업무를 모니터하는 용도로 이미 유용하게 사용되고 있다. 미국의 한 통계에 따르면 직원의 컴퓨터 하드드라이브에 있는 파일을 조사하는 기업이 1999년 21.4퍼센트에서 2000년에는 30.8퍼센트로, 이메일을 감시하는 기업이 같은 기간 동안 27퍼센트에서 38.1퍼센트로 증가했다. 2000년의 통계를 보면 직원의 웹사이트 접속을 모니터하는 기업은 54.1퍼센트나 되었으며, 2001년 경영자협회의 조사에 의하면 직원의 이메일을 감시하는 회사는 78퍼센트에 달했다. 아다비Adavi사의 사일런트워치Silent Watch나 웹센스Websense 같은 프로그램이 직원의 인터넷 사용을 감시하는 대표적인 소프트웨어이다. 스펙터Spector는 직원이 보고 있는 컴퓨터 화면을 캡처해서 수초 간격으로 전송한다. 1999년 12월 미국의 〈뉴욕타임스〉는 저속한 이메일을 주고받은 직원 20명을 해고했다. 국내 기업들도 이메일에 첨부한 파일이나 이메일 내용을 읽을 수 있는 프로그램을 사원들의 컴퓨터에 설치해놓은 곳이 많으며, 직원이 특정 단어를 키보드로 입력하면 중앙에서 이를 인식하는 프로그램을 자동으로 설치해놓은 대기업도 있다. 2001년 삼성에서는 참여연대 게시판에 글을 올린 직원을 해고하기도 했다.[27]

직장에서 직원들의 작업을 감시하는 데 빼놓을 수 없는 것이

CCTV이다. CCTV는 교통사고나 범죄의 가능성이 있는 거리, 현금자동입출금기ATM 무인점포, 주차장과 같은 공공장소뿐만 아니라 작업장에서 직원들의 작업을 감시하는 데에도 널리 사용되고 있다. CCTV가 설치된 작업장에서 일하는 노동자들은 "발가벗겨진 느낌"이라고 자신의 심경을 토로하기도 한다. CCTV를 설치한 한 병원에서는 약을 조제하는 약사들이 손을 움직인 시간만을 산출해서 월급을 지급해 물의를 빚기도 했다. 2001년 8월 전라북도에 위치한 자동차 부품업체인 주식회사 대용의 노조는 회사 측에서 작업장에 설치한 CCTV의 철거를 요청하는 파업에 돌입했다. 같은 해 12월 노동부는 CCTV 설치가 사용자의 권리라는 유권해석을 내렸고, 이 무렵 주식회사 대용의 사용자 측은 조합원을 해고 및 징계했다.[28] 최근 이런 감시는 거의 보편적으로 확대되었다. 예컨대 버스의 경우 여객자동차법 개정에 따라 2019년부터 모든 차내에 CCTV를 설치하는 것이 의무화되었다. 그러나 안전과 보안을 목적으로 도입된 사내 CCTV가 실제로는 노동자의 휴식, 자리 이동, 업무 행태를 상시 추적하는 통제장치로 전용되면서 사전 동의 없이 일상 감시가 이루어지는 사례가 반복되고 있다. 2024년에는 유명한 반려견 훈련사가 사무실에 20개의 CCTV를 설치하고 직원들의 근무 태도를 감시한 것이 밝혀져 공분을 사기도 했다. 현재 우리나라에서는 시설물 보호, 범죄 예방 목적으로 직장에 CCTV

를 설치할 수 있으나, 직원을 감시하는 경우는 직장 내 괴롭힘에 해당되어 근로기준법에 위반된다. 그러나 범죄 예방과 직원 감시 사이에는 넓은 회색지대가 존재한다. 이러한 '감시 갑질'은 우리나라의 노동환경에서 프라이버시권을 구조적으로 취약하게 만드는 요인으로 지목된다.[29]

작업장에서의 감시는 컴퓨터와 CCTV에만 국한되지 않는다. 2001년 국내의 한 자동차회사는 출근 체크와 식당 이용 등을 위해 버스카드와 비슷한 RF(Radio Frequency)카드를 도입했는데, 이 카드는 판독기에서 50미터 떨어져 있어도 반응하기 때문에 이를 소지한 직원의 사내 움직임을 모니터링할 수 있었다. 사무실 문을 열고 닫을 때 스마트카드를 사용하는 업체는 직원이 근무 외의 목적으로 사무실을 얼마 동안 비우는지를 모니터링할 수 있다. 작업자가 일을 시작할 때, 화장실에 갈 때, 휴식을 취할 때, 식사하러 갈 때, 퇴근할 때마다 자신의 움직임을 터치패드에 기록하는 데이터수집시스템DAS을 설치한 작업장들도 늘어나고 있다. 이러한 기기들은 노동통제와 노동강도를 강화하는 결과를 낳는다.[30] 증권사는 직원들의 전화 통화를 모두 녹음한 지 오래되었으며, 작업장은 아니지만 성균관대학교에서는 2002년부터 학생증에 장착된 RF카드를 사용해 수업 출석을 체크하기 시작했다. 이 같은 전자 출석은 거의 모든 대학교로 확산되었다. 대리 출석을 막고 출석을 부르는 데 걸리는 시간을 절약할 수 있다는 이점이 있지만, 반대로 교수가 학생들의 이름을 알 수 있는 기회를 앗아감으로써 수업을 더 삭막하게 만드는 결과를 초래할 가능성 또한 존재한다.

만인에 대한 만인의 감시

감시와 프라이버시 침해에는 기업이나 국가와 같은 권력집단에 의한 개인정보의 수집과 침해만 있는 것이 아니다. 엿보기와 몰래 카메라의 유행에서 볼 수 있듯이 정보통신 기술의 발전은 사람들로 하여금 서로가 서로를 훔쳐볼 수 있게 하고 있다. 우리나라에서도 상영되어 충격을 주었던 짐 캐리 주연의 〈트루먼 쇼〉(1998)는 모든 사람이 한 사람을 훔쳐보며 즐거워하는 세상을 묘사했다. 인터넷 시대 훔쳐보기의 원조는 1997년 자신의 일상을 웹캠을 통해 전 세계에 방영한 20대 여성의 제니캠이었다. 이제 웹캠을 통해 자신의 일상을 다른 사람에게 보여주는 사람들은 무수히 많다. 특히 젊은 여성들의 일상 보여주기는 인터넷 포르노그래피처럼 장사가 되는 사업 중 하나로 자리 잡았다.

사생활 보여주기가 돈이 된다는 사실은 각국의 TV 방송이 경쟁적으로 방영하는 리얼리티 쇼를 보면 알 수 있다. 2000년 네덜란드와 독일의 한 TV 방송, 미국의 CBS는 모두 남녀 열 명을 카메라 28대가 설치된 집에서 100일 동안 함께 생활하게 하면서 샤워 장면을 포함해 이들의 사생활을 낱낱이 찍은 비디오를 방영했는데, 이 쇼의 이름은 의미심장하게도 〈빅브라더Big Brother〉였다. 고립된 섬에서 함께 생활하는 출연자를 한 명씩 탈락시켜 최후의 생존자에게 100만 달러의 상금을 제공하는 미국 CBS의 〈서바이버Surviver〉 쇼는 최고의 시청률을 기록하면서 출연자들을 연예인 이상으로 유명하게 만들었다. 우리나라에서도 인터넷 TV 드림라인에서 〈최후의 생존자−5000만의 선택〉(2000)이라는 리얼리티 쇼를 방영했다. 성적이 하위권에 있는 고등학생들의 일상을 방영해 큰 인기를 얻은 MBC TV의 〈꼴찌 탈출〉(2000)도 비슷한 예이고, KBS 2TV는 한 남성 연예인을 안이 훤히 들여다보이는 유리로 만든 집에서 100일 동안 살게 하면서 그의 일상을 매주 방영하기도 했다.

21세기에 들어서 인기 있는 TV 프로그램은 대부분 리얼리티 쇼의 포맷을 차용했다. 최근의 예를 들면 일상의 자연스러운 모습을 관찰하는 〈나 혼자 산다〉, 〈미운 우리 새끼〉, 〈효리네 민박〉과 같은 관찰 예능이 장르를 주도했다. 〈하트 시그널〉처럼 일반인의 감정과 관계를 세밀하게 포착하는 연애 리얼리티 쇼도 큰 파급력을 보여주었다. 이와 더불어 〈슈퍼스타K〉, 〈프로듀스 101〉, 〈쇼미더머니〉 등 각종 서바이벌 오디션 프로그램은 경쟁과 탈락의 서사를 통해 '리얼'한 감정과 장면을 제공하며 리얼리티 쇼의 스펙트럼을 확장했다. 또한 〈삼시세끼〉, 〈윤식당〉,

<꽃보다 할배>처럼 일상, 노동, 여행을 기록하는 생활 혹은 체험형 리얼리티 쇼가 대중적 지지를 얻음으로써 우리나라 TV 예능의 중심은 잘 짜인 대본에 의한 연출보다는 관찰에 기반한 현실적 감정의 포착으로 이동했다. 흥미로운 사실은 시청자가 낯선 사람들의 삶에 친밀하게 개입할 수 있게 설계된 리얼리티 쇼의 포맷이 오늘날 감시의 일상화와 프라이버시의 약화라는 사회적 변화와 잘 맞물린다는 것이다. TV가 현실을 구성하고 재현하는 방식이 감시의 일상화·보편화라는 최근의 변화를 반영함과 동시에 이를 강화하고 있다고 할 수 있다.[31]

웹캠과 리얼리티 쇼가 공개적인 훔쳐보기라면 해킹(더 엄밀하게는 크래킹cracking)과 '몰카'(몰래 카메라)는 은밀한 훔쳐보기이다. 1998년 미국에서 로이터 통신사의 자회사가 경쟁사의 컴퓨터를 해킹하도록 전문가들에게 커미션을 준 사건이 폭로되어 충격을 주기도 했다. 이후 개인에 의한 비밀스러운 해킹은 급격히 증가하는 추세였다. 2001년 해킹 프로그램을 이용해 헤어진 여자 친구의 이메일을 몰래 도청한 회사원이 '정보통신망 이용 촉진 및 정보보호 등에 관한 법률' 위반 혐의로 불구속 입건되기도 했는데, 그는 인터넷에서 쉽게 구할 수 있는 프로그램으로 여자 친구의 비밀번호를 알아낸 뒤 그녀의 편지함에서 메일을 지운 혐의를 받았다. 연예인들의 사적 메시지 내용이 유출되어 스캔들 기사에 이용되는 일 역시 부지기수다. 해킹은 이메일에

국한되지 않는다. 인터넷 포커 게임에서 상대의 패를 엿보는 프로그램을 사용해 사이버머니를 딴 뒤 이를 돈을 받고 판매한 일당이 적발되기도 했다. 이렇듯 해킹이 급증하는 것은 손쉬운 해킹 프로그램과 이를 익히는 방법이 인터넷 사이트를 통해 공유되기 때문이다. 비슷한 '몰카' 사건이 빈번하게 발생하는 것은 훔쳐보기가 고성능 소형 비디오카메라와 인터넷 같은 새로운 미디어를 통해 광범위하게 공유될 수 있기 때문이다.[32] 2010년대 이후 스마트폰과 초소형 카메라의 확산을 배경으로, 한국 대학가를 비롯해서 화장실, 탈의실 등에서의 불법촬영 범죄가 꾸준히 사회문제로 제기되어왔다. 불법촬영 적발 건수는 2010년대 중반 이후 연간 수천 건 규모로 증가해 2018년에는 약 6800건에 이르렀고 이 중 상당수가 공공시설과 교육기관에서 발생한 것으로 보고되었다. 이에 따라 여러 대학이 정기적인 화장실 점검, 탐지 장비 도입, 신고 시스템 강화 등의 대응책을 시행했음에도 불구하고 카메라의 소형화·은닉 기술의 발전으로 탐지와 예방이 쉽지 않은 상황이 지속되고 있다.

전자기기를 사용한 도청도 이미 위험 수위를 넘어섰다. 회사가 직원들의 대화를 몰래 도청하고 경쟁 회사의 사무실에 도청기를 설치한 뒤 기밀을 훔치며, 업체가 공공기관에 도청기를 설치한 경우도 국내에서 보고되었다. 도청이 디지털화되면서 도청을 교란시키기 위해 음악을 틀어놓거나 물소리를 내는 방법도 이제는 무용지물이다. 서울 세운상가에서 쉽게 구입할 수 있는 도청기 중에는 그 크기가 셔츠 단추만한 것도 있다. 감시카메라도 소형화되고 고성능화되었는데, 그중에는 렌즈가 볼펜 촉만한 것도 있다. 2000년대 초 국내에서 판매되었던 감시카메라는 매년 몇만 대수준으로 추정되었고, 이 중 절반은 사생활 훔쳐보기에 사용되는 것으로 짐작되었다.[33] 아이를 돌봐주는 육아 도우미를 감시하는 카메라는 이제 우리나라에서도 일상적인 것이 되었다. 특히 이런 감시카메라는 인터넷을 통해 동영상을 송신해 부모가 직장에서 컴퓨터로 육아 도우미의 동태를 수시로 감시할 수 있다. 만인에 의한 만인의 감시에 국가가 중매를 서는 경우도 있다. 교통법규 위반 신고포상금제가 이러한 예인데, 이 제도는 전국적으로 약 3500명의 '전문 신고꾼'을 양산해 냈다. 물론 이 제도 실시 이후 교통 위반은 현격히 줄었지만 "만인에 대한 만인의 감시체제 구축"이라는 비판도 만만치 않다.

정보 파놉티콘

이러한 새로운 감시체계는 전자 파놉티콘 혹은 정보 파놉티콘이라고 일컬어진다. 정보 파놉티콘에서는 개개인에 대한 정보 수집이 직접적 통제 및 규율과 하나로 합쳐지고, 정보는 제러미 벤담의 파놉티콘에서의 시선을 대신해 규율과 통제의 기제로 작동한다. 앞에서 이미 살펴보았듯이 작업장에서 노동자들을 통제하고 이들에게 규율을 강제한 메커니즘은 시선에서 정보로 진화했다. 19세기에는 사진 기술을 이용해 범죄자 프로파일링을 실시했는데, 이 기술이 20세기의 CCTV나 비디오카메라와 결합한 생물통계학으로 이어진 것도 감시의 수단이 시선에서 정보로 진화한 양상으로 이해할 수 있다. 더한 예로는 발목에 채우는 전자기기를 사용해 경범죄를 범한 수감자를 자신의 집안과 같은 제한된 공간에 가두어 감시하면서 교화하는 미국의 EMHC(Electronically Monitored Home Confinement) 프로그램이 있다. (한국에는 재범 방지 위주의 보호관찰 프로그램이 있는데, 기술 기반이 아니어서 미국의 EMHC와는 차이가 있다.) 이 경우 개인의 집이 교도소로 변했고, 감시의 주체가 국가에서 전자기기를 판매하는 기업으로 대체되었으며, 전자 기술은 파놉티콘에서 교도관의 시선을 대신했다.

컴퓨터나 전자기기를 통해 얻은 정보가 교도관의 시선을 대체했지만, 벤담의 파놉티콘과 정보 파놉티콘은 '불확실성'이라는 공통점이 있다. 파놉티콘에 갇힌 수감자가 자신이 감시를 당하고 있는지 알지 못하듯이 전자 파놉티콘의 정보망에 노출된 사람들은 자신의 행동이 국가나 직장 상사에게 감찰될지의 여부를 확신할 수 없기 때문에 자신의 행동이나 작업에 주의를 기울이곤 한다. 미국 공무원들의 통화 내용은 상사가 무작위로 모니터할 수 있어 전화를 받는 공무원들은 대부분 꽤 친절하다.

우리나라에서도 114 번호 안내 서비스를 무작위로 녹음한 다음부터 안내원들이 확실히 친절해졌다. EMHC 프로그램에 종사하는 한 관료는 "그들이 감시당하는지 모를 때에도 우리가 그들을 감시하고 있다고 생각하도록 만든다"라고 논평했는데, 이는 파놉티콘과 전자감시의 유사성을 뚜렷하게 보여준다.[34]

전자감시는 파놉티콘의 감시 능력을 사회 전체로 확장했다. 무엇보다 시선에는 한계가 있지만 컴퓨터를 통한 정보수집은 국가적이고 전 지구적이기 때문이다. 미국의 사회학자 롭 클링Rob Kling이 "컴퓨터화된 정보시스템은 작은 지역 단위에서만 효과적으로 작동했을 파놉티콘을 근대국가에 의한 일상적인 대규모 검열로 바꾸지 않았는가"라고 물었을 때, 그는 시선의 국소성과 정보의 보편성 사이의 차이를 염두에 두고 있었다. 프랑스의 철학자 질 들뢰즈Gilles Deleuze는 이러한 인식을 한 단계 더 높은 차원으로 일반화시켜 지금 우리가 살고 있는 사회가 푸코의 규율사회에서 벗어난 새로운 "통제사회control society"라고 주장했다. 그에 의하면 규율사회는 증기기관과 공장이 지배하며 요란한 구호에 의해 통제되는 사회였지만, 통제사회는 컴퓨터와 기업이 지배하고 숫자와 코드에 의해 통제되는 사회이다. 벤담의 파놉티콘이 규율사회에 적합한 감시의 메커니즘이라면, 전자 파놉티콘은 통제사회에 적합한 감시의 메커니즘이다.[35]

감시가 범사회적이고 일상적인 것이 되면서 수감자를 감시하는 교도관이 '중앙'에 있는 탑에 숨어서 주변의 수감자의 방을 감시했던 파놉티콘과 달리 전자 파놉티콘에는 '중앙'이 뚜렷하지 않은 경우가 많다. 경찰 순찰차에 장착된 컴퓨터는 차량 번호와 같은 간단한 데이터를 현장에서 바로 입력해 조회 차량이 도난당했거나 범죄에 사용된 차량인지를 그 자리에서 조회할 수 있는데, 이 경우 순찰차를 운전하는 경찰은 경찰서라는 '중앙'에 돌아가지 않고도 감시를 수행할 수 있다. 즉 중앙 감시탑의 역할이 모든 순찰차로 분산된 것이다. CCTV의 경우에도 우리를 감시하는 모든 CCTV가 중앙의 한곳에서 관장되는 것이 아니라 지하철, 직장, 은행, 관공서, 거리 등에 국한된 소규모 감시 네트워크가 독립적으로 분산되어 존재한다. 또한 이런 경우 감시자가 피감시자를 일일이 알아서 규율을 강제할 수 있는 것도 아니며, 많은 경우 사람들은 CCTV가 자신을 촬영하고 있다는 사실조차도 모르고 지낸다. 전자감시는 벤담의 감옥이라는 제한된 공간을 넘어 도시, 국가, 세계로 그 관장 영역을 넓혔지만 동시에 이를 관장하는 권력자가 위치하던 중앙 감시탑과 같은 공간도 다양한 (그리고 종종 서로 경쟁하는) 네트워크의 그물망으로 분산시켰다.[36]

물론 '중앙'의 분산화가 감시의 느슨함을 의미하는 것은 아니다. 오히려 '중앙'의 감시 능력을 '주변'에서 나누어 가지면서 감시가 더 일반화되고 보편화되는 경우가 많다. 이러한 예를 우리는 운전자나 보행자가 다른 운전자를 끊임없이 감시하는 교통법규 위반 신고포상금제에서 볼 수 있다. 이 경우 감시를 하는 사람도 감시의 시선에서 자유롭지 못하다. 차적조회시스템을 장착하고 순찰하는 경찰관의 경우도 마찬가지이다. 그 경찰관은 의심이 가는 차량을 감시하면서 동시에 자신도 감시의 대상이 되는데, 그 이유는 순찰 도중 그가 그때그때 조회한 상황이 모두 기록으로 남기 때문이다. 사람들이 퇴근한 뒤 건물 이곳저곳에 있는 펀치카드기에 카드를 찍으면서 건물을 순찰하는 경비원이 절도를 감시하지만 동시에 그 자신도 감시의 대상이 되는 것과 같은 이유이다.

벤담의 파놉티콘과 비교해볼 때 전자 파놉티콘의 또 다른 특징은 전자감시가 피감시자의 자발적인 협조에 의해 이루어지는 경우가 많다는 것이다. 이는 특히 기업에 의한 소비자 정보수집에서 잘 드러난다. 기업은 할인, 경품, 현상공모, 멤버십카드, 품질보증서 등의 혜택을 제공하고 소비자들이 자발적으로 제공하는 소비자 정보를 수집해왔다. 미국의 사회학자 마크 포스터Mark Poster는 컴퓨터 데이터베이스가 심벌과 표상representation 같은 '담론'을 다루기 때문에 이를 '담론 권력discursive power'의 구현으로 간주하면서 이러한 담론 권력의 정점으로 매체조사, 시장조사, 신문 구독 데이터, 소비자 데이터, 자동차등록 데이터, 메일링 리스트, 신용조사 등을 연동해 5억 가지의 소비자 정보를 보유하고 있는 클라리타스Claritas사의 소비자 데이터베이스를 꼽는다. 포스터는 이 소비자 데이터베이스를 '슈퍼 파놉티콘super panopticon'이라고 부르는데, 그는 슈퍼 파놉티콘의 중요한 특성이 바로 "감시를 당하는 사람이 감시에 필요한 정보를 제공하는 것"이라고 강조한다. 이러한 자발성 때문에 슈퍼 파놉티콘에는 "신중하게 설계된 건물도, 범죄학과 같은 과학도, 운영을 위한 복잡한 장치도 필요 없다." 감시는 가게 점원이 신용카드를 긁은 후 상품을 구입한 정보가 전선을 타고 데이터베이스로 넘어가는 순간에 이루어진다.[37] 이에 대해서는 6장과 7장에서 더 자세히 논할 것이다.

자발적인 협조는 신용카드 사용 외에도 다양하게 이루어진다. 사람들은 이메일과 포털사이트를 공짜로 사용하기 위해서 기꺼이 신상 정보를 제공한다. 웹브라우저가 아이디와 패스워드를 기억하게 하면 다음에 접속할 때 아이디와 패스워드를 다시 입력해야 하는 수고를 덜 수 있는데, 이를 위해서는 쿠키를 켜놓아야 한다. 쿠키를 켜놓으면 IP주소는 물론 웹 접속에 대한 정보를 모두 제공하는 셈이다. 웹에서 이루어지는 개인의 다양한 금융 서비스를 한곳에서 해결할 수 있는 '애그리게이션aggregation' 사이트를 이용하려면 이용자들은 자신의 모든 아이디와 패스워드를 이 사이트에 제공해야 한다. 2000년 미국에서 도입한 이런 사이트들은 개인 신용 정보가 독점될 우려에도 불구하고 매우 빠른 속도로 회원을 확보했다. 최근 모든 금융 업무를 하나의 앱에서 처리할 수 있는 기능이 인기이듯, 모든 금융 업무를 해결할 수 있다는 편리함이 사람들을 끌어당기고 정보의 집중을 낳는 것이다.[38]

이러한 자발적 협조가 가능한 것은 많은 사람이 개인의 신상이나 상품의 구매 정보를 알려줄 때 편리함과 같이 눈앞에 보이는 이득만을 고려하지, 이것이 자신의 소비 성향에 대한 상세한 정보를 기업에 제공하고 이 정보가 광고회사나 기타 정부기관으로 넘어갈 수 있다는 생각을 하지 않기 때문이다. 기업이나 정부가 개개인에 대한 정보를 수집할 때 어떤 목적을 가지고 있는지 생각해보자. 정보를 수집하는 이들은 두 가지 목적을 가지고 있는데, 그중 하나는 특정한 사람을 배제하는 것이고 또 다른 하나는 사람들을 고객과 같은 관리 대상에 포함하는 것이다.[39] 즉 정보를 수집하는 쪽에서는 '위험인물'을 보통 사람과 구별하고, 관리할 사람들에 대해서는 더 자세한 정보를 얻기를 원한다. 그런데 자신의 정보를 자발적으로 제공하는 사람들은 자신이 배제될 수 있다는 생각을 거의 하지 않고 더 많은 혜택을 누릴 것이라고만 생각한다. 실제로 소비자의 활동에서 정보를 제공함으로써 얻을 수 있는 혜택은 다양하다. 할인을 받고, 마일리지를 누적하고, 신제품 카탈로그를 받고, 이벤트에 초청받을 수 있다. 반면 자신이 단 한 번 신용을 지키지 못했을 때

그것이 평생 데이터베이스에 남아 신용불량자로서 불이익을 받을 수 있다는 생각은 하지 못한다. 혜택은 직접적이고 실제적인 반면, 불이익은 간접적인 미래의 것으로 여겨지기 때문이다.

마크 포스터는 자발성에 근거한 슈퍼 파놉티콘이 파놉티콘을 감옥이라는 한정된 공간에서 사회 전체를 관장하는 강력한 메커니즘으로 만들었다고 생각한다. 포스터의 슈퍼 파놉티콘은 가상의 세상을 통한 파놉티콘의 권능 강화empowerment라는 측면에서 볼 때 '가상 파놉티콘virtual panopticon'이라고 부를 수도 있다. 디즈니월드에서 수많은 관광객을 어떻게 통제하는지를 연구한 클리퍼드 시어링Clifford Shearing과 필립 스테닝Philip Stenning은 그곳의 통제 특징을 "방문객의 자발적 협조"로 규정하면서, 파놉티콘식의 속박과 감시에 의한 통제가 아니라 미묘하고 협력에 기초하며, 강제 없이 느슨하게 퍼져 있는 통제의 네트워크가 현대사회의 통제의 특성임을 지적하고 있다. 이런 통제가 어떻게 가능한 것인가? 프랑스의 철학자 장 보드리야르 Jean Baudrillard가 지적했듯이 디즈니월드는 "리얼리티 쇼"의 세상이다. 이곳에서 관광객들은 현란한 이미지를 구경하고 즐기기 위해 통제에 자발적으로 협조한다. 이를 조금 일반화해보면 현대 '스펙터클의 사회'에서 사람들은 소비를 부추기는 수만 가지 상품의 현란한 이미지에 시선과 관심을 고정시킴으로써 통제된다고도 할 수 있다. 우리는 보는 것에 만족한 나머지 보여

지는 것에 그다지 신경을 쓰지 않는다.[40]

푸코는 18세기 말부터 19세기 초에 이르는 동안 "스펙터클의 사회"가 "감시사회"로 바뀌었다고 주장했다. 20세기 전자 파놉티콘의 사회에서는 '스펙터클'(보는 것)과 '감시'(보여지는 것) 사이의 경계가 뚜렷하지 않다. 아니 오히려 지금은 스펙터클과 감시가 융합된 세상이다. 우리는 보임으로써만이 아니라 보는 과정에서도 감시와 통제의 네트워크에 포함된다.

5장

역감시와 시놉티콘, 역파놉티콘

우리는 당신 빅브라더를 감시하고 있다!(We are watching you, big brother!)

감시와 역감시

데이터베이스 감시, 사이버 감시, 자발성에 근거한 슈퍼 파놉티콘하에 있는 우리는 '빅브라더'가 일거수일투족을 감시하는 조지 오웰의 《1984》와 다를 바 없는 세상에 살고 있는가? 이 속에서 우리는 파놉티콘에 갇혀 꼼짝달싹할 수 없는 죄수와 다를 바 없는가?

비디오카메라를 생각해보자. 아파트에 사는 사람들은 출근하기 위해 엘리베이터에 오르는 순간부터 비디오카메라에 노출된

다. 주차장에도 비디오카메라가 설치되어 있으며, 직장에도 CCTV가 있고, 현금지급기 위에도, 헬스클럽과 편의점에도 비디오카메라가 있다. 그런데 같은 비디오카메라이더라도 다른 용도로 쓰일 수 있다. 내 비디오카메라가 건너편 아파트에 사는 사람의 사생활을 훔쳐보는 용도로 사용될 수도 있다. 그러나 우연한 기회에 이 비디오카메라는 권력의 횡포를 촬영할 수도 있다. 1991년 로스앤젤레스에서 경찰이 로드니 킹Rodney King이라는 흑인을 집단 구타했는데, 비디오카메라를 가지고 있던 사람이 우연히 이를 촬영해 방송국에 제보하면서 엄청난 사회적 파장이 일었다. 우리나라에서도 노동자들에 대한 경찰의 폭력적인 진압이 촬영되어 인터넷에 동영상으로 올라가 큰 반향을 불러일으킨 바 있다. 이렇듯 동일한 기술은 권력이 우리를 감시하는 데에도, 역으로 우리가 권력을 감시하는 데에도 사용될 수 있는 것이다. 감시의 기술과 역감시의 기술은 종종 동일하다.

감시를 하는 권력의 입장에서는 역감시를 막기 위해 여러 가지 노력을 해왔다. 제러미 벤담이 처음 설계한 파놉티콘에는 중앙 감시탑과 모든 수감자의 방을 일대일로 연결해 교도관의 명령을 전달하는 일종의 인터폰과 같은 튜브장치가 있었다. 벤담은 나중에 이 튜브장치를 포기했는데, 그 이유는 수감자가 이 장치를 이용해 교도관에게 말을 거는 것을 막을 수 있는 방법이 없음을 깨달았기 때문이다. 목소리를 전달하는 튜브는 일종의 역감시를 할 수 있게 하는 기술이었다. 어두운 곳에 숨어 있는 시선의 비대칭성은 당시의 기술 수준으로는 파놉티콘의 일방적인 감시를 가능하게 한 유일한 수단이었다. 물론 벤담이 생각한 파놉티콘에도 역감시는 있었지만 그것은 파놉티콘의 운영에 국한된 것이었다. 벤담은 시민들이 파놉티콘을 수시로 방문해 파놉티콘의 운영을 감시할 수 있고, 이를 위해 수감자의 방과 감시탑 사이의 공간에 갤러리를 만들 수 있다고 생각했다.[1] 감옥이라는 특수 상황 속에서 파놉티콘에 존재하는 역감시는 수감자가 교도관을 감시하는 것이 아니라 제삼자인 시민들이 운영을 감시하는 형태였다. 앞에서도 언급했지만 벤담은 파놉티콘의 운영을 시민들이 감시해야 한다는 인식을 바탕으로, 국가의 권력을 감시하는 상시적 기구로서 국민이 보통선거와 평등선거로 선출한 정기국회의 필요성을 주장했다. 국민에 의해 선출된 국회는 권력에 대한 국민의 역감시 기능을 대행하는 기구였다.

시놉티콘

근대사회의 권력자가 파놉티콘의 교도관과 다른 점은 이들이 점점 대중에게 노출되는 것을 선호했다는 것이다. 예를 들어 프랑스의 국왕 루이 14세는 〈프랑스 관보Gazette de France〉나 〈우아한 전령 Mercure Galant〉 같은 잡지를 통해 자신의 이미지를 대중에게 홍보하기 시작했다. 물론 이러한 시도는 자신의 이미지를 대중에게 분명하게 각인시켜 효과적으로 통치하기 위함이었다. 그러나 19세기에 대중화된 신문은 역감시를 체계적으로 구현했다. 종이 가격의 하락과 인쇄술의 기계화, 문맹률의 감소는 신문이 대중화되는 데 중요한 역할을 담당했다. 1840년대에 전신이 등장하면서 뉴스의 보도는 전에 비할 수 없이 신속해졌으며, 전세계 곳곳에서 일어나는 사건을 각국에 보도하는 로이터, 볼프와 같은 뉴스 에이전시들이 속속 등장했다. 20세기 초에는 라디오 방송이 대중화되면서 권력자가 미디어에 노출되는 것media visibility이 일상화되었다. 언론은 권력자가 자신이 원하는 이미지를 만들어 홍보하고 심지어 여론을 조작하는 도구로도 쓰였지만, 동시에 정치인들의 일거수일투족을 대중에게 드러냄으로써 권력의 투명성을 확보하는 중요한 역할을 수행했다. 역감시는 언론에 의한 권력의 감시로부터 출발했다.[2]

노르웨이의 범죄학자 토마스 매티슨Thomas Mathiesen은 소수가 다수를 감시하는 파놉티콘이 근대사회의 감시의 원리로 자리 잡았던 19세기를 통해 다수가 소수의 권력자를 감시할 수 있는 언론과 통신 기술이 발달했다고 주장하면서, 이렇게 다수가 소수의 권력자를 감시하는 언론의 발달을 '시놉티콘Synopticon'이라고 명명했다. 파놉티콘과 달리 시놉티콘은 권력자와 대중이 동시에syn 서로를 보는 메커니즘이었다. 19세기 이후 사회의 파놉티콘화가 진행되었지만 이와 동시에 대중과 권력이 서로를 감시하는 시놉티콘도 발달했다는 것이다. 매티슨은 파놉티콘만으로는 현대사회의 또 다른 특징인 역감시의 존재를 충분히 설명할 수 없으며, 바로 이 지점에서 푸코의 역사 해석에 문제가 있다고 주장했다.[3]

민주주의국가에서 의회와 언론은 권력을 감시하는 중요한 기제임이 분명하지만 여기에는 한계가 있다. 의회와 언론이 비대해지면서 이것들이 원래의 취지와는 다른 그 자체의 독자적인 논리를 획득하기 시작했고, 그러면서 스스로가 권력화했다는 것이다. 권력을 행사해 축재를 일삼는 의원들, 국민의 뜻이 무엇인지 생각하기 전에 당략에 의해 좌우되는 입법 과정은 국회가 선거철에만 국민의 이야기에 귀기울이는 척할 뿐이라는 사실을 잘 드러낸다. 말초신경을 자극함으로써 시청률 경쟁에 여념이 없는 TV 프로그램들, 특정 정당과 이념을 무비판적으로 지지하는 신문들에 대해 보통 사람들이 할 수 있는 일은 TV를 끄거나 신문 구독을 중단하는 일밖에 없다. 게다가 정치인이나 사회의 권력자들은 언론을 장악하거나 이를 잘 이용해 자신들의 이미지를 구축하는 데 이미 충분히 익숙해졌다. 물론 의회와 언론이 아직 역감시를 수행하는 중요한 주체임을 부인할 수는 없지만 이런 기관들은 이제 그 자체가 역감시의 대상이 되었다.

시민운동의 역감시

정부와 행정기관은 물론 의정과 언론을 포함해 사회의 권력집단을 감시하고 대안적인 정책을 제시하기 위해 등장한 것이 다양한 시민운동이다. 1990년대 우리나라의 시민운동은 괄목할 만한 성장을 이루었다. 경제정의실천시민연합(경실련)은 의정, 예산, 기업활동, 어린이·환경 문제까지 권력의 구석구석을 감시해왔다. 환경운동연합과 녹색연합은 지역의 환경 문제에서 원자력발전에 이르기까지 감시, 비판, 대안 제시를 담당하고 있으며, 1994년 결성된 참여연대는 시민 참여를 통한 민주주의 실현을 목표로 부정부패와 정경유착, 권위적인 사법제도, 대기업의 정당하지 못한 기업활동 등을 감시했고, 대주주의 독점을 견제한 소액주주운동은 대기업의 관행을 제지하는 실제적인 성과를 올렸다. 참여연대는 2001년에도 휴대전화 요금 인하, 특검제 실시, 공적자금에 대한 문제제기, 생명윤리기본법 제정을 촉구하는 다양한 시민운동을 전개했다. 권력의 부패는 시민운동의 주요 타깃인데, 1996년 참여연대는 투명한 사회를 위한 맑은사회만들기본부를 설립하고 부패 추방운동, 내부고발자 지원운동 등을 전개했으며, 1999년에는 부패 척결을 위해 여러 시민단체가 모여서 국제투명성기구TI의 한국 본부로 반부패국민연대를 출범시켰다. 1999년부터 국회의 국정감사가 제대로 이루어지는지를 감시한

'국정감사 모니터 시민연대'는 행정부를 감시하는 국민의 대의 기관인 국회에 대한 시민운동 차원의 역감시를 담당했다. 2001년 12월 참여연대 등 여덟 개의 시민단체는 10조 원에 이르는 서울시 예산을 감시하기 위한 시민네트워크를 결성했다. 이에 참가했던 시민단체 '함께하는 시민행동'은 정부 부처와 지방자치단체의 예산 낭비 사례를 분석해 가장 최악의 단체나 사업에 매달 '밑 빠진 독'상을 수여했다. 2001년의 '밑 빠진 독'상에는 새만금사업이 선정되었다.

정치권의 크고 작은 선거에도 시민운동은 감시의 눈을 번득였다. 2000년 4·13 총선 직전에 결성된 총선시민연대에서는 국내의 400여 단체가 연대해 낙천 대상자 명단을 발표하고 낙선운동을 벌였다. 낙선 대상 후보와 집중 낙선 대상 후보 가운데 70퍼센트에 가까운 후보들을 낙선시킨 이 시민운동은 시민에 의한 '선거혁명'을 이루었다고 평가받았다. 2002년 12월 대선 때에도 시민단체들은 지역감정, 색깔론 등의 시비를 막기 위해 힘썼고, 금권선거를 없애기 위해 회계 전문가를 각 당에 파견하는 등 구체적인 방안을 검토하기도 했다. 대기업의 경제권력도 시민운동의 감시에서 자유롭지 못하다. 1998년부터 삼성전자와 같은 대기업 주식 '10주 갖기 운동'을 펼친 참여연대는 주주총회에서 소액주주를 대변하면서 부실 경영을 집요하게 추궁했고, 2001년에는 삼성전자의 현직 이사들에게 부실 경영에 대한 책임을 묻는 소송을 제기해 이 중 일부는 거액의 손해배상을 하라는 법원의 판결을 이끌어내기도 했다.

언론의 '권력'에 대한 감시도 빼놓을 수 없는데, 우리나라 언론의 발전을 위해 정책과 대안을 제시하고자 하는 언론개혁시민연대, TV 방송 프로그램의 선정성과 폭력성을 모니터하는 서울YMCA 시청자시민운동본부, 매년 최악의 방송 프로그램을 선정했던 여성민우회의 미디어운동본부 등이 일찍이 미디어 비평을 시작한 단체이다. 2001년에는 여러 시민단체가 연합해 '시청자참여프로그램 시민사회단체협의회'를 발족시켰다. 민주언론시민연합(민언련)의 신문모니터위원회와 방송모니터위원회는 언론 모니터 활동에서 두드러진 활약을 보였으며, 이 밖에도 시청자단체 매비우스(매체비평우리스스로), 미디어세상 열린사람들, 경실련의 미디어워치 등이 주로 방송을 감시했다.[4]

이 책의 주제와 관련해 우리가 유심히 보아야 할 것은 시민단체가 국민의 정보열람청구권을 사용해 정부와 행정기관이 감추어오던 정보의 공개를 요구하고 이를 실현시켰다는 점이다. 대표적인 예로 참여연대가 2000년 판공비 공개를 거부하는 서울시를 대상으로 행정소송을 제기해 법원으로부터 승소 판결을 받아낸 사건을 들 수 있다. 법원은 판결문에서 "모든 국민은 정보열람청구권이 있고 공공기관도 비공개 정보를 제외한 모든 정보를 공개할 의무"가 있으며, "공무원들의 판공비 사용에는 높은 엄정성과 공평성이 요구되는 만큼 시민들은 정부의 예산 지출 과정을 확인, 감시할 필요가 있는 데다가 정보를 공개함으로써 행정의 투명성과 효율성을 높일 수 있다"고 명시했다.[5]

우리나라는 아시아 국가 중에서는 처음으로 1996년 정보공개법을 제정하고 1998년부터 이를 시행해왔다. 2000년 한 해 동안 정보공개 청구는 모두 6만 건이 넘었으며, 이 중 23퍼센트가 학술연구(13퍼센트)와 행정감시(9퍼센트)에 대한 것이었다.[6] 정부는 2001년 7월 정보공개 청구를 관장하는 행정부의 사이트(www.egov.go.kr, 지금은 폐쇄)를 개설하고 이를 통해 정보공개 창구를 일원화했다. 당시 정보공개 청구를 묵살하는 공무원들이 있었고, 이에 참가하지 않거나 형식적으로 참가하는 지방자치단체들이 있었으며 비공개 정보의 분류가 모호하다는 문제도 있었지만,[7] 정보공개법은 국민의 역감시의 권리를 적극 보장하고 행정의 투명성을 감시하는 중요한 법률적 장치로 작용했다. 현재 우리나라 국민은 중앙행정기관, 지자체, 공공기관이 보유한 정보를 온라인으로 청구할 수 있으며, 대표적으로 정보공개포털(open.go.kr)을 통해 신청·처리·결과 확인이 가능하다. 대부분의 정부기관은 이 통합시스템을 사용하고 있으며, 정보공개의 법정 처리기한은 원칙적으로 10일로 규정되어 있다.

2002년 3월에는 시민단체의 정보공개 청구를 통해 민주당 대선 후보 중 한 명이었던 유종근 전북도지사가 1월에서 2월

도지사실에 평균 사흘에 한 번 출근한 사실이 드러나기도 했다. 정보공개는 시민단체의 선거운동에도 영향을 미쳤다. 시민단체들은 2002년 6·13 지방선거에서 낙선운동보다 후보자 회계장부 공개 요구, 지방재정 공개 입법화 등에 대한 서약 받기, 과거 활동 등 후보자의 자질과 정책 평가 및 공개 등 후보자에 대한 정보공개를 중요한 중점 사업으로 정하고 활동했다. 이외에도 2002년 2월 법원은 본인이 원할 때는 경찰이 보관하고 있는 신원 정보를 본인에게 공개해야 한다는 판결을 내렸다. 2017년 시민단체들은 국정원에 과거 민간인, 시민단체, 정치인 등을 대상으로 불법 사찰을 감행한 사실에 대한 정보공개를 청구했다. 시민단체는 소송을 통해 공개 판결을 이끌어냈고, 국정원은 2021년에 63건의 사찰 문건을 공개했다. 공개된 문건에는 과거 정부 시절 특정 시민단체, 환경운동단체, 문화예술인 등 비판적인 인사들에 대한 사찰이 이루어졌다는 정황 등이 담겨 있었다. 2022년에는 시민단체가 대통령비서실에 근무하는 공무원의 정보공개를 요구했으나 거부당하자 소송을 제기했다. 법원은 대통령비서실도 일반 공공기관과 다르지 않으며, 명단이 국민의 알 권리에 속하기 때문에 공개해야 한다고 판결했고, 이 결정은 최고 권력기관의 직원 구성까지 정보공개법의 적용 대상이 될 수 있다는 전향적 판례로 평가받았다. 이는 정부나 권력기관이 자신들만 간직하고 자신들만 돌려보는 정보가 점차 줄어들고

있음을 의미한다. 말 그대로 정보공개를 통한 역감시는 투명사회를 향한 첫발이다.[8]

　이러한 시민운동은 신문, 라디오, TV와 같은 기존의 언론은 물론 인터넷을 통해 자신들의 활동을 알리고 성과를 공유하며, 연대를 강화하고 있다. 특히 인터넷과 같은 쌍방향 네트워크는 "빅브라더가 당신을 감시하고 있다Big Brother is watching you"라는 전통적인 감시를 "당신이 바로 감시하는 빅브라더이다Big Brother is you, watching"라는 역감시의 기제로 바꾸는 기술이다.[9] 인터넷과 같은 네트워크가 기존의 시민운동단체의 활동을 더 효율적으로 만드는 방법에는 여러 가지가 있다. 온라인 서명은 당시의 이슈에 대해 사람들의 힘을 빠르게 결집할 수 있는 방법이다. 성명서나 보고서가 인터넷, 이메일, 메일링 리스트 등을 통해 유포됨으로써 운동의 효과가 극대화되기도 한다. 이 경우 문서를 우편으로 발송하고, 복사하고, 새로 쓰는 데 드는 비용과 시간을 무시할 수 있을 정도까지 최대한 줄일 수 있다. 2000년 우리나라를 뜨겁게 달군 총선시민연대의 낙선운동은 인터넷을 통해 그 명단이 유포되면서 총선정보통신연대 등 인터넷상에 수많은 지지 세력을 만들어냈다. 2001년 진보적 운동권 내부의 성폭력을 고발한 '100인 위원회'의 성폭력 가해자 실명 공개는 인터넷과 통신이라는 새로운 매체가 있었기 때문에 가능했다. 당시 이를 보도한 신문들은 실명 공개 없이 간략한 뉴스만을 내보냈을 뿐이다. 진보네트워크센터(jinbo.net, 진보넷)는 이러한 온/오프라인의 운동단체를 모두 인터넷에 링크해놓고 호스팅 서비스를 제공하는 '운동 포털사이트'이다. 진보넷은 온라인 콘텐츠 생산과 정보 공유, 감시 기능을 통해 사회운동의 디지털 전환을 이끌었고, 오프라인 시민단체와의 연계를 통해 시민 참여의 폭을 넓혔다. 이러한 흐름은 단순한 집회—청원 수준을 넘어서 정책과 권력 구조에 대한 지속적인 모니터링, 데이터 기반 정보공개 요구, 디지털 인권운동 등으로 진화해왔으며, 이는 한국 사회에서 시민이 권력에 대해 감시자이자 참여자로서 함께 행동할 수 있는 새로운 공공 공간과 민주적 거버넌스의 장을 만들어냈다.

인터넷과 같은 쌍방향 네트워크를 통해 힘을 얻는 집단은 시민단체에 국한되지 않는다. 무명의 네티즌 개개인이 권력에 대한 감시자가 될 수 있다. 〈월간조선〉이 최장집 고려대학교 교수에 대해 제기한 '사상 검증'에 혐오감을 느낀 소수의 네티즌에서 출발한 2000년대 초의 안티조선운동은 인터넷을 통해 그 영향력을 넓히면서 800명의 지식인들이 서명하고 민주노총 등 대중조직까지 가세하는 등 탄탄한 기반을 확보했다(www.urimodu.com, 지금은 폐쇄). 기존의 언론과는 전혀 다른 목소리를 내는 〈딴지일보〉와 같은 패러디 매체도 인터넷을 매개로 엄청난 독자를 확보할 수 있었으며, 〈오마이뉴스〉(www.ohmynews.

com)는 인쇄 매체 없이 인터넷만을 기반으로 1만 명이 넘는 일반 시민을 기자로 활동하게 한 전혀 새로운 형태의 대안 언론 매체이다. 〈오마이뉴스〉는 초기에 386세대 국회의원들의 5·18 술판, 인천 가정폭력 사건, MBC 기자 경찰서 행패 사건 등을 특종으로 터트리면서 영향력 있는 매체로 자리를 잡았고, 이 신문의 성공 이후 각 신문사들은 시민들을 기자로 이용하는 형식의 인터넷 매체를 운영하고 있다.

지난 20여 년간 우리나라에서 시민의 권력 감시와 디지털 기술을 결합한 흐름은 더욱 체계적이고 다층적으로 발전했다. 시민들은 SNS, 블로그, 포털 커뮤니티 등 디지털 플랫폼을 통해 정부 정책, 공공기관, 정치인의 활동 등을 실시간으로 분석해 공유하면서 일종의 집단적 감시를 수행했다. 2008년 광우병 촛불집회, 2016~2017년의 박근혜 탄핵 촉구 촛불집회, 2024년 겨울부터 2025년 봄까지 이어진 윤석열 탄핵 촉구 촛불집회 등에서 SNS와 인터넷은 단순한 정보 전달 수단을 넘어 시민 참여를 조직하고 전국적으로 연대를 형성하는 핵심 도구로 작동했다. 동시에 〈뉴스타파〉, 오픈넷, 민간 감시 프로젝트와 같은 디지털 시민 미디어와 비정부기구NGO들은 정책·예산·공직자 행동에 대한 심층적인 감시를 지속하며, 데이터 분석과 온라인 시민 참여를 결합해 권력에 대한 투명성과 책임성을 강화했다. 전통적인 오프라인 시민운동과 디지털 기술을 결합한 하이브리드 형태로의 흐름은 한국 사회에서 시민이 권력에 대한 실시간 감시자이자 참여자로서 기능할 수 있는 새로운 공공 공간을 만들어낸 것으로 평가된다.

인터넷을 통한 역파놉티콘

정보통신 네트워크를 이용한 역감시는 감시를 일상적이고 보편적인 것으로 만드는 컴퓨터와 인터넷 자체에 대해서도 가해진다. 1999년 인텔의 펜티움 III 칩CPU에 대한 반대운동이 대표적인 사례이다. 인텔사는 새롭게 출시한 펜티움 III 칩 각각에 고유한 개인 시리얼 번호PSN를 포함시켰다. 이 개인 시리얼 번호는 개개인의 인터넷 접속을 인텔에서 기술적으로 모니터할 수 있게 한 것으로, 인텔사는 점점 더 보편화되는 전자상거래가 안전하게 이루어지도록 하기 위해 실명 인증의 한 가지 방법으로 이를 장착했다고 강조했다. 그러나 개인용 컴퓨터인 PC를 사용하는 전 세계 네티즌들은 이것이 개인정보를 누출할 가능성이 농후하다고 보았고, 이에 따라 인텔 펜티움 III에 대한 전 세계적인 반대운동에 돌입했다. 당시 인텔의 캐치프레이즈는 '펜티움 인사이드Pentium inside'였는데, 반대자들은 이를 패러디해 '빅브라더 인사이드Big Brother inside'라는 구호를 내걸었다. 국내에서는 진보넷에서 '펜티움 III 거부 캠페인'(antiintel.jinbo.net, 지금은 폐쇄)

을 만들어 반대운동의 중심 역할을 했고, 외국의 경우는 '빅브라더 인사이드'(www.bigbrotherinside.com, 지금은 폐쇄) 사이트가 중심이 되었다. 결국 인터넷을 통해 결집된 역감시운동은 콧대 높은 인텔로 하여금 이 기능을 끈 상태로 칩을 출시하도록 만들었다.[10]

인텔의 펜티엄 III 칩 논란 이후에도 비슷한 개인정보 침해 논란은 계속되었다. 소니 BMG 루트킷 사건은 2001년경부터 소니가 CD 복사 방지를 위해 XCP라는 DRM을 개인 컴퓨터에 은밀하게 설치하면서 시작되었다. 루트킷방식으로 작동하는 이 소프트웨어는 사용자 동의 없이 컴퓨터에 설치되어 시스템 깊숙한 곳에서 사용자의 활동을 추적하고, 악성코드가 이용할 수 있는 심각한 보안 취약점을 만들었다. 일반인들은 알기 힘든 이 프로그램은 마이크로소프트사에서 일하던 보안 전문가 마크 러시노비치Mark Russinovich가 2005년에 발견해 폭로했다. 소니 BMG는 "보안 취약점이 없다"고 하면서 사태를 축소하는 등 초기 대응에 실수를 거듭해 여론은 더욱 악화되었다. 결국 소니 BMG는 470만 장의 CD를 회수하고 DRM을 제거하는 조치를 발표했으며, 미국 소비자들의 집단소송과 여러 주 정부 및 연방 거래위원회FTC의 조사와 제소를 거쳐 CD 교환, 보상, 투명한 설치 고지, 향후 수년 간의 개인정보 보호 감시 등 광범위한 합의 조건을 수용해야 했다. 이 사건은 DRM-free 음악 판매 확

산, 자동 설치 프로그램에 대한 규제 강화, 그리고 '기만적 설치'
에 대한 법적 기준 정립 등 음악산업과 보안정책 전반에 지대한
영향을 미치며, 기업의 소프트웨어 배포방식에서 사용자 통제
와 투명성이 핵심 원칙으로 자리 잡는 중요한 계기가 되었다.[11]

 "랩톱컴퓨터와 모뎀을 사용해 다른 해방군조직에 명령을 전
달"할 정도로 첨단 기술을 적절하게 사용했다고 알려진 멕시코
사파티스타 반군의 1994년 해방운동에서도 우리는 역감시의
좋은 예를 찾아볼 수 있다. 당시 멕시코에 투자를 생각하던 세
계 금융자본은 자신들의 정보망을 총동원해 이 반군의 동향을
주시했다. 1995년 1월 미디어에 노출된 체이스맨해튼은행의 핵
심 그룹 메모에는 "투자자들이 반군을 멕시코의 정치적 안정에
심각한 위협으로 간주하고 있으며" 따라서 "정부는 이들을 쓸
어버려야 할 것"이라는 내용이 담겨 있었다. 그러나 같은 시간
멕시코 정부의 유혈 진압에 반대하며 반군의 이념을 지지하던
세계 각국의 진보적인 그룹들 역시 인터넷에 거점을 만들고 멕
시코 정부에 압력을 가했다. 이 네트워크는 농촌을 근거지로 삼
은 사파티스타 반군, 이들을 지지하는 멕시코시티의 반정부 대
학생들, 이를 지원하는 전 세계의 다양한 그룹과 개인 세력을
결집해 정보를 교환하고 여론을 형성했으며, 이후 신자유주의
세계질서에 반대하는 네트워크로 발전했다. 여기서 국제 금융
자본의 정보망을 '범세계 금융 파놉티콘geofinancial panopticon'

이라 부른다면, 후자의 저항 네트워크는 '역파놉티콘reverse panopticon'이라고 부를 수 있을 것이다. 역파놉티콘은 파놉티콘을 권력자를 견제하는 메커니즘으로 탈바꿈시킨 것이었다.[12]

사파티스타운동의 '역파놉티콘'은 여기서 그치지 않았다. 1998년 사파티스타 반군의 지지자들은 멕시코 정부의 홈페이지를 해킹하고, 연방재무부 홈페이지 메인창을 반군의 혁명지도자 에밀리아노 사파타Emiliano Zapata의 사진으로 도배했다. 해킹당한 홈페이지에 실린 반군의 메시지는 "우리는 당신 빅브라더를 감시하고 있다!"라는 의미심장한 내용을 담고 있었다. 이들은 "우리는 어떤 그룹에도 속하지 않고 사파티스타 민족해방군에도 속하지 않지만, 멕시코 사람으로서 자유롭게 우리의 의사표시를 하는 것이다"라는 메시지도 덧붙였다. 최초의 인터넷 게릴라작전으로 이름 붙여진 이 해킹에서 해커들이 내세운 모토는 바로 조지 오웰의《1984》의 이미지와 정반대되는 것, 즉 감시를 담당하는 빅브라더가 이제 감시의 대상이 된다는 것이었다.

인터넷과 통신기기를 적절하게 사용한 역감시운동은 때로는 예상하지 못했던 성과를 거두기도 한다. 캐나다 퀘벡 주정부의 야심 찬 계획이었던 제임스만 2호 수력발전소 건설에 반대하던 그 지역 원주민들의 투쟁은 예전 같았으면 언론에 짧게 한두 번 보도된 뒤 사람들의 관심 밖으로 밀려났을 텐데, 인터넷과 같이 열린 쌍방향 네트워크를 통해서 이에 반대하는 국제적 캠페인으로 발전했다. 이 캠페인이 국제적으로 관심을 모으자 여기에 국제 환경단체가 연합했고, 로버트 케네디 2세와 같은 미국 정치인이 가세하면서 결국 퀘벡 정부가 이를 철회하게 만들었다. 이렇듯 인터넷을 언론으로 이용하는 운동은 기존의 언론 매체가 지속적으로 관심을 갖기 어려운 문제에 더 효과적이다. 미국의 과학자들이 파푸아뉴기니 원주민들의 혈청을 채취해 특허(HTLV-1 patent)를 낸 사건을 꾸준히 비판한 RAFI(www.rafi.org)라는 단체는 미국 의학과 생물학을 대표하는 미국국립보건원NIH이라는 막강한 조직과의 싸움에서 인터넷과 메일링 리스트를 통해 2년 동안 지속적으로 문제제기를 하여 결국 1997년 NIH가 특허를 포기하게 만들었다. 이후 RAFI는 환경 파괴, 기술지상주의, 생물학의 기업화에 반대하는 ETC 그룹으로 발전했다.[13]

1990년대 후반 범세계적으로 전개된 '다자간투자협정MAI 반대운동'도 지역적으로 흩어져 있는 상이한 이해관계를 가진 그룹들이 인터넷을 통해 연결되면서 힘의 결집을 이루어낸 것이었다. MAI는 세계화와 관련해 경제협력개발기구OECD가 비밀리에 추진하던 협정이었는데, 캐나다의 한 공익 옹호단체가 그 협정의 초안을 입수하면서 세상에 알려지게 되었다. 강자를 더 강하게 하고 약자를 한없이 약하게 만드는 무한한 세계화에 반대하는 북아메리카의 시민들과 운동단체들은 몇 년 전 북미자유무역협정NAFTA에 대한 반대가 성공하지 못했다는 실패 사례에서 교훈을 얻어 이번에는 자신들의 운동을 제3세계 네트워크와 연계했다. 이들은 웹페이지와 메일링 리스트를 통해 각국이 비밀리에 추진하는 사항들을 지속적으로 공개하고 공유했으며, 개별 정부는 이런 국제적 활동에 대해 무력했다. MAI에 대한 저항은 전 세계적이었고, 결국 OECD는 1998년에 기존의 MAI를 포기하기에 이르렀다. 이 운동은 "비정부기구에 의해 성공을 거둔 최초의 (범세계적) 인터넷운동"으로 평가받고 있다.[14]

이 반대운동 이후 반세계화운동은 네트워크를 이용해서 더 조직적이고 효과적으로 변모했다. 1999년 시애틀의 반세계화 시위를 시작으로 주요 7개국G7, 세계무역기구WTO, 유럽연합 등 국제 통치기구들이 회의를 개최하는 도시에서 활발하게 전개되고 있는 일련의 '반-세계화' 시위는 학생운동, 지역 노동운동, 무정부주의자들의 연대 형태를 띠고 여기에 전 세계 노동자들이 산발적으로 참여함과 동시에 온라인을 통해 이를 지지하는 특성을 보이고 있다. 특히 이들은 시위에 인터넷, 이메일을 통한 새로운 네트워크의 힘을 십분 활용했다. 1999년 'WTO 제3차 각료회의'에 대한 반대 시위는 www.destroyIMF.org라는 웹사이트를 활용했고, 2000년 9월 'IMF와 세계은행의 연차총회'에 대한 반대 시위는 www.s26.org라는 웹사이트로 공개

적인 작전 명령서를 게재했다. 2001년 1월 '세계경제포럼 연례
회의'에 대한 반대 세력은 포럼에 참석한 인사들의 신상 정보를
해킹해 웹사이트에 공개했으며, 같은 해 4월 미주정상회담 반
대운동은 대규모 항의 메일을 발송하기도 했다. 이러한 반-세
계화 시위 때문에 2001년 6월 세계은행회의는 (아이러니컬하게
도) 오프라인이 아닌 온라인으로 진행되었다. 또한 2011년 금융
위기 이후 고조된 사회적 불평등과 1퍼센트의 금융·정치권력
집중에 항의하며 월스트리트 점령 시위가 발생했는데, 여기에
서도 트위터(현 X), 유튜브, 라이브스트리밍 등 SNS가 조직을
확산하는 데 핵심 인프라로 작동해 주류 언론이 다루지 않던 현
장을 전 세계에 직접 전달했다.[15]

파놉티콘을 역파놉티콘으로 전환하기

물론 모든 감시에 대해 역감시가 가능한 것은 아니다. 특히 시민들의 역감시는 공개가 되지 않는 정보에 대해서 무력하다. 2001년 말엽 우리나라에서 국무회의를 통과한 정보공개법 개정안을 놓고, 이 개정안이 공개할 수 없는 정보의 종류를 확장해 결국 정보공개의 범위를 축소시킨다는 항의의 여론이 높았다.[16] 시민단체는 정보공개법의 대상에 공적 성격이 강한 언론과 정당도 포함해야 한다고 맞불을 놓았는데, 결국 언

그림 15 카니보어의 오작동에 대한 FBI의 메모.

론과 정당은 포함되지 않았고, 이는 지금까지도 그러하다. 외국의 경우에도 시민운동이나 민권운동 단체들이 카니보어와 에셜론에 대한 정보공개를 끊임없이 요구했지만, 이에 대한 정보공개는 매우 피상적인 수준에서만 이루어졌다(그림 15).[17]

그러나 이에 대해 너무 비관적일 필요는 없다. FBI의 도청장치인 카니보어가 세상에 알려진 것도 2000년 6월 미국의 한 시민단체의 정보공개 요구 때문이었다. 에셜론이 세상에 알려진 직후 전 세계의 해커들은 1999년 10월 22일을 '에셜론 파괴의 날'로 정하고 미국 국가안보국에 이메일 융단폭격을 가하기도 했다.[18] 정부의 정보기관 데이터를 파괴하거나 해킹을 통해 감청 기록 등을 폭로하는 핵티비즘, 항의 메일을 집중적으로 보내거나 홈페이지를 끊임없이 접속함으로써 대상 기관의 인터넷을 마비시키는 전자 시민불복종ECD운동은 감시 기술에 대한 정보가 권력의 손에 의해 독점되었을 때 자연스럽게 등장하는 운동이다. 정보공개 요구와 이를 위한 합법적·반합법적 운동은 파놉티콘을 역파놉티콘으로 전환시키는 중요한 방법이다.[19]

정보공개가 파놉티콘을 역파놉티콘으로 바꿀 수 있다는 점은 작업장의 통제에서도 볼 수 있다. 시더블러프Cedar Bluff사의 오버뷰시스템Overview System이라는 작업 데이터베이스와 메트로텔Metro Tel사의 WFSS(Work Force Supervisory System)를 비교한 미국의 사회학자 쇼샤나 주보프Shoshana Zuboff의 연구는 이 두 정보 파놉티콘이 전혀 다른 결과를 낳았음을 흥미롭게 보여주고 있다. 데이터베이스가 노동자와 관리자 모두에게 공개되었던 오버뷰시스템에서는 관리자가 노동자의 작업 진행을 일일이 체크하는 수직적인 감시 이외에도 작업 단위 사이에 수평적인 감시와 노동자들이 관리자의 사적이고 주관적인 평가를 감시하는 역감시가 자리 잡았다. 즉 모든 사람이 다른 모든 사람을 볼 수 있는 '집합주의collectivism'는 한 사람만이 다른 모든 사람을 감시하는 전자 파놉티콘에 해독제로 작용했으며, 감시 자체를 투명하게 만든 결과를 낳았다. 반면 데이터베이스가 관리자들에게만 공개되었던 WFSS에서는 노동자들이 이에 대해 강한 반감을 형성했고, 결국은 전자 파놉티콘에 들키지 않고 태업하는 방법을 발견해 공유하는 등 이 새로운 감시 기술을 속이고 이를 이용하는 새로운 문화를 발전시켰다. 정보의 공개 여부에 따라 비슷한 정보 기술이 하나는 시놉티콘으로, 다른 하나는 파놉티콘으로 기능한 것이었다.[20]

　사회학자 로이 보인Roy Boyne은 2000년대 초의 사회학 연구에 기반해 현대에는 파놉티콘이라는 외형 자체가 불필요하게 되었고, 감시보다는 대비와 예방에 초점을 두고 있으며, 쌍방향 감시가 가능하고, 잘못된 정보를 만들어내는 경우가 많기 때문에 파놉티콘이라는 메타포가 적절하지 못함을 지적하면서 이러한 새로운 상황을 포스트파놉티시즘post-Panopticism으로 요약했다. 사실 이러한 예는 파놉티콘에만 국한되지 않는다. 19세기를 통해 정부가 국민에 대한 정보를 수집하고 이를 통계적으로 처리한 것은 국민에 대한 관료제의 통제를 강화하기도 했지만, 복지국가와 공민권에 대한 보호를 가능하게 함으로써 개개인의 권리를 신장하는 결과를 낳기도 했다. 푸코도《감시와 처벌》을 출판한 후 근대사회에서 통치의 기술technology of government과 자아의 기술technology of the self이 만나는 접점에 대해 생각했고, 이를 통치적 합리성governmental rationality(혹은 통치성govern-mentality)이라는 개념으로 발전시켰다. 여기에는 권력이 모두를 감시하고 규율을 강제하는 등 우리를 속박만 하는 것이 아니라 즐겁고 생산적일 수도 있다는 인식이 깔려 있다. 작업장이나 기업조직에 존재하는 감시는 노동자나 직원을 통제하는 기능 이외에도 작업을 합리적으로 '조정coordination'하는 기능을 수행한다. 캐나다의 사회학자 데이비드 라이언David Lyon이 지적했듯이 감시는 '야누스의 두 얼굴'을 가지고 있다.[21]

감옥으로 고안된 벤담의 파놉티콘은 푸코에 의해 현대사회의 규율 메커니즘으로 탈바꿈했고, 푸코의 파놉티콘은 정보 파놉티콘과 전자 파놉티콘, 슈퍼 파놉티콘으로 이어졌다. 그러나 우리는 19세기 이후 사회의 파놉티콘화와 더불어 의회, 언론, 시민운동과 같은 시놉티콘이 동시에 발전했으며, 정보 파놉티콘과 전자 파놉티콘은 권력을 감시하는 역파놉티콘으로 기능할 수 있다는 것도 살펴보았다. "감옥이 없다면 우리 사회가 바로 감옥이라는 사실을 금방 알았을 것"이라는 프랑스 작가 모리스 블랑쇼Maurice Blanchot의 말이나[22] '현대사회 = 감옥'이라는 등식은 현대사회와 조직에서의 통제 메커니즘을 설명하는 데에는 한계가 있다.

지금까지 우리가 살펴보았듯이 전자 파놉티콘이나 정보 파놉티콘이라는 개념은 감시의 범위가 넓어졌다는 사실과 감시를 수행하는 중앙 권력이 분산된 것을 잘 설명하지 못한다는 사실을 차치하더라도 작업장에서의 감시에서 시선보다 정보수집이 더 중요해진 과정, 이것이 자본주의의 소비주의와 결합하면서 소비자 정보를 수집하는 메커니즘이 발달한 과정, 그리고 이러한 정보수집이 종종 피감시자의 자발적인 행위와 협조를 통해 이루어진다는 점, 특히 인터넷 같은 쌍방향 네트워크나 정보공개가 투명해질 경우 보통 사람들이 권력자를 감시하는 것과 같은 시놉티콘이나 역파놉티콘 같은 결과를 낳을 수도 있다는 중요한 인식을 충분히 담아내지 못하고 있다.

이상의 논의를 통해 얻은 중요한 결론 중 하나는 정보 파놉티콘이나 전자 파놉티콘을 가능하게 하는 정보 기술이 시놉티콘이나 역파놉티콘으로 기능할 수 있다는 것이다. 우리는 기술의 역사를 통해 어떤 기술이 처음에 예상했던 것과는 다른 사회·문화적 영향을 초래하는 경우를 종종 접한다. 기술의 궤적은 기술이 새롭게 열어주고 힘을 부여하는 사회 세력들과 동시에 그 기술 때문에 힘을 잃게 되는 사회 세력들 사이의 상호작용을 통해 그때그때 형성되는 불안정한 균형에 따라 가지치기식의 불규칙한 경로를 따른다.[23] 이러한 상호작용 때문에 특정한 기술이 특정한 궤적을 그리도록 이미 결정되어 있다고 주장하는 것

(예를 들어 정보 기술은 반드시 '글로벌 파놉티콘'[24]을 낳게 되어 있다는 등)은 자칫 비관적인 결정론으로 귀결되기 쉽다. 기술의 궤적에서 더 중요한 것은 기술을 둘러싼 다양한 사회 세력들 사이의 힘의 관계이지 기술의 초기 디자인에 각인된 발전 방향성이 아니다. 그러나 동시에 명백히 자유를 억압하고 민주적이지 못한 기술을 놓고 이 기술이 가져올 수도 있는 미래의 역설적인 결과만을 기다리는 것 또한 위험한 자세이다. 이 경우 기술의 궤적은 자신들의 힘을 키우기를 원하는 사람들에 의해 독점적으로 사용될 수도 있기 때문이다. 기술의 궤적을 결정하는 것은 항상 기술과 사회 세력들의 다양한 개입 사이의 상호작용이다.

지금의 정보 기술은 어떠한가? 정보 기술은 정보를 집중시킬 수도, 분산시킬 수도 있다. 그러나 지금의 상황을 볼 때 기존에 힘을 가진 권력자가 다수의 정보를 수집하는 감시용으로 정보 기술을 사용하는 것이 권력에 대한 역감시의 도구로 사용하는 것보다 더 쉽다는 것을 부정할 수 없다. 특히 대중매체라는 시놉티콘을 통해 우리가 들여다보는 권력자는 점차 유명 연예인, 운동선수, 인기 정치인과 같은 '명사들'의 일상에 국한되고 있다. 지금의 권력은 언론 플레이에 능하며, 언론도 권력의 달콤함에 익숙하다. 대부분의 데이터베이스는 접근자의 신분이나 지위에 따라 다른 패스워드를 지정해 그 공개 정도를 차등적으로 결정한다. 파놉티콘이 시선의 비대칭성 때문에 가능했다면,

전자 파놉티콘은 정보 접근의 비대칭성 때문에 가능하다. 나는 접근할 수 없는 정보에 권력을 가진 자는 접근할 수 있다면 그것은 어느 순간 나를 옭아매는 파놉티콘으로 다가올 수 있다.

그래서 역파놉티콘은 가능하지만 자동적으로 이루어지지 않음을 인식하는 것이 중요하다. 시민운동과 다양한 NGO들의 행정 및 사법 권력 감시, 대기업의 횡포와 통신·인터넷 기업의 개인정보 유출에 대한 감시, 의정과 언론 감시, 시민운동의 또 다른 권력화에 대한 끊임없는 성찰과 자기 감시, 인터넷과 같은 새로운 미디어 통제에 대한 반대운동, 정보수집을 제한하는 강력한 프라이버시 법안의 입법화,[25] 그리고 역감시를 위한 정보 공개권 확보 등이 결합할 때 역파놉티콘은 제 기능을 발휘할 것이다.[26]

Intermezzo

간주

#1 2015년, 경기도 파주에서 1박 2일로 열린 작은 워크숍에 참여했다. 저녁을 먹고 지인들과 삼삼오오 둘러앉아 이야기를 나누고 싶었는데 마땅한 장소가 없었다. 당시만 해도 파주는 '섬'과 비슷해서 근처에 흔한 카페 하나 없었다. 마침 워크숍이 진행된 건물 1층에 편의점이 있어 몇 사람이 편의점 야외 테이블에 앉아 이야기를 나누기 시작했다. 이야기는 꼬리에 꼬리를 물고 계속되었고, 배가 고프거나 목이 마를 때는 인심 좋은 선배의 카드로 편의점에서 음료수, 빵, 스낵 등을 사서 허기와 갈증을 채웠다. 이러길 여러 차례, 새벽 1시쯤 되었으려나, 갑자기 그 선배의 휴대전화로 전화가 왔다. 지금 편의점에서 쓴 카드가 본인 것이 맞느냐는 카드 회사의 확인 전화였다. 선배가 그렇다

고 하면서 왜 그것을 확인하느냐고 물었더니 카드를 쓴 방식이 불법 사용과 흡사하다는 경보가 떠서 확인차 전화한 것이라는 답을 들었다. 늦은 밤, 서울에 사는 중년의 남성이, 파주의 편의점에서, 음료를 샀다가, 빵을 샀다가, 스낵을 사는 등 카드를 쓰는 패턴이 정상으로 보이지는 않았을 것이다.

그런데 누가 보기에 비정상이었나? 선배에게 전화를 건 이는 분명 '사람'이었지만, 그가 밤에 수백만 사용자들의 모든 카드 사용을 관찰하고 있었을 리는 만무했다. 비정상이라고 감지를 한 주체는 사람이 아니라 알고리즘이었다. 원래 사람이 할 일을 대신했기에 이를 인공지능AI이라고 불러도 무방할 것이다. 인공지능 알고리즘이 작동할 수 있었던 토대는 카드 사용에 관한 많은 데이터가 축적되었기 때문이다. 카드 데이터는 전형적인 빅데이터이다. 추론해보면 정상적인 카드 사용에서 벗어나는 행위—우리의 경우는 평소 사용하는 곳이 아닌 지역의 편의점에서, 밤늦게, 여러 차례에 걸쳐 조금씩—가 감지되면 자동으로 경보가 울리게 프로그램되어 있었던 것으로 추정된다. 전화를 받고 이야기를 나누는 동안 파놉티콘도 화제에 올랐다.《파놉티콘—정보사회 정보감옥》의 저자인 나도 섬뜩하다고 이야기했다. 카드 사용과 같은 사람들의 일거수일투족이 감시받고 있다고 느꼈기 때문이다. 그러나 동시에 안심이 되기도 했다. 내가 카드를 도난당해도 알고리즘이 이를 파악해 경보를 울려줄 것

같아서.

#2 2012년, 미국 미니애폴리스에서 평범하게 살아가던 중산층 가정의 가장은 집으로 배송된 우편물을 보고 화들짝 놀랐다. 타깃Target이라는 쇼핑센터에서 아직 10대 소녀인 딸 앞으로 보낸 광고 홍보지였는데, 온통 임신부들이 사용하는 물건에 대한 홍보만을 담고 있었기 때문이다. 아버지는 타깃 매장을 찾아가 매니저를 불러 항의했다. 내 딸은 남자를 만나고 다니거나 임신하는 그런 아이가 아니라고 호통을 치면서. 매니저는 왜 그런 전단지가 발송되었는지 모르겠다고 하면서 정중하게 사과했다.

그로부터 일주일이 지나 매니저가 다시 정식으로 사과하기 위해 그가 남겨둔 전화번호로 전화를 걸었다. 그런데 전화를 받은 가장은 축 처진 목소리로 딸이 임신한 사실을 어떻게 알았는지를 되묻는 것이었다. 자신도 몰랐던 사실을 어떻게 쇼핑센터에서 알 수 있었는지 궁금하다고 하면서. 얼떨떨한 매니저가 전화를 끊고 상황을 조사해보니 소녀가 임신부에게 필요한 물건을 쇼핑한 뒤 신용카드로 결제를 한 것이었다. 그 순간 인공지능 알고리즘에 의해 소녀는 임신부로 확정되었고, 카드와 연동된 주소로 고객 맞춤형 홍보지가 제작되어 발송되었던 것이다.

사실 임신부에 대한 정보는 타깃과 같은 회사가 가장 선호하는 정보이다. 임신하면 임부복, 임신부 영양제, 임신부용 화장품 등을 계속 구매해야 하며, 아이를 출산한 뒤에는 유아용품을 구입해야 한다. 임신부의 정보를 알게 되었다면 회사 입장에서는 오랜 기간 꾸준하게 물건을 구매하는 확실한 고객을 확보한 셈이다. 실제로 임신부 개인정보는 (2012년 당시) 1.5달러에 매매되었는데, 일반인의 개인정보는 0.1달러에 불과했다.

#3 미국항공우주국NASA의 화성탐사선에 대해 과학기술학 박사 논문을 쓰던 재닛 버테시Janet Vertesi는 2013년에 미니애폴리스 임신부 소녀에 관한 기사를 읽고 재미있는 실험을 생각해냈다. 마침 버테시 자신도 막 임신한 터였다. 그녀는 개인정보를 수집하는 회사를 대상으로 출산할 때까지 자신의 임신 사실을 숨길 수 있는지 실험해보기로 마음먹었다. 처음에는 자신의 임신 사실을 숨기는 게 어렵지 않아 보였다. 그런데 시간이 지나면서 이 실험이 생각보다 훨씬 더 어려운 것임을 알게 되었다.

먼저 메일 쓰는 것을 조심해야 했다. 구글 메일로 친구들에게 임신 사실을 알리면 구글의 인공지능이 이를 단번에 파악하고 자신에게 임신 관련 상품 광고를 보내고, 다른 회사에 이 정보를 넘길 것임이 분명했기 때문이다. 그녀는 전화와 편지만을 사용해 친지에게 연락해야 했고, 이들에게도 절대로 메일로 답장을 쓰지 말라고 당부해야 했다. 당연히 페이스북 같은 SNS에 임신 사실을 올리는 것도 금해야 했다. 쇼핑몰에서 신용카드도 쓰지 말아야 했기 때문에 항상 현금으로 결제해야 했다. 온라인 쇼핑 또한 절대로 해서는 안 되는 것이었다. 게다가 인터넷 검색도 위험했다. 인터넷에서 임신부용 용품을 검색하는 순간 쿠키가 작동되어 자신이 임신했다는 사실이 구글의 자회사인 '더블클릭' 같은 회사로 바로 알려질 것이었기 때문이다. 따라서 일반적인 웹브라우저를 이용한 검색을 해서는 안 되었다. 그녀는 완벽하게 프라이버시가 보장되는 토르Tor라는 웹브라우저를 이용해 자신에게 필요한 물품을 검색하곤 했다.

만약 수사기관에서 그녀를 관찰했다면 그녀를 잠재적 범죄자로 주목했을 것이다. 카드를 사용하지 않고, 메일과 SNS를 조심하고, 토르 브라우저를 사용하는 그녀는 마약이나 총기를 거래하는 전형적인 범죄자들의 모습과 비슷했기 때문이다. 자신을 숨기기 위해서는 음흉한 범죄자와 비슷한 존재가 되어야 했던 것이다. 버테시는 9개월의 실험이 끝나고 이 과정에 대한 보고서를 작성해 언론사로 보냈는데, 〈타임〉 및 여러 언론이 이를 크게 보도했다. 비밀을 숨기는 일이 얼마나 어려운 세상에 살고 있는지 적나라하게 드러났다.

#4 스테파니는 텍사스의 오스틴은행에 입사했다. 자신이 원하던 직장이었기에 더 열심히 일했다. 그녀는 과체중이었지만 자신의 몸에 자부심이 있었고, 당시 SNS에서 유행하던 '내 몸

을 긍정하기' 캠페인에 동참하는 취지로 약혼자와 함께 상의를 탈의한 채 서로 껴안고 있는 사진을 찍어 이를 페이스북에 올렸다. 그녀의 사진은 3만 회 이상 공유될 정도로 인기를 끌었다.[1] 그런데 며칠이 지나 상사가 그녀를 불러 회사에서 그녀가 SNS에 올린 사진이 고객에게 부정적인 인상을 주지는 않을까 걱정하고 있다는 이야기를 전했다. 그리고 며칠 뒤 해고 통보를 받았다. 소명의 기회는 주어지지 않았다. 스테파니의 행복은 순식간에 절망으로 바뀌었다.

SNS는 직원을 고용할 때나 직원을 해고할 때 참고자료로 사용된다. SNS에 올린 포스팅 때문에 해고당한 312건의 미국 사례를 분석한 2022년 연구는 해고의 사유로 인종차별주의(28퍼센트), 직장 내 갈등 폭로(17퍼센트), 동성애 및 여성 혐오(7퍼센트), 모욕적인 내용(16퍼센트), 폭력 행위(8퍼센트), 정치적 내용(5퍼센트) 등을 담은 포스팅이 문제가 되었음을 보여준다.[2] 고용 대상자의 SNS를 확인하고 고용을 포기한 사례는 더욱더 많다. 보모를 고용하려다 그녀가 레딧Reddit의 '넘어지는 아이' 포스트를 구독하는 사실을 알고 고용을 포기한 사례를 비롯해 고용 예정인 프로그래머가 올린 "명실공히 프로그래머는 대학 학위를 가지고 있어야!"라는 포스팅이 학력보다 능력을 중시하는 회사의 방침에 어긋난다고 고용을 취소한 경우까지, 이런 사례는 차고 넘친다. 이런 상황이 걱정되어 SNS를 하지 않는 것도 문제이다. 회사는 SNS가 없는 젊은이를 더 의심스럽게 볼 수 있기 때문이다. 젊은이들은 프라이버시 세팅을 정교하게 조작한다든가, 문제가 될 만한 포스팅은 올리지 않는 식으로 자신을 검열한다든가, 부계정(소위 '부캐')을 만들어 자신을 숨기는 식으로 이런 감시를 피하려고 한다.[3]

#5 2018년, 프랑스에서 열리는 학회에 참석하기 위해 연구팀 멤버들이 비행기표를 예매하고 있었다. 마침 저렴한 외국 항공사의 비행기표가 있어서 이것으로 예약하려다가 다른 항공사도 좀 더 알아보려고 다시 인터넷을 검색했다. 아무래도 처음에 알아본 표가 좋을 것 같아서 예매하려고 다시 돌아와보니 그 사이 비행기표 가격이 20만 원 정도 올라 있었다. 이럴 거면 다른 항공사가 낫겠다 싶어 다시 여기저기 검색하다 20만 원을 더 주고라도 원래 표를 구매하기 위해 다시 돌아왔다. 그러자 이번에는 처음보다 50만 원이 더 오른 금액이었다. 불과 1시간도 안 되는 사이에 이렇게 가격이 뛰다니! 처음에 그냥 구매할걸, 후회가 막심했다.

옆에 있던 연구원이 자기 아이패드로 다시 검색해보자고 했다. 자꾸 예매 사이트를 들락거리면 표가 꼭 필요한 사람이라는 것을 알고[4] 가격을 올린다고 하면서. 설마 하는 마음으로 동료의 태블릿으로 다시 검색을 해보았다. 그러자 처음의 가격이 나오는 것이었다. 내 태블릿으로는 계속 50만 원이 더 높은 가격이 제시되고 있었다. 개개인을 타깃으로 삼아 다르게 상품 가격을 매기는 '마이크로-타기팅micro-targeting' 혹은 '마이크로-프라이싱micro-pricing'을 처음 경험해본 순간이었다.

#6　페이스북의 창업자 마크 저커버그Mark Zuckerberg는 2010년에 "프라이버시는 죽었다"고 선언했다. 국가나 기업의 감시가 더 만연하고 은밀해져서가 아니라 SNS 사용자들이 자발적으로 자신의 일상을 올리기 때문이라는 것이었다. 그가 최고경영자로 있는 메타(페이스북)의 사용자는 전 세계 30억 명이 넘으며, 구글의 유튜브 사용자는 25억 명이 넘는다. 전 세계 인구 중 50억 명이 하나 이상의 SNS에 연결되어 있는 것이다. 이들은 매일 글이나 사진, 동영상을 올리며, 다른 이들이 올린 글과 사진, 동영상을 보면서 즐거워한다. 전 세계인은 매일 2시간 30분 정도를 SNS에 소비한다. 이 과정에서 매일 새롭게 늘어나는 데이터가 0.4제타바이트ZB이다. 감이 잘 오지 않겠지만 우리에게 친숙한 단위로 환산하면 4억 테라바이트TB이다(1테라바이트의 외장 하드가 매일 4억 개씩 채워진다고 상상해보라). SNS는 그 자체가 거대한 네트net여서 다른 사람들을 찾아보거나 사람들의 일상을 들여다보기도 쉽다. 우리는 친구가 늘고, 공유가 많아지고, 좋아요를 받고, 자기 마음에 맞는 댓글이 달리면 행복해한다. 더 많

은 좋아요를 받으려면 나를 더 많이 노출해야 한다.

우리는 서로를 들여다본다. 모두가 파놉티콘의 교도관이 된 것 같지만 한 가지 차이가 있다. 파놉티콘의 교도관은 스스로를 드러내지 않지만, 우리는 스스로를 드러내면서 다른 사람들을 들여다본다. 저커버그의 말대로 프라이버시는 죽었는가?

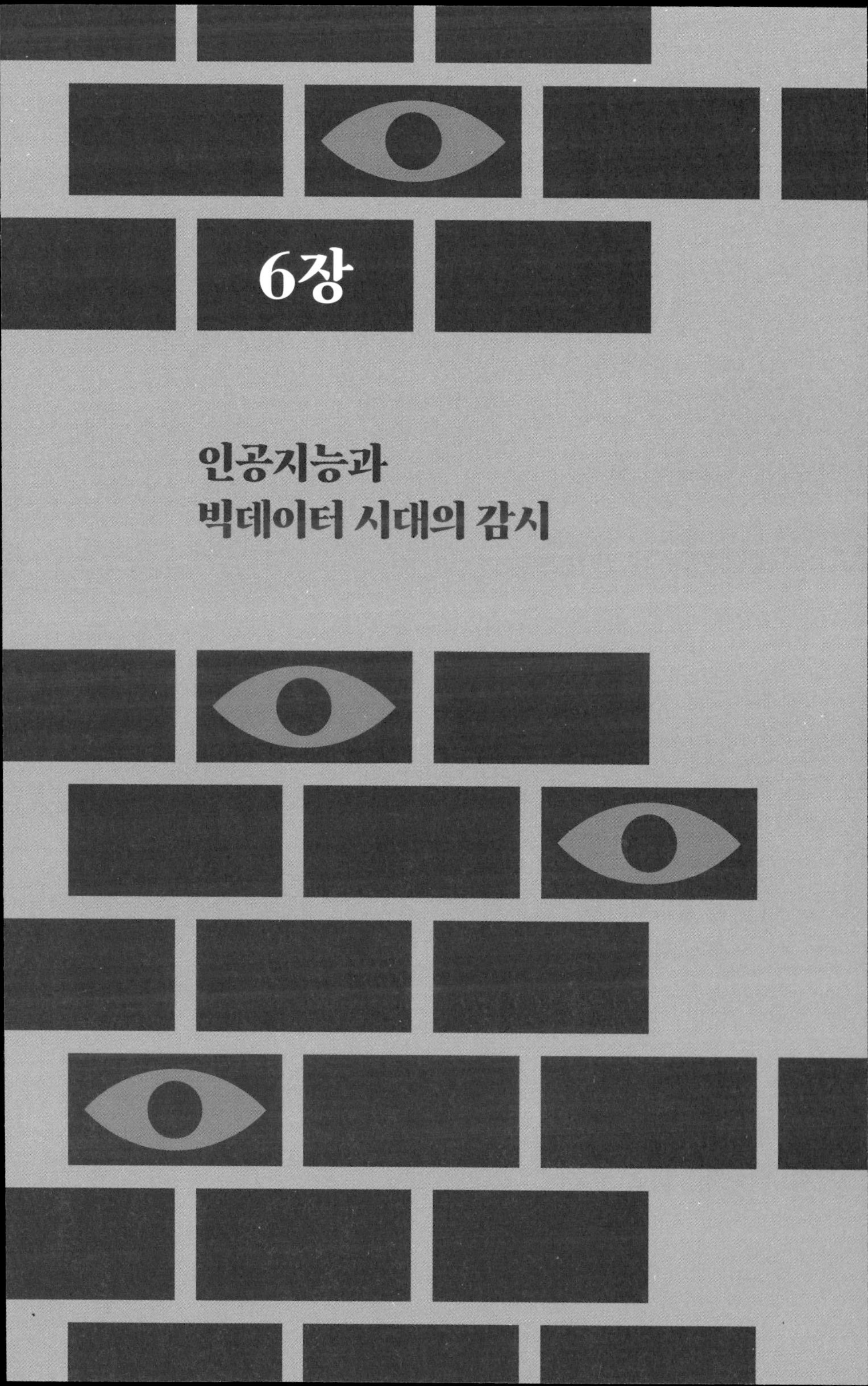

6장

인공지능과
빅데이터 시대의 감시

인간 문명이 만들어지고 2003년까지 5엑사바이트EB(5·10¹⁸바이트) 분량의 정보가 만들어졌다. 그렇지만 지금 이만큼의 정보는 이틀 만에 만들어진다.

—구글의 에릭 슈미트(2010)

빅데이터와 인공지능의 부상

'빅데이터Big Data'라는 단어를 처음 사용한 사람이 누구인지는 알려지지 않았다. 그렇지만 이 개념이 1990년대 초반부터 사용되었고, 당시 실리콘그래픽스Silicon Graphics사에서 근무하던 존 매시John Mashey가 이 용어를 대중적인 것으로 만드는 데 크게 기여했음은 확실하다. 당시 인터넷이 대중에게 공개되면서 사람들이 인터넷을 검색하거나 사용하는 과정에서 만들어지는 데이터, 새로운 웹사이트가 제작되면서 생기는 데이터, 이메일을 주고받으면서 만들어지는 데이터가 늘어나기 시작했다. 2000년대 초반부터는 소셜미디어(SNS)가 등장했다. 페이스북과 비슷한 마이스페이스My Space가 2003년, 페이스북이 2004년, 유튜브가 2005년, 트위터가 2006년에 만들어졌다. 이후에도 새로운 SNS가 계속 생겨났는데, 젊은 세대가 즐겨 사용하는 인스타그램이 2010년, 틱톡이 2016년에 등장했다. 새로운 SNS는 최근에도 계속 생겨나고 있는데, 오디오로 소통하는 클럽하우스가 2020년에, 페이스북에서 만든 스레드가 2023년에 출시되어 새로운 사용자들을 늘려나가고 있는 중이다. SNS는 매일매일 엄청난 양의 새로운 데이터를 생산한다.[1]

여기에 TV나 냉장고 같은 전자기기, 자동차, CCTV 등이 인터넷을 통해 연결되면서 또 다른 데이터를 매일 만들어내고 있다. 2000년대 후반부터는 스마트폰이 만들어내는 데이터도 기하급수적으로 증가했다. 특히 한 사람이 수십 가지의 앱을 사용하면서 개개인의 위치 정보 데이터, 생활습관 데이터, 금융 데이터, 건강 데이터와 같은 개인정보가 생성·수집되고 있다. 2020년 기준으로 전 세계 데이터의 양은 59제타바이트였다. 1제타바이트가 1조 기가바이트GB라는 것을 생각하면 이 데이터의 양이 얼마나 큰지 가늠할 수 있다. 그런데 더 놀라운 사실은 이렇게 어마어마한 데이터가 계속 증가하고 있다는 것이다. 2025년의 전 세계 데이터는 약 175제타바이트 이상이었다.

빅데이터의 엄청난 규모를 보여주는 정보는 넘쳐난다. 몇 가지 예를 들어보자. 페이스북의 전체 사용자는 매일 약 30억 개의 콘텐츠(사진, 동영상, 메시지 등)를 게시한다. 유튜브에는 1분 동안 약 500시간 이상의 동영상이 업로드되며, 하루에 72만 시간 이상의 동영상 콘텐츠가 생성된다. 트위터(X)에는 매일 약 5억 개의 게시물이 생성된다. 구글의 데이터센터는 전 세계에서 가장 큰 데이터센터 중 하나인데, 이곳에서만 매달 약 1엑사바이트의 데이터가 저장되고 처리된다. 사물인터넷에 연결된 기기는 전 세계적으로 125억 개에 이르며, 2025년에는 여기서 생성되는 데이터가 약 80제타바이트에 달했다. 과학 연구 과정에서도 엄청난 데이터가 생성되는데, 유럽입자물리연구소CERN의 대형 강입자 충돌기는 매초 약 40테라바이트의 데이터를 생성한다. 주식거래 시장에서는 실시간으로 수백만 건의 거래가 발생하며, 이를 통해 쏟아지는 금융 데이터의 양도 엄청나다. 뉴욕증권거래소에서만 하루에 1테라바이트 이상의 거래 데이터가 생성된다. 이런 데이터를 처리하기 위해 인공지능이 사용되는데, 인공지능 자체가 사용하는 데이터도 엄청나다. 대표적인 인공지능 모델인 GPT-3의 학습에 약 3000억 개의 단어 데이터가 사용되었다.

빅데이터를 처리하기 위한 기법도 계속 발전했다. 대용량 데이터 세트를 더 작은 집단으로 나누고 여러 노드에서 병렬로 처리해 정렬이나 분류 작업을 대규모로 수행하는 분산 컴퓨팅distributed computing(예를 들어 MapReduce, Apache Spark), 데이터의 차원을 줄이면서 분류와 시각화를 더 빠르게 수행하는 차원축소dimensionality reduction(예를 들어 PCA, t-SNE), 주로 시각 데이터 분류작업을 위한 합성곱 신경망과 시계열 데이터나 텍스트의 분류작업을 위한 순환 신경망 같은 딥러닝deep learning 모델, 데이터의 효율적인 인코딩을 학습해 노이즈를 줄이고 주요 특징을 추출하는 데 사용되는 오토인코더autoencoder, 유사성에 따라 데이터를 그룹으로 정렬하고 분류하는 군집화 알고리즘clustering algorithm(예를 들어 K-평균, DBSCAN, 계층적 군집화), 문맥과 의미를 이해해서 감정 분석이나 주제 모델링과 같은 텍스트 분류작업에 사용되는 자연어 처리natural language processing 기술(예를 들어 BERT, GPT), 추천 시스템처럼 데이터나 시스템이 시간에 따라 진화하는 동적 환경에서 유용한 강화학습reinforcement learning, 휴대전화처럼 여러 장치에 분산된 데이터에서 인공지능 모델의 훈련을 위한 연합학습federated learning 같은 기법 등이 있다. 인공지능을 이용한 이러한 첨단 기법은 관계형 데이터베이스 관리시스템RDBMS을 통해 데이터를 관리하던 20세기 데이터 분석과 비교해보면 엄청난 차이가 있다고 할 수 있다.

기업의 경우 빅데이터와 인공지능을 얼마나 잘 활용하는가에 따라서 흥망성쇠가 결정된다. 아마존사는 고객의 검색 및 구매 이력에 대한 빅데이터와 인공지능 기반 추천 시스템을 효율적으로 결합해 높은 정확도로 소비자의 필요를 예측하는 것으로 유명하다. 게다가 아마존은 고객 주문 데이터를 활용해 주문을 예측함으로써 미국과 같이 국토가 넓은 나라에서 배송시간을 획기적으로 단축했다. 고객이 실제로 주문을 하지 않았어도 데이터 분석에 기반해 A라는 물건을 X에 있는 물류창고로 미리 배송하고, 이틀 뒤에 들어오는 고객의 주문에 맞추는 식이다. 공상과학소설에서나 볼 수 있었던 이런 예측은 인공지능과 빅데이터가 결합하면서 가능해졌다.

3600개 이상의 영화와 1800개 이상의 TV 시리즈를 보유하고 있는 넷플릭스는 고객의 시청 이력을 분석해 인공지능 추천 시스템을 작동시킨다. 시청자들은 내가 좋아하는 영화를 애써 찾을 필요 없이 넷플릭스의 추천에 따라 영화를 선택한다. 구글은 검색 이력과 데이터를 활용해 광고를 타기팅하는데, 예를 들어 구글에서 휴양지를 검색하면 내가 보는 인터넷 신문에 그 휴양지에 대한 맞춤형 광고가 모국어로 노출되어 리조트 예약 가능성을 높인다. 이러한 데이터 사용은 개인정보를 맞춤형 추천과 광고를 위해 활용하는 예이다.

빅데이터는 공공적인 목적으로도 유용하게 사용될 수 있다. 뉴욕시의 '311시스템'은 시민이 공공서비스에 대한 요청이나 불만을 제기하는 서비스이다. 시는 이를 통해 공공서비스에 대한 데이터를 수집해 가장 빈번하게 발생하는 문제를 파악하고, 자원을 효율적으로 배분하며, 특정 지역에서의 서비스 요구를 예측할 수 있다. 영국 공중보건국은 의료 기록, 응급실 방문 데이터, SNS 게시물, 기상 데이터 등의 빅데이터를 분석해 감염병의 확산 경로를 추적한다. 이를 통해 공중보건국은 감염병의 확산을 조기에 감지하고, 대중에게 예방접종이나 감염병 대비 정보를 제공하고 있다. 캘리포니아주 당국은 기상 데이터, 과거 산불 발생 데이터 등을 분석해 특정 지역의 산불 위험도를 평가해서 고위험 지역에 사전 경고를 발송하고 예방적 조치를 취한다. 도시의 교통 혼잡을 해결하기 위해 도시에 설치된 센서, CCTV, GPS 데이터를 수집해 교통 흐름, 대중교통의 혼잡도, 사고 발생 등을 실시간으로 분석함으로써 교통신호를 조정하고 대중교통 시간표를 최적화하는 도시도 늘어나고 있다.[2]

기업과 공공서비스가 빅데이터를 이용하기 위해서는 개개인의 인터넷 서핑, 검색, 이메일, SNS의 사용, 앱 사용에서 정보를 수집해 이를 분석해야 한다. 이 과정에서 개인의 생각, 취향, 행동, 건강, 인간관계에 대한 정보가 은밀하게 수집되어 분석 대상이 된다. 이렇게 수집된 데이터는 원래의 목적이 아닌 엉뚱한 목적으로 오용될 수 있고, 우리를 감시하는 수단으로 사용될 수도 있다. 다음 두 절에서는 이런 사례를 좀 더 깊이 살펴보고자 한다.

빅데이터의 오용

정치 캠페인에서 빅데이터를 교묘히 사용해 광고하면 여론과 선거 결과에 영향을 미칠 수 있는데, 이는 2018년 수백만 명의 페이스북 사용자의 개인정보가 사용자 동의 없이 대규모로 오용된 '케임브리지애널리티카Cambridge Analytica' 스캔들에서 볼 수 있다. 케임브리지애널리티카는 데이터 마이닝, 데이터 중개, 데이터 분석을 결합해 유권자 행동을 예측하는 정치 컨설팅회사로 2013년 영국의 SCL그룹의 자회사로 설립되었다. 이 회사는 2016년 미국 대통령 선거에서 도널드 트럼프 후보 캠페인을 위한 데이터 분석을 담당했다.

데이터 수집은 2014년에 시작되었다. 케임브리지애널리티카의 계열사인 글로벌사이언스리서치Global Science Research는 "이것이 당신의 디지털 라이프이다This Is Your Digital Life"라는 페이스북 앱을 개발했다. 케임브리지대학교 교수인 알렉산드르 코간Aleksandr Kogan에 의해 개발된 이 앱은 학술 연구 목적의 성

격 테스트라고 홍보되었다. 이 앱을 설치한 사용자는 회사가 자신의 페이스북 프로필에 접근할 수 있게 허용해야 했는데, 여기에는 사용자 자신의 데이터뿐만 아니라 친구들의 프로필 데이터도 포함되었다. 이런 특성 때문에 회사는 앱을 설치한 사람 외의 사용자 데이터까지 수집할 수 있었다. 이 앱을 설치한 사람은 실제로 몇십만 명에 불과했지만 회사는 약 8700만 개의 페이스북 프로필 데이터를 수집했다.

수집된 데이터에는 사용자의 신원, 친구 네트워크, '좋아요'가 포함되었다. 이 정보는 사용자 동의 없이 제삼자에게 데이터를 전달하는 행위를 금지한 페이스북의 규정을 어기고 케임브리지애널리티카에 넘겨졌다. 케임브리지애널리티카는 이 방대한 데이터를 사용해 상세한 유권자 프로필을 작성했고, 이 프로필에 기반해 매우 정밀한 정치 광고를 제작할 수 있었다. 조금 더 자세히 살펴보면 케임브리지애널리티카는 '빅 파이브' 성격 특성(개방성, 성실성, 외향성, 친화성, 신경질적 성향)에 기반한 정교한 모델을 개발한 뒤 이 모델을 사용해 유권자의 선택을 예측하고, 이를 토대로 개인의 심리적 특성에 맞춘 맞춤형 콘텐츠를 전달했다. 이러한 마이크로타기팅은 특정 그룹에만 보이는 '다크 포스트'라는 맞춤형 광고를 통해 이루어졌으며, 이를 통해 회사는 공공의 감시 없이 회사가 전달하고자 했던 정치적 메시지를 전달하고 유권자를 설득할 수 있었다.[3]

케임브리지애널리티카는 2016년 미국 대통령 선거에서 도널드 트럼프 후보의 캠프와 긴밀히 협력해 다양한 플랫폼에서 맞춤형 메시지를 제작 및 배포했으며, 이런 전략은 주요 경합 주에서 유효하게 작용함으로써 트럼프의 승리에 어느 정도 기여한 것으로 평가된다. 이 사건을 연구한 연구자는 2010년에 페이스북이 하루 동안의 캠페인으로 34만 명의 유권자로 하여금 미국 총선에 참여하도록 마음을 바꾸게 했다는 연구 결과를 제시하면서, 케임브리지애널리티카의 정교한 마이크로타기팅이 적어도 이보다 훨씬 더 큰 효과를 가져왔다고 추정한다.[4] 케임브리지애널리티카의 정치 타기팅은 2018년 3월 전前 직원이었던 크리스토퍼 와일리Christopher Wylie가 영국의 〈가디언〉과 미국의 〈뉴욕타임스〉에 회사가 이용한 계정과 함께 회사의 데이터 오용을 폭로함으로써 세상에 밝혀졌다. 이 폭로는 전 세계적으로 개인정보 침해와 비윤리적인 데이터 사용에 대한 시민사회의 엄청난 분노를 불러일으켰다.

비판의 포화 속에 케임브리지애널리티카는 2018년 5월 파산을 선언하고 운영을 중단했다. 페이스북 또한 비판을 피할 수 없었다. 플랫폼의 느슨한 데이터 프라이버시정책이 이 대규모 개인정보 침해를 허용했기 때문이다. 페이스북의 CEO 마크 저커버그는 미국 의회에 출석해 회사의 실수를 사과하고 사용자의 데이터 보호를 위한 개혁을 약속했다. 이외에도 페이스북은 전 세계 다양한 규제 기관으로부터 벌금과 법적 조치를 받았는데, 영국 정보위원회로부터 50만 파운드의 벌금을, 미국 연방거래위원회로부터 50억 달러의 벌금을 부과받았다. 유럽연합에서는 2018년 5월 강력한 일반 개인정보보호법General Data Protection Regulation(GDPR)이 시행되어 개인의 데이터 보호와 프라이버시를 강화했다.

이 스캔들은 우리가 일상적으로 사용하는 SNS에서 사용자의 성격이 정치적 목적으로 수집, 이용될 수 있다는 점을 세상에 드러내면서 개인정보의 오용 가능성에 대한 대중의 인식을 높였다. 이 사건의 가장 심각한 점은 SNS 데이터의 오용이 민주주의의 근간을 흔들 수도 있다는 것이었다. 이 스캔들은 기업과 정치단체의 개인정보 사용에 대한 보다 높은 투명성, 책임, 규제의 필요성을 부각시켰고, 데이터 수집의 윤리, SNS 회사의 권력, 강력한 프라이버시 보호의 필요성에 대한 광범위한 논쟁을 촉발했다. 일부 사용자는 '페이스북 삭제Delete Facebook' 운동을 벌이면서 항의의 표시로 계정을 삭제하기도 했다. 이 스캔들은 지금까지도 개인정보를 수집할 수 있는 SNS 같은 기술의 윤리적 사용에 대한 경각심 어린 논의와 분석을 낳고 있다.

이번 절에서는 빅데이터와 인공지능을 이용한 감시의 구체적인 사례들을 살펴보고자 한다. 여기서 다룰 사례 중에는 빅데이터와 인공지능이 발전하면서 새롭게 가능해진 것도 있고, 과거부터 존재했던 것도 있다. 그러나 후자의 경우도 과거의 감시가 빅데이터-인공지능과 결합해 훨씬 더 보편화되고 은밀해졌다. 여기서 개괄하는 일곱 가지 사례는 다음과 같다.

- 공공장소에서의 얼굴인식
- 예측 치안활동을 위한 SNS 모니터링
- 직원 모니터링
- 자동 번호판 인식시스템
- 프리즘PRISM
- 중국의 사회신용시스템
- 코로나19 팬데믹 동안 한국 및 기타 국가에서의 감시 기술

공공장소에서의 얼굴인식

CCTV는 오래된 기술이다. 누가 발명했는가에 대해서는 여러 설이 있지만 1927년 러시아의 발명가 레온 테레민Leon Theremin이 초기 형태를 개발했다고 지목될 정도로 그 역사가 길다. 이

기술은 제2차 세계대전 동안 로켓을 모니터링하기 위해 사용되었고, 전쟁이 끝난 뒤 민간용으로 사용되기 시작했으며, 1960년대에는 가정용 방범시스템으로도 도입되었다. 점차 그 수와 용도를 늘려나가던 CCTV는 21세기에 들어서 인공지능으로 구동되는 얼굴인식시스템과 결합했다. 런던과 베이징 같은 도시에서는 시민들을 실시간으로 모니터링하기 위해 얼굴인식 소프트웨어가 장착된 광범위한 카메라 네트워크가 구축되었다. 이 기술은 군중 속에서 개인을 식별하고, 그들의 움직임을 추적하며, 감시 목록에 있는 사람들을 확인할 수 있을 정도로 정확해서 프라이버시 문제와 오용 가능성에 대한 우려가 제기된다.

공공장소에서의 실시간 얼굴인식 기술Live Face Recognition은 카메라와 인공지능 소프트웨어를 사용해 개인의 얼굴 특징을 기반으로 얼굴을 식별하고 검증하는 기술이다. 시스템은 눈 사이의 거리, 코의 모양, 턱선 등 고유한 얼굴 특성을 감지하고 추출할 수 있는 복잡한 알고리즘에 의존해 개개인의 디지털 '얼굴 프린트'를 만든다. 이렇게 사람들의 얼굴 이미지나 비디오 영상을 캡처해서 분석한 뒤, 이와 등록된 얼굴 데이터베이스와의 일치 여부를 조사한다. 일치하는 경우 시스템은 개인을 식별할 수 있으며, 첨단시스템은 이 과정을 실시간으로 수행하므로 혼잡한 공공장소에서도 즉각적인 인식이 가능하다.

얼굴인식 기술은 여러 가지 목적으로 다양한 공공장소에서 사용된다. 경찰같이 법을 집행하는 기관은 감시 및 범죄 예방을 위해 이를 배치해 용의자를 식별하고 공공 행사를 모니터링한다. 공항과 국경 관리소에서는 보안을 강화하면서도 여행객의 신원 확인 과정을 간소화하는 데 이를 사용한다. 매장에서는 고객의 행동을 추적하고 도난을 방지하기 위해 얼굴인식을 활용할 수 있다. 또한 스마트 시티에서는 제한구역에 대한 접근을 제어해 공공안전을 보장하는 역할을 할 수 있다. 이러한 응용은 공공장소에서 보안과 효율성을 향상시킬 수 있는 기술의 잠재력을 보여준다.

공공장소에서의 얼굴인식 기술의 구체적인 예를 들면 다음과 같다. 런던은 공공장소에서 얼굴인식 기술을 작동시키는 데 앞장서고 있는데, 런던 광역경찰청은 중범죄로 수배된 사람들을 식별하기 위해 도시 곳곳에 실시간 얼굴인식 기술 카메라를 배치했다. 이 카메라는 실시간으로 얼굴을 스캔한 뒤 용의자 데이터베이스와의 일치 여부를 검증한다. 런던 광역경찰청은 이 기술이 용의자를 성공적으로 식별하고 체포해 공공안전에 기여했다고 주장하지만, 비판자들은 이 기술이 무고한 시민들을 불필요하게 감시하며 프라이버시와 시민의 자유를 침해한다고 본다.

중국은 세계에서 가장 광범위하고 정교한 얼굴인식 감시 네트워크를 보유하고 있다. 베이징과 상하이 같은 도시에서는 인공지능 기반 얼굴인식 기술이 장착된 수백만 대의 감시카메라가 공공장소를 모니터링하는 데 사용된다. 이 기술은 개인의 행동을 추적하고 점수를 매기는 국가의 사회신용시스템과 통합되어 있다. 이 시스템은 공공안전을 강화하고 사회질서를 관리하는 것이 목표이지만, 런던의 경우와 마찬가지로 프라이버시와 인권침해의 가능성 때문에 비판의 대상이 된다. 중국 정부는 이것이 범죄를 줄이고 공공안전을 유지하는 데 도움이 된다고 주장하지만 비판자들은 개인의 자유와 정부의 과도한 통제에 대한 우려를 표명한다.

얼굴인식 기술은 전 세계 공항에서 보안을 강화하고 입국 절차를 간소화하려는 목적으로도 점점 더 광범위하게 사용되고 있다. 일례로 미국 교통안전청과 세관국경보호국에서 여행객의 신원을 확인하려는 목적으로 얼굴인식을 사용하고 있다. 하츠필드-잭슨 애틀랜타 국제공항과 로스앤젤레스 국제공항에서는 체크인, 보안 검사, 탑승 게이트 통과 시 얼굴인식 기술을 사용한다. 우리나라의 공항에서도 얼굴인식 기술이 광범위하게 사용되고 있다. 이 기술은 탑승 절차를 신속하게 하고 대기시간을 줄이며, 승객의 신원을 여행 서류와 정확하게 대조해 보안을 강화하는 데 도움이 되지만 역시 프라이버시 침해 가능성이 있다.

마이애미 경찰국은 2020년 마이애미에서 슈퍼볼 챔피언 결정전이 열리는 동안 보안 조치를 강화하기 위해 하드록 스타디움과 주변 지역에서 실시간으로 얼굴을 스캔하는 얼굴인식 기술을 사용했다. 기등록 범죄자나 미결 수배자 등 감시 목록에 있는 사람들을 식별해 결정전이 열리는 동안 잠재적인 보안 위협을 방지하려는 목적이었다. 비록 구체적인 데이터는 공개되지 않았지만 경찰국은 엄청난 군중이 모이는 이 같은 이벤트에서 얼굴인식 기술이 수많은 사람을 관리하고 안전을 강화하는 능력을 발휘했다고 평가했다. 그러나 시민단체는 얼굴인식 기술이 유색인종에 대해 높은 오류율을 보이기 때문에 인종차별적인 결과를 낳을 수 있다고 이에 반대했다. 대규모 감시와 프라이버시에 대한 우려도 제기되었다.[5]

소매업체 역시 보안을 강화하고 고객 서비스를 개선하기 위해 얼굴인식 기술을 도입하고 있다. 예를 들어 월마트 같은 대형 매장은 절도범을 식별하고 도난을 방지하기 위해 인공지능 기반 얼굴인식시스템을 도입했다. 이 시스템은 재범자를 인식하고 실시간으로 보안 직원에게 경고할 수 있게 만들어졌다.[6] 또한 일부 소매업체에서는 이 기술을 사용해 고객 행동을 분석하고, 고객의 이동 경로를 추적하며, 쇼핑 경험을 개인화해서 매출 증가를 꾀하기도 한다. 이러한 응용 프로그램은 운영의 효율성과 고객 만족도를 높일 수 있지만, 고객이 감시되고 있다는 점을 충분히 인식하고 이에 동의했는지에 대한 문제가 남는다.

얼굴인식 기술은 보안 향상, 편리성, 효율성 등의 이점이 있지만 상당한 프라이버시 침해와 윤리적 문제를 동반한다. 공공장소의 지속적인 감시는 익명성 상실과 프라이버시 침해로 이어질 수 있으며, 개인의 동의 없이 얼굴이 추적될 수 있다. 기술의 정확성에 대한 우려도 제기되는데, 특히 미국과 같은 사회에서 이 기술은 흑인이나 히스패닉 같은 유색인종에 대해 정확성이 현저히 떨어지는 문제를 내포하고 있다. 한 연구에 의하면 백인 남성의 얼굴인식률과 흑인 여성의 얼굴인식률의 정확도는 소프트웨어에 따라 20.8퍼센트에서 34.4퍼센트의 차이를 보인다. 백인 남성의 경우 거의 100퍼센트에 가까운 정확도를 보이지만 흑인 여성의 얼굴인식률은 70퍼센트대에 불과하다.[7] 여기에 생체 데이터의 저장 및 사용은 데이터 보안 및 오용과 관련된 추가적인 위험을 만들어낸다. 이러한 문제점들은 얼굴인식 기술이 책임감 있고 윤리적으로 사용되도록 하기 위한 엄격한 규제와 감독의 필요성을 드러내면서, 보안 강화를 위해 개인 프라이버시가 침해되어서는 안 된다는 원칙의 중요성을 보여주고 있다.

예측 치안활동을 위한 SNS 모니터링

지오피디아Geofeedia와 팔란티어Palantir 같은 회사들은 경찰이 SNS의 게시물, 해시태그 및 위치를 모니터링해 범죄활동을 예측하고 대응할 수 있도록 하는 인공지능시스템을 개발했다.[8] 여기서 인공지능 알고리즘은 SNS의 게시물, 댓글, 이미지, 비디오 및 메타데이터를 분석해 범죄 모의나 진행 중인 범법활동을 암시하는 패턴과 신호를 감지해서 잠재적인 위협과 범죄를 사전에 식별하는 데 사용된다. 이런 기술은 여러 단계로 구성되는데, 먼저 데이터 수집 도구가 여러 SNS 플랫폼에서 공개된 정보를 수집한다. 그런 다음 인공지능 알고리즘은 이 데이터로부터 범죄활동과 관련된 키워드, 해시태그, 행동 패턴을 식별한다. 이 과정에서 자연어 처리 인공지능은 게시물의 문맥과 감정을 해석해서 더 정밀한 판단을 하는 데 도움을 준다.

2010년대 이후 미국 경찰은 이 같은 인공지능의 도움을 받아 SNS 플랫폼에서 방대한 양의 빅데이터를 선별해 패턴을 식별하고 잠재적인 범죄를 예측하는 작업을 진행하고 있다. 시카고 경찰국CPD은 이런 빅데이터와 인공지능을 사용해 갱단 총격 사건이 벌어진 후 SNS에 올라온 보복 위협을 모니터링해 보복이 일어나기 전에 개입함으로써 추가 폭력을 방지할 수 있었다. 이러한 접근방식은 시카고의 가장 폭력적인 지역에서 범죄율을 감소시키는 데 기여한 것으로 평가받고 있다. 게다가 시카고 경찰국은 지오피디아가 제공한 지리적 위치 데이터 추적 기술을 사용해 우범지대를 식별하고 위치 기반 SNS 활동을 실시간 모니터링한다. 시위나 스포츠 경기와 같은 대규모 집회가 있을 때 SNS를 모니터링해 소요나 폭력의 신호를 감지하는 것이 이런 사례이다.

마이크로소프트사가 개발한 뉴욕 경찰국의 도메인 인식시스템Domain Awareness System은 포괄적인 감시 및 분석 플랫폼의 기능을 위해 경찰이 디지털 환경, 상해, 사고, SNS 데이터에 접근할 수 있게 한 것이다. 도메인 인식시스템은 카메라, 차량 번호판 인식기 및 기타 센서의 데이터와 SNS 피드를 통합해 상황 인식 능력과 예측 역량을 높인다. 예를 들어 타임스퀘어에서 열리는 새해 전야와 같은 대규모 공공 행사에서 뉴욕 경찰국은 도메인 인식시스템을 이용한 SNS 모니터링을 통해 잠재적인 위협을 감지하고 보안 조치를 조정한다. 뉴욕 경찰국은 이러한 통합 접근방식이 실시간 범죄 예방 및 대응 능력을 향상시켰다고 자체적으로 평가하고 있다.

로스앤젤레스 경찰국 역시 예측 치안활동 역량을 강화하기 위해 데이터 분석회사인 팔란티어와 협력했다. 팔란티어의 소프트웨어는 SNS를 포함한 다양한 출처의 데이터를 통합해 범죄 패턴을 식별하고 미래 사건을 예측하는데, 로스앤젤레스 경찰국은 이 정보를 사용해 잠재적 우범지대와 범죄활동에 연루된 개인을 모니터링하고 있다. 시애틀 경찰국도 예측 치안활동을 강화하기 위해 SNS 모니터링을 활용하는 실시간 범죄센터RTCC를 운영하고 있다. 시애틀 경찰국의 실시간 범죄센터는 데이터마이너Dataminr와 같은 도구를 사용해 범죄활동과 관련된 키워드, 해시태그 및 지오태그가 포함된 게시물을 검색해서 마약 거래, 갱단 폭력 및 공공 소란과 같은 범죄를 예상하고 예방

하는 데 이 정보를 사용한다.

수많은 사례를 통해 알 수 있듯이 경찰은 SNS 데이터를 다른 정보와 통합해 인공지능을 통해 처리함으로써 사회의 안전을 개선할 수 있다고 믿는다. 사람의 힘으로는 처리하기 힘든 대량의 데이터를 신속하고 정확하게 처리할 수 있는 인공지능은 SNS 모니터링을 통한 예측 치안활동의 강력한 도구이다. 예측 치안활동을 위한 SNS 모니터링의 주요 혜택은 범죄활동을 조기에 경고해 공공안전을 강화할 수 있다는 점이다. 또한 SNS 트렌드를 분석함으로써 전통적인 수사방법으로는 파악하기 어려웠던, 더 넓은 범죄 네트워크와 패턴에 대한 통찰력을 얻을 수 있다고 경찰은 자평한다.

이러한 잠재적 혜택에도 불구하고 예측 치안활동을 위한 SNS 모니터링은 상당한 프라이버시 침해 가능성 및 윤리적 문제를 제기한다. 개인의 SNS 활동을 모니터링하는 관행은 특히 공개 게시물 외에도 개인 메시지를 대상으로 하는 경우 프라이버시 침해로 간주될 수 있다. 또한 문맥이나 의도를 잘못 해석해 틀린 결과를 내놓거나 무고한 개인을 범죄 대상으로 간주할 위험도 있다. 시카고 경찰국의 SNS 분석을 연구한 결과를 보면, 잠재적 범죄자들이 자신의 힘을 과시하려고, 혹은 농담으로 올린 포스팅을 인공지능이 실제 위협으로 오인하는 경우가 자주 있음을 알 수 있다. 또 이러한 기술의 도입이 총격 사건을 경감시키지 못했다는 분석도 나와 있다.[9] 더구나 SNS 데이터의 사용은 특정 커뮤니티에 불균형적으로 영향을 미칠 수 있어 편향과 차별에 대한 우려가 제기된다. 따라서 SNS 모니터링 프로그램이 책임감 있고 윤리적으로 사용되도록 명확한 지침·감독·투명성이 필요할 것이며, 기술의 배치는 혜택과 개인 프라이버시권리보호 및 잠재적 남용 방지의 균형을 맞추기 위해 신중하게 관리되어야 한다.

직원 모니터링

직원 모니터링 소프트웨어는 고용주가 직원의 활동과 생산성을 추적하고 분석하는 데 사용하는 디지털 도구와 시스템을 말한다. 허브스태프Hubstaff, 액티브트랙ActivTrak, 테라마인드Teramind 같은 소프트웨어는 직원의 컴퓨터 사용, 인터넷 브라우징, 이메일 통신, 키 입력 등 다양한 활동을 모니터링한다.[10] 회사의 컴퓨터나 네트워크에 이런 소프트웨어가 설치되면 직원이 특정 프로그램이나 웹사이트에 얼마나 많은 시간을 소비하는지 등의 다양한 활동을 기록하고 로그로 남긴다. 화면 캡처 기능은 주기적으로 직원의 데스크톱 스크린숏을 찍어 시각적인 기록을 수집한다. 키 입력 로깅은 입력된 내용을 기록하고, 이메일 및 통신 모니터링은 이메일과 메시지의 내용을 분석해 이것들이 보안 목적에 위배되는지의 여부를 검사한다. 인공지능을 이용한 고급 시스템은 행동 패턴을 분석해 보안 침해나 정책 위반 가능성이 보이는 이상행동 현상을 감지한다.[11]

직원 모니터링 소프트웨어 허브스태프는 시간 추적, 활동 모니터링, 생산성 측정 도구를 활용해 원격 및 현장 팀의 활동을 파악한다. 이 프로그램은 무작위적 시간 간격으로 직원의 컴퓨터 화면을 캡처하거나 키 입력을 기록하며, 응용 프로그램 및 URL 사용을 추적한다. 또한 직원활동에 대한 상세한 보고서를 제공해 관리자가 프로젝트에 소요된 시간을 확인할 수 있도록 한다. 클라우드 기반 직원 모니터링 소프트웨어 액티브트랙도 응용 프로그램 사용, 웹사이트 방문, 유휴시간 등을 포함한 사용자의 활동을 추적한다. 실시간 모니터링 및 경고 기능을 통해 민감한 데이터에 대한 무단 접근이나 업무와 관련되지 않은 활동에의 과잉 시간 투여를 경고하기도 한다. 베리아토Veriato는 사용자 행동 분석 및 내부 위협 감지에 중점을 둔 강력한 직원 모니터링 소프트웨어이다. 이것은 인공지능과 기계학습(머신러닝)을 사용해 키 입력, 화면, 이메일 내용 및 SNS 상호작용 등의 상세한 활동 로그를 기록해 행동 패턴을 분석하고 데이터 유출이나 정책 위반과 같은 잠재적 보안 위험을 감지한다. 이 소프트웨어는 특히 데이터 보안이 중요한 금융, 의료, 법률 서비스 등의 분야에서 널리 사용된다.

회사는 이러한 소프트웨어의 주요 목표가 직원이 회사의 정책을 준수하면서 더 생산적이고 안전하게 업무할 수 있는 환경을 만드는 것이라고 강조한다. 이 같은 소프트웨어는 비효율적인 근무 습관을 식별하고 관리자가 피드백과 지원을 제공할 수 있도록 하여 생산성을 향상시키며, 회사의 정책 및 규제 요구사항을 준수하게 하여 데이터 유출 및 법적 문제의 위험을 줄인다는 것이다. 원격근무 환경에서는 감독 부족과 관련된 잠재적인 문제를 방지하는 등, 이러한 도구가 전반적으로 더 안전하고 효율적이며 투명한 작업환경을 조성하는 데 기여할 수 있다는 것이 회사의 입장이다.

그러나 실제로 이런 소프트웨어는 직원이 업무시간에 딴짓을 하지 않는지, 주요 정보를 유출하지 않는지를 감시하는 목적이 더 크다. 특히 코로나19 사태를 겪으면서 직원의 원격근무나 재택 및 사무실 근무를 결합한 하이브리드 근무가 보편화됨에 따라 직원 모니터링 소프트웨어의 사용이 증가했다. 이러한 시스템은 잠재적인 보안 침해를 감지하고, 회사의 정책 준수를 보장하며, 생산성을 최적화하기 위해 패턴을 분석할 수 있다. 그러나 이 역시 프라이버시 침해와 근로자 자율성에 대한 심각한 우려를 만들어내고 있다.

비판자들은 모니터링 소프트웨어가 프라이버시를 심각하게 침해하고 여기에 윤리적 문제가 있다고 지적한다. 지속적인 모니터링은 직원들에게 불신을 초래하고 프라이버시가 침해된다고 느끼게 하여 사기를 저하시킬 수 있다. 이러한 시스템이 방대한 데이터를 수집하는 만큼 민감한 정보를 포함할 수 있으며, 따라서 부적절하게 처리되거나 승인되지 않은 개인이 접근할 경우 상당히 위험하다. 과도한 감시는 관리자가 직원의 업무를 세부적으로 통제하는 미세 관리micromanagement를 야기하거나 직원에게 부당한 스트레스를 유발할 가능성도 있다.

우리나라에서도 이런 소프트웨어를 사용하는 기업이 늘고 있다. 보안 및 노무 관리의 목적이 뚜렷하면 회사가 직원의 개인 컴퓨터를 사전에 동의 없이 열람하는 것이 합법이라는 대법원 판결이 나와 있다. 그러나 '정보통신망법 제49조(비밀 등의 보호)'와 '통신비밀보호법 제3조(통신 및 대화 비빌의 보호)' 조항은 회사가 직원의 컴퓨터나 메일, 메신저 등을 마음대로 볼 수 없는 제약조건이 된다. 직원의 개인적인 대화나 메신저, SNS 활동 등을 모두 감시하면 이 같은 법에 저촉될 수 있다. 그러나 이런 법은 모두 '공개하기를 원하지 않는 사생활이나 비밀'을 보호하는 취지이기 때문에 직원에게 모니터링을 동의받으면 회사로서는 법적인 문제를 피할 수 있게 된다. 직원의 동의 여부는 직원의 결정에 따르며, 만약 동의했다면 이는 공개하기를 원하지 않는 사생활이나 비밀이 아닌 것이 되기 때문이다.[12] 문제는 회사가 보안 등의 문제를 제시하면서 이런 동의를 요구했을 때 직원이 이를 쉽게 거부할 수 있는가라는 것이다. 이 경우 동의를 구하는 것이 실질적으로는 강요가 될 가능성이 크다.

즉 직원 모니터링 소프트웨어는 생산성 향상, 정책 준수, 보안 강화를 돕는 유용한 도구이지만, 직원의 프라이버시와 작업문화에 미치는 영향을 신중하게 고려해 구현해야 한다. 혜택과 윤리적 고려사항, 투명한 관행의 균형을 맞추는 것이 이러한 도구가 효과적이고 책임감 있게 사용되도록 보장하는 데 필수적이며, 각국의 실정에 맞게 이를 위한 가이드라인을 제정하는 것이 중요하다.

자동 번호판 인식시스템

자동 번호판 인식Automatic License Plate Recognition(ALPR) 시스템은 인공지능을 사용해 차량 번호판을 읽고 기록하는 장치를 말한다. 이러한 시스템은 경찰과 민간기업이 교통을 모니터링하고 관리하며, 주차 규정을 시행하고, 도난 차량을 식별하는 데 사용된다. 수집된 데이터에는 차량 번호판뿐만 아니라 위치와 시간도 포함될 수 있으며, 이는 개인의 이동 경로를 추적하는 데 사용될 수 있다. ALPR시스템의 광범위한 사용은 공공안전과 개인 프라이버시 권리 사이의 균형에 대한 논쟁을 촉발하고 있다.

ALPR에 대한 미국시민자유연맹 보고서 〈당신은 추적되고 있다〉(2013)는 ALPR이 초래하는 사생활 침해를 강조했다. 보고서에서는 ALPR시스템이 시간에 따라 개인의 이동을 추적해 상세한 위치 기록을 생성하기 때문에 경찰이나 기업이 이를 오용할 수 있다고 경고했다. 미국시민자유연맹은 데이터 보유 및 접근에 대한 엄격한 규제를 통한 사생활 보호 보장을 요구했다.[13]

2018년, ALPR 기술을 제공하는 비질런트솔루션스Vigilant Solutions사는 미국 이민세관단속국ICE과 계약을 체결해 이 기관에 전국적인 ALPR 데이터베이스 접근 권한을 제공했다. 시민단체들은 이것이 대규모 감시와 불법 이민자 타기팅으로 이어질 수 있다고 주장했으며, 이런 사태는 연방기관의 ALPR 기술 사용의 적절성에 대한 논쟁을 촉발시켰다. 실제로 2019년 샌디에이고에서는 ALPR시스템이 미국 이민세관단속국과 데이터를 공유하고 있다는 사실이 밝혀져 이민자 커뮤니티 내에서 커다란 논란이 일었다.

2020년 캘리포니아에서 ALPR시스템과 관련된 데이터 유출로 수천 대의 차량 위치 데이터가 노출되었다. 이 사건은 대량의 ALPR 데이터를 저장하는 데 따른 위험과 이러한 데이터가 잘못된 사람의 손에 들어갔을 때의 오용 가능성을 보여준 사례였다. 이 유출 사건은 더 나은 보안 조치와 ALPR 데이터 저장에 대한 엄격한 감독을 요구하는 목소리를 불러일으켰다. 2019년의 투명성 보고서에서 뉴욕 경찰국이 ALPR을 광범위하게 사용하고 있음을 밝혀냈으며, 이는 이러한 시스템 배포의 투명성과 공공 책임 부족에 대한 논쟁을 불러일으켰다. 평자들은 뉴욕 경찰국의 ALPR 사용이 충분한 감독과 공공성 공개 없이 이루어지고 있다고 주장하며, 기술의 사용에 명확한 정책이 필요하다고 강조했다.

커지는 우려에 대응해 캘리포니아는 2015년 ALPR시스템 사용을 규제하는 법안(SB 34)을 통과시켰다. 이 법은 공공기관 및 민간기업이 개인정보보호정책을 채택하고 데이터 보유 기간을 제한하며, 투명한 보고서를 제공할 것을 요구했다. 그러나 미국 시민자유연맹과 전자프런티어재단이 2020년 로스앤젤레스를 상대로 제기한 소송은 ALPR시스템이 저소득층 및 소수민족 커뮤니티를 불균형적으로 겨냥하고 있다고 고발했다. 소송은 특정 지역에서의 ALPR 배치가 차별적 감시 관행에 해당한다고 주장하며, 경찰의 무분별한 ALPR 사용을 비판했다.

미국뿐만 아니라 영국에서도 ALPR시스템의 광범위한 사용은 뜨거운 논쟁의 주제가 되었다. 비평가들은 광범위한 ALPR 카메라 네트워크 사용이 개인의 이동을 지속적으로 모니터링하는 "감시국가"를 불러올 수 있다고 주장했다. 이 논쟁은 시민의 사생활 보호를 위해 ALPR시스템에 대한 엄격한 규제와 공공의 감독이 필요하다는 요구를 불러일으켰다. 이러한 사례들은 ALPR 기술과 관련된 논쟁이 얼마나 다각적인지를 보여주며 사생활, 시민의 자유, 데이터 보안을 보장하려면 감시 도구의 투명하고 책임감 있는 사용이 필수적임을 확인시켜준다.

프리즘

미국의 컴퓨터 프로그래머 에드워드 스노든Edward Snowden이 폭로한 프리즘은 2007년부터 미국 국가안보국이 테러리스트 식별을 위해 사용한 감시 프로그램의 코드명이다. 이 비밀 프로그램은 2013년 스노든의 폭로로 대중에게 공개되어 프라이버시, 정부 감시, 국가 안보에 대한 엄청난 논란과 논쟁을 불러일으켰다. 프리즘은 테러활동과 사이버 위협을 식별하고 방지하는 데 중요한 정보를 수집하기 위해 가동되었다. 주요 목적은 다양한 미국 인터넷회사로부터 인터넷 통신 데이터를 수집해서 분석하는 것이다. 수집 데이터에는 이메일, 채팅, 비디오, 사진, 저장된 데이터, 인터넷 전화VoIP 통화, 파일 전송, 화상회의, 대상 활동에 대한 알림 및 소셜 네트워킹 세부사항이 포함되었다(그림 16).

프리즘은 2008년 개정된 해외정보감시법FISA의 제702조에 따라 법적 근거를 부여받아 운영되었다. 이 조항은 외국정보감시법원FISC의 포괄적 승인을 받아 국가안보국이 외국에 있는 미국인이 아닌 사람들로부터 외국의 정보를 수집할 수 있도록 허용했다. 외국정보감시법원은 외국의 정보를 수집하기 위해 미국 외부에 있는 특정 개인이나 단체를 대상으로 명령을 전달

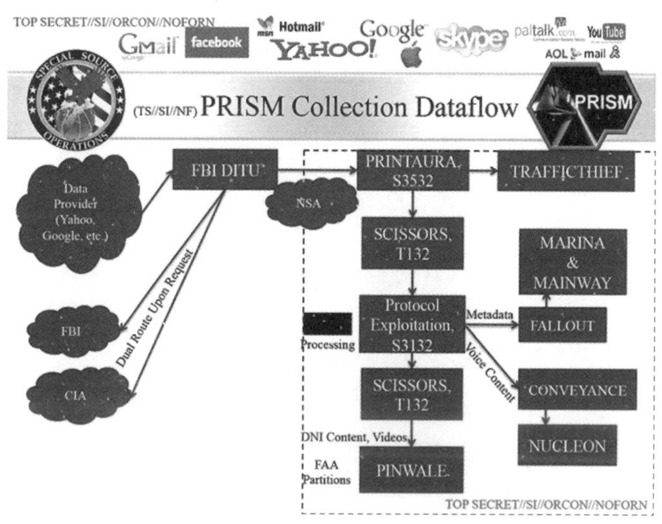

그림 16 에드워드 스노든이 폭로한 프리즘 소개 슬라이드 중 일부. 프리즘이 어떻게 정보를 획득해서 전송하는지가 나와 있는 부분이다.

한다. 프리즘은 이런 정보를 수집하기 위해서 마이크로소프트, 구글, 야후, 페이스북, 유튜브, 애플 등 주요 인터넷 서비스 제공업체 및 기술회사와의 협력 조약을 체결했다. 이 회사들은 해외정보감시법이 설정한 법적 프레임워크에 따라 국가안보국에 사용자 데이터를 제공해야 했고, 국가안보국은 이러한 회사의 서버에 직접 접근해 개별 영장 없이 사용자 통신을 검색할 수 있었다. 이 접근은 외국인을 대상으로 했지만 미국 시민의 통신에 대한 정보도 부수적으로 수집되었다.

그림 17　미국 오하이오주 콜럼버스시에 그려진 낙서 벽화(그라피티). 국가의 전화 도청을 경고하고 있다.

　8장에서 조금 더 자세히 다루겠지만 프리즘은 정부 감시의 범위와 프라이버시 침해에 대한 큰 우려를 야기했다. 비판자들은 이 프로그램이 개인의 프라이버시 권리를 침해하고 충분한 감독이 이루어지지 않으며 투명성 또한 부족하다고 비난했다. 구글이나 페이스북은 시민의 프라이버시를 침해하는 데이터를 정부에 제공한 적이 없다고 항변했지만 비판은 수그러들지 않았다. 특히 대량의 데이터 수집과 미국 시민의 통신 정보에 대한 부수적인 수집에 비판이 집중되었다. 이 프로그램은 외국인을 감시하는 데 관여했기 때문에 다른 국가들 역시 자국민의 데이터가 미국 정부에 의해 접근 및 모니터링되는 것에 우려를 표명했고, 국제적인 긴장도 초래했다. 프로그램의 합법성과 윤리에 대한 논쟁은 지금도 간헐적으로 이어지고 있다.

중국의 사회신용시스템

중국의 사회신용시스템Social Credit System은 개인, 기업, 정부 기관의 신뢰성을 평가하고 관리하기 위해 중국 정부가 도입한 대규모 데이터 기반 프로젝트이다. 이 시스템은 다양한 데이터 원천을 활용해 개인과 기업을 평가함으로써 주로 사기 방지, 사회질서 유지, 경제발전 촉진 등을 도모하고자 구축되었다. 사회신용시스템이 모니터링하는 영역은 금융거래, 세금 납부, 소비 습관, 사회활동, 법적 기록, 교육 수준, SNS 활동 등을 포함하며, 개인의 경우 교통 위반, 계약 불이행, SNS에서의 부적절한 발언 등이 점수에 영향을 미칠 수 있다. 기업의 경우는 환경 규제 위반, 제품 품질, 세금 납부 여부 등이 평가 요소로 작용한다.[14]

이 시스템에서는 각 개인과 기업에 점수가 부여되며 점수에 따라 등급이 매겨진다. 점수가 높을수록 더 많은 혜택을 받을 수 있는 반면, 점수가 낮으면 제재를 받을 수 있다. 높은 점수를 받은 사람들은 대출 이자율 할인, 우선 취업 기회, 전기료 감면, 무료 건강검진 등의 혜택을 누릴 수 있다. 그러나 낮은 점수를 받은 사람들은 정부 보조금 상실, 은행 대출 제한, 공공 부문 취업 제한, 인터넷 속도 제한 등의 제재를 받을 수 있다.

중국 정부에 따르면 이 시스템의 주요 목적은 사회 전반의 신뢰성을 높이는 것이다. 이를 통해 경제활동의 투명성과 효율성을 증대시키고, 계약 이행을 촉진하며, 사회적 규범을 강화한다. 시스템은 법을 준수하지 않는 행위에 강력한 제재를 가함으로써 법의 집행을 강화한다. 예를 들어 법정 판결을 이행하지 않거나 벌금을 지불하지 않아서 신용점수가 낮아진 사람들은 비행기나 기차표 구매, 고급 호텔 숙박, 자녀 사립학교 입학 등에 불이익을 받는다. 또한 공공장소에서의 부적절한 행동, 공공시설 파손, 교통 위반 등을 반복적으로 범하는 사람도 불이익을 받는다. 2019년 말까지 256만 명이 항공기 탑승에, 9만 명이 고속철도 이용에 제한을 받았다.[15]

시스템이 사용하는 방법 중 논란이 되는 것은 신용점수가 낮은 개인이나 기업의 이름을 플랫폼에 공개해 공개적으로 망신을 주는 행위이다. 사회신용시스템은 가족 구성원에게도 영향을 미치는데, 때로는 자녀에게 제공되는 혜택이 부모의 사회 신용점수에 달려 있기도 하다. 이러한 세대 간의 영향은 부모가 미래에 누릴 수 있는 자녀의 기회를 확보하기 위해 시스템의 요구에 순응하도록 강요하는 압박 환경을 조성할 수 있다.[16] 또 다른 문제는 점수를 부여하는 기준과 처벌을 받는 구체적인 행동이 명확하게 정의되지 않아 지역과 지방자치단체마다 일관성 없는 시행이 이루어지고 있다는 것이다. 이러한 표준화의 부족은 자의적이고 불공평한 처벌로 이어질 수 있으며, 행동을 어떻게 판단하고 점수를 어떻게 매기는지에 대한 통일성이 없어 사람들을 혼란스럽게 한다.

서구의 학자들은 이 시스템이 표현의 자유와 이동의 자유 같은 기본적인 인권을 침해한다고 비판한다. 예를 들어 정부에 대한 반대의견을 표현하거나 그러한 활동에 참여한 사람들은 점수가 낮아져 여행 금지 및 기타 제재를 받을 수 있으며, 이 과정에서 적법한 절차가 생략된 경우가 많다는 것이다. 항소 메커니즘의 부재는 이러한 인권 문제를 더욱 악화시키고 있다. 사회신용시스템은 금융 신용점수를 넘어 개인 및 사회 생활의 여러 측면에까지 확장되기 때문에 중국 안팎에서 광범위한 논쟁과 비판을 불러일으키고 있다. 중국 시민들은 전반적으로 이런 망신주기식의 사회신용시스템을 지지하지만, 이러한 관행은 프라이버시 침해와 사회적 낙인에 대한 중대한 윤리적 우려를 제기하는 것도 사실이다.[17]

서구의 학자들은 대부분 중국의 사회신용시스템이 빅데이터–인공지능–얼굴인식 기술이 결합해 조지 오웰의 《1984》 감시체계를 구현한 것이라고 비난한다. 반면 중국의 학자들은 왜 중국인들이 이 체계를 지지하는지에 대한 맥락적 이해에 주목하

면서 서구 학자들의 비판과는 다른 관점을 제시한다. 8장에서
사회신용시스템을 보다 더 균형 있게 분석한다.

코로나19 팬데믹 동안 한국 및 기타 국가에서의 감시 기술

코로나19 팬데믹 동안 여러 나라, 특히 우리나라는 바이러스
의 확산을 추적하고 관리하기 위해 감시 기술을 활용했다. 초기
에 우리나라는 코로나19 확산을 억제하기 위해 확진자별 동선
을 공개했다. 이는 확진자가 머물렀던 곳을 방문한 사람들이 스
스로 신고하고 감염 여부를 검사하도록 하기 위함이었는데, 확
진자의 동선을 모두 공개하다보니 개인을 특정하거나 동선에
포함된 지역에 대한 혐오 발언을 자극할 수도 있는 인권침해의
문제가 뒤따랐다. 이런 비판이 많아지면서 정부는 공개 기한이
지난 정보를 삭제하기 시작했지만 동선 공개에 따르는 프라이
버시의 문제는 계속 남아 있었다. 정부 외에도 민간 차원에서
고도로 정교하고 광범위한 감시 및 추적 시스템이 개발되었다.
우리나라에서는 GPS와 기지국 데이터를 활용해 코로나19 확
진자의 이동을 추적하는 '코백(코로나100m)', '코로나나우' 같은
스마트폰 앱이 개발되어 배포되었다. 이 앱들은 사용자가 확진
자와 접촉했을 경우 경고 메시지를 보내고, 국내 확진자 수, 검
사 현황, 퇴원 환자 수, 사망자 수에 대한 정보를 제공했다.[18] 이
런 조치 때문에 국민들은 코로나에 확진되는 것보다 공동체로

부터 확진자라는 낙인이 찍히는 것을 더 두려워하기도 했다.[19]

2020년 4월 정부는 효율적인 격리 조치를 위해 GPS와 블루투스 기능이 탑재된 전자팔찌를 '안심 밴드'라는 이름으로 도입할 계획을 세웠다. 이 팔찌의 목적은 격리 대상자가 지정된 장소에서 벗어나지 않게 하고, 당국이 실시간으로 이들을 모니터링하려는 것이었다. 비록 전자팔찌는 보편적으로 도입되지는 않았지만 자가격리자 중에서 이를 착용한 사람도 있었다. 당시 여론조사를 보면 국민의 80퍼센트가 이 전자팔찌의 도입에 찬성했다. 정부는 감염자의 이동 경로를 추적하기 위해 신용카드 거래 내역과 CCTV 영상을 활용해 그들이 방문한 장소와 접촉한 사람들을 식별했으며, 상가나 식당을 방문할 때 QR 코드를 찍어서 신원을 확인하는 방법도 도입했다. 이후 백신이 상용화된 뒤에는 QR 코드로 백신 접종자라는 사실이 확인되어야만 공공장소에 출입할 수 있었다.[20]

감시 강도와 프라이버시를 고려한 정도는 다소 차이가 있었지만 다른 국가들도 코로나19에 대처하기 위해 다양한 감시 기술을 사용했다. 많은 국가가 블루투스 기술을 사용해 확진자와 가까운 거리에 있었던 사용자를 익명으로 탐지하고 알리는 접촉자 추적 앱을 개발해 실행했다. 그 예로 오스트레일리아의 COVIDSafe 앱과 영국의 NHS COVID-19 앱 등이 있다. 일부 국가는 GPS와 기지국 데이터를 통해 격리 또는 자가격리 명령을 받은 개인의 격리 준수 여부를 모니터링하는 식으로 전파 위험을 최소화했다. 증상 모니터링과 보고를 위한 앱도 개발되어 당국은 코로나19 증상 및 경향에 대한 데이터를 실시간으로 수집했다. 많은 국가는 공공장소, 공항, 기타 사람들이 많이 모이는 지역에서 열감지카메라와 얼굴인식 기술을 활용해 개인의 체온을 모니터링하고 잠재적인 코로나19 사례를 식별했다.

그렇지만 확진자 모니터링과 관련해서 우리나라의 여러 조치는 두드러졌다. 당시 국내 여론조사를 보면, 공공의 복리와 안녕을 위해서는 개인의 자유를 희생할 수 있다는 답을 한 시민들이 절대다수였다. 이런 여론에 힘입어 정부는 법적 근거도 명확하지 않은 조치들을 광범위하게 도입해 실행할 수 있었다. 코로나19 대응을 위해 도입된 감시 기술은 확진자 신속 식별 및 격리를 가능케 하여 확산을 막는 데 어느 정도 기여했다. 그러나 이러한 기술은 개인의 프라이버시를 심각하게 침해하기도 했다. 수집된 개인 데이터의 보안, 데이터 유출 가능성, 제삼자나 정부의 무단 접근에 대한 문제가 있었고, 긴급 상황에서 정부에 부여된 감시 권한이 팬데믹 이후에도 남용되거나 악용될 가능성에 대한 우려도 있었다.[21] 감시 기술의 이러한 양면성은 공중 보건의 확립과 개인의 권리 사이의 균형을 맞추는 일의 중요성과 배포의 책임성 및 투명성 보장의 필요를 부각시켰다.

7장

감시 자본주의, 디지털 감시경제 그리고 감시문화

빅 아더(Big Other: 세상 모든 곳에 편재한 감시 기술)는 지식과 실행 기능을 결합함으로써 전례 없는 행동 수정 수단을 만연시킨다. 감시 자본주의의 경제적 논리는 빅 아더의 막대한 능력을 통해 도구주의 권력을 생산하고, 그럼으로써 영혼의 엔지니어링을 행동의 엔지니어링으로 대체한다. … 빅 아더는 그 수억, 수조 개의 눈과 귀—감지, 작동, 연산장치—가 시끌벅적한 거대 통신망에서 발생한 막대한 양의 행동 잉여를 관찰, 렌더링, 데이터화, 도구화할 수 있기만 하다면, 우리가 무슨 생각을 하고 어떻게 느끼며 무엇을 하든 상관하지 않는다.

−쇼샤나 주보프, 김보영 옮김, 《감시 자본주의 시대》 509~510쪽

빅데이터 시대에 자주 접하는 슬로건은 "데이터가 새로운 석유

이다"라는 것이다. 기업가들은 20세기 문명이 석유를 사용해 발전했듯이 21세기의 새로운 문명은 데이터를 사용해 발전할 것이라고 역설한다. 이 둘 사이에 유사성이 있지만 차이점 역시 존재한다. 석유는 자연에서 생산하지만 데이터는 사람이 사는 세상에서 추출해 획득한다. 사회적 데이터의 수집과 처리는 끊임없는 추적을 기반으로 한 비자연적인 과정을 통해 이루어진다. 이렇게 얻어진 데이터는 사람들의 행동을 분석해서 예측하고, 개개인에 대한 디지털 페르소나digital persona를 만들어 마케팅에 사용하고, 정치적 목적으로 이민자나 잠재적 위험인물을 모니터링하는 데 사용된다. 6장에서도 강조했듯 감시는 더 보편적인 것이 되었고 더 은밀해졌다.

파놉티콘과 감시사회를 연구하던 연구자들은 21세기에 들어 이루어진 감시의 보편화와 은밀화 과정을 이론적으로 개념화했다. 이번 장에서 살펴볼 '감시 자본주의surveillance capitalism', 디지털 감시경제digital surveillance economy, 감시문화surveillance culture 등의 개념이 여기에 속한다. 감시 자본주의와 디지털 감시경제는 오늘날 자본주의 경제의 핵심 원리가 개개인의 행동에 대한 감시와 이를 이용한 예측에 근거하고 있다고 주장하는 이론이다. 감시문화는 감시가 너무 일상적인 것이 되어 사람들이 감시를 당연한 것으로 받아들이고 심지어 내면화하는 경향을 보이고 있음을 지적하는 개념이다. 감시가 어느새 문화와 비숫한 것이 되었다는 의미에서 '감시문화'라는 개념이 사용되는 것이다. 이런 개념의 주창자들에 의하면 감시가 편재遍在하는 사회가 되면서 인간은 정보화된 객체가 되었고, 감시 도구에 의해 완벽하게 지배당하는 존재가 되었다.

감시 자본주의

역파놉티콘의 가능성을 다룬 5장에 등장한 쇼샤나 주보프는 원래 정보 기술을 이용한 역감시의 가능성을 옹호하던 사람이었다. 그런데 그는 21세기 들어 인터넷과 같은 정보통신 기술이 구글에 의해 오용되면서 감시사회가 '감시 자본주의'로 탈바꿈했다고 주장했다. 이 감시 자본주의는 과거의 감시와는 비교할 수 없을 정도로 은밀하고 침입적이며 보편적으로 작동한다. 역감시의 가능성 같은 것은 여기에 존재하지 않는다. 간단히 말해서 주보프는 상상을 초월하는 새로운 감시 기술의 역량에 압도당했다.

주보프에 의하면 감시 자본주의는 2000년대 초반에 구글이 검색 사용자들의 '중요하지 않은' 행동이 기업에 큰 이익이 될 수 있다는 점을 발견하면서부터 시작되었다. 그 전에는 검색자가 어떤 검색어를 입력하는지가 구글이 이용할 수 있는 가장 중요한 정보였다. 구글은 이 검색어로부터 광고 마케팅을 위한 단서를 얻을 수 있었다. 그런데 주보프가 '행동 잉여behavioural surplus'라고 부른 것들, 즉 검색자가 링크를 클릭할 때의 망설임, 질문이나 검색어를 표현하는 방식, 검색시간, 감정 패턴, 콘텐츠를 대하는 방식 등이 검색자의 미래 행동을 예견하는 데 크게 도움이 된다는 점을 구글은 발견했다. 이는 구글의 검색 서비스나 지메일의 맞춤형 광고 효과를 크게 높였고, 구글은 이 정보를 다른 회사에 판매해 부가적인 수익을 올렸다.

이 발견 이후 페이스북, 아마존, 마이크로소프트와 같은 회사들이 비슷한 방법을 사용해 사용자의 행동을 예측하고 영향을 미치게 되었으며, 결국 개인의 행동 예측에 중점을 둔 새로운 시장을 효과적으로 창출했다. 이 시점 이후부터 광고주의 꿈인 마이크로타기팅이 가능해졌다. 마이크로타기팅은 개인의 온라인 행동, 소비 기록, 위치 정보, 소셜미디어 활동 등 세분화된 데이터를 분석해 개인 단위로 메시지나 상품을 맞춤 설계해서 전달하는 전략이었다. 전통적인 자본주의가 상품이나 서비스의 생산과 판매에 중점을 두었던 것과는 달리 감시 자본주의는 개인의 온라인 활동에서 수집한 데이터가 주요 자산이 되는 모델이다.[1]

감시 자본주의는 이전의 정보 자본주의가 고도화된 것으로도 볼 수 있지만 주보프는 이 둘의 차이를 더욱 강조한다. 정보 자본주의는 제공된 정보로 돈을 벌지만 감시 자본주의는 교묘한 방식으로 사용자의 행동 잉여를 유도하고, 사용자로 하여금 끝

없이 이를 생성하도록 한다. 여기서 핵심은 '행동 잉여'라는 개념인데, 이는 서비스 개선에 직접적으로 필요한 것처럼 보이지 않는 데이터를 의미한다. 구글과 페이스북 같은 회사들은 명시적인 사용자 동의 없이 수집된 광범위한 행동 잉여 데이터를 이용해 고객의 향후 행동을 예측할 수 있는 상세한 행동 프로파일을 만들어 이를 상품으로 변환하고, 이 상품을 광고주와 다른 기업에 판매한다.

이런 양상은 2005년 이후 인터넷을 이용한 SNS가 확대되면서 훨씬 더 교묘하고 침입적인 방식으로 이루어졌다. 페이스북은 사용자의 포스팅에 들어 있는 키워드를 추출할 뿐만 아니라 사용자가 자신의 게시물에 붙은 '좋아요'나 댓글에 반응하는 방식, 타인의 게시물에 '좋아요'를 누른 경우와 그렇지 않은 경우, 피드에 뜬 여러 게시물에 머문 시간 등 다양한 정보를 수집하고 이를 통해 사용자가 특정한 행동을 하도록 유도하며, 정서적 간섭과 약탈적 통제의 피드백 루프를 지속시킨다. 회사는 사용자가 스마트폰에 설치된 피트니스 앱을 사용할 때 걸음 수나 소모 칼로리와 같은 운동의 세부 정보는 물론 사용자의 위치, 운동시간, 설치된 다른 앱과의 상호작용 방식까지 수집한다. 이 잉여 데이터는 제삼자에게 판매되거나 정기적으로 운동을 하는 사용자에게 운동 제품이나 건강 관련 제품을 홍보하는 데 사용된다. 개인의 행동이 그의 동의 없이 점점 더 깊숙이 감시되고 조작되는 상황은 프라이버시는 물론 개인의 자율성에 심대한 영향을 미친다.

자사 제품을 더 효과적으로 판매하기 위해 고객의 잉여 데이터를 수집하는 것은 이제 흔한 일이 되었다. 빅데이터와 인공지능을 사용해 성공을 거둔 회사들은 대부분 이런 경우에 속한다. 아마존이 추천 시스템을 잘 활용하는 것도 고객이 구매한 제품의 세부 정보, 결제 정보, 배송 주소는 물론 사용자의 브라우징 기록, 장바구니에 담았지만 구매하지 않은 품목, 검색어, 읽거나 작성한 리뷰 데이터 등을 수집하기 때문이다. 유튜브에서는 방문자가 시청한 동영상을 추적하는데, 여기에는 사용자가 동영상을 시청하는 시간, 시청하는 동영상 유형, 댓글, 좋아요, 공유 정보가 포함되어 있다. 이 잉여 데이터는 유튜브가 추천 알고리즘을 개선해 사용자가 더 오랜 시간 콘텐츠를 시청하게 만들고, 이를 통해 광고 수익을 높인다.

이러한 잉여 데이터 수집과 이를 이용한 감시 자본주의의 확산은 스마트폰이나 스마트 홈 기술과 같은 장치를 통해 온라인에서의 활동을 넘어 물리적 공간으로 확장된다. 주보프는 2000년에 '인간-가정home의 공생'을 기치로 내걸고 '어웨어 홈Aware Home' 서비스를 시작한 조지아 공과대학교 엔지니어들의 경우 집에 설치된 다양한 스마트기기들이 수집한 정보를 모두 사용자가 소유하게 했다는 사실을 지적하면서, 지금은 가정에서 얻은 정보를 모두 스마트 홈 서비스를 제공하는 회사가 수집해서 처리하는 사실을 한탄했다. 알렉사, 시리 같은 인공지능 비서와 주고받은 대화 역시 회사에 의해 수집된다. 이는 심각한 프라이버시 문제를 야기하면서 기본적인 인간의 자기결정권self-determination을 약화시킨다. 사람들은 더는 자신의 개인정보에 누가 접근하며 이를 누가 어떻게 사용하는지 파악하거나 통제할 수 없게 되기 때문이다.

더 심각한 문제는 나의 자아self가 조종된다는 것이다. 기업의 잉여 데이터 활용은 단지 소비자의 선호를 발견하는 데 그치지 않고 이를 조종하고 만들어내기 때문이다. 전통적인 자본주의는 소비자가 자발적으로 자기 회사의 상품이나 서비스를 구매할 수 있게 만드는 회사 간의 경쟁에 기반을 두었지만, 감시 자본주의는 종종 소비자의 명시적 동의 없이 작동하며, 숨겨진 데이터 수집 및 분석에 의존해 소비자의 선호를 조작하기 때문에 전통적인 자본주의에서 중요하게 여긴 공정한 경쟁에 위배된다. 기업은 개인에 대한 전례 없는 통찰력과 영향력을 가지게 되지만, 개인은 자신들의 데이터가 어떻게 사용되는지에 대해 거의 인식하지 못한다. 결과적으로 시민사회와 기업의 권력 비대칭이 심화된다.

주보프에 따르면 "우리는 디지털 인터페이스와 마주칠 때마다 우리 경험의 '데이터화'를 허락하는데, 이는 우리의 경험을 원재료 공급을 위한 십일조로 '감시 자본주의에 바치는' 셈"이라고 한다(323쪽). 주보프는 타인의 이익을 위해 우리 삶의 모든 경험과 친밀한 세부사항이 분석되고 예측되어 단순한 객체로 전락하게 되는 것이 감시 자본주의의 주요한 문제라고 주장한다. 감시 자본주의에서 이루어지는 착취의 본질은 타인의 향상된 통제를 위해 우리의 삶을 행동 데이터로 구현하는 것이다. 내가 검색하는 순간 나는 주체가 아니라 사실 검색당하는 객체이며, 내가 SNS에 글을 쓰는 순간 역시 주체가 아니라 분석 대상이 되는 객체가 된다.

감시 자본주의 사회의 제품과 서비스는 가치 교환의 대상이 아니다. 그 거래를 통해 생산자와 소비자 사이에 건설적인 호혜 관계가 구축되지 않는다. 상품과 서비스는 개인적 경험을 다른 사람의 목적을 위한 수단으로 활용하기 위해 긁어모아 포장하는 채굴사업으로 사용자들을 유인하기 위한 '미끼'일 뿐이다. 우리는 감시 자본주의의 '고객'이 아니다. "무엇인가가 공짜라면, 당신이 곧 상품이라는 뜻이다"라는 말도 있지만, 이 역시 틀렸다. 우리는 감시 자본주의를 가능케 하는 결정적 잉여의 원천이며, 원재료 착출사업의 대상일 뿐이다. 그 사업에는 고도의 테크놀로지가 동원되며, 우리는 그것을 점점 더 피할 수 없게 된다. 감시 자본주의의 진짜 고객은 그 시장에서 미래 행동에

대한 정보를 사가는 기업들이다. 《감시 자본주의 시대》, 32쪽)

이런 감시 자본주의는 우리의 권리, 자유, 의식적인 사고를 서서히 앗아가는 식민주의와 흡사한 존재이다. 실제로 주보프는 감시 자본주의를 권력의 식민적 남용과 비교한다. 주보프는 16세기 남아메리카를 정복한 스페인의 침략자들이 형식적으로 기독교와 스페인 국왕에 충성을 맹세하는 긴 칙령을 발표하고 침략을 시작한 사례를 들면서, 구글 역시 여섯 개의 선언을 통해 감시 자본주의 수탈을 정당화하고 있다고 주장한다. 그가 정리한 구글의 감시 자본주의 선언문은 다음과 같다.

- 인간의 경험은 우리가 무상으로 취할 수 있는 원재료이다. 이에 기초해 우리는 개인의 권리, 이해관계, 인지, 이해에 대한 고려를 무시할 수 있다.
- 이에 기초해 우리는 행동 데이터로 변환하기 위해 개인의 경험을 취할 권리를 주장한다.
- 무상 원재료에 대한 주장에 기초해 개인의 경험을 취할 권리는 인간 경험에서 나오는 행동 데이터를 소유할 권리를 부여한다.
- 취하고 소유할 권리는 그 데이터가 무엇을 나타내는지를 알 권리를 부여한다.

- 취하고 소유하고 알 권리는 우리의 지식을 어떻게 쓸 것인지를 결정할 권리를 부여한다.
- 취하고 소유하고 알고 결정할 권리는 취하고 소유하고 알고 결정할 권리를 지킬 조건에 대한 권리를 부여한다.

이 선언과 함께 침략적인 감시 자본주의의 서막이 열렸다. 감시 자본주의는 식민지 침략만큼이나 야만적이고 파괴적이다. 원주민들이 칙령을 이해하지 못했듯이 우리가 거대 IT기업의 약관을 이해하지 못하는 것도 같은 이치이다. 우리가 읽지 않고 동의하는 약관은 식민지 침략자의 칙령이다. 주보프에게 감시 자본주의의 착취 대상으로 전락한 우리는 스페인 침략자들에 의해 약탈당하고 재산과 생명을 몰수당한 남아메리카 토착민과 다르지 않다. 그들처럼 우리 역시 침략과 몰수 행위에 대해 상상하지 않았기 때문에 방심하던 사이에 당하고 말았다. 다만 우리가 총에 맞은 것이 아니라는 점 정도만 다를 뿐이다.

주보프는 감시 자본주의가 초래하는 도전에 대처하기 위해 규제 및 입법적 틀, 특히 개인 데이터의 수집 및 사용을 제한하는 강력한 데이터보호법의 필요성을 강조한다. 여기에 여러 주체들의 변화가 수반되어야 한다. 기업은 투명성과 책임성을 담보하고, 소비자가 자신의 데이터에 더 큰 통제권을 가질 수 있도록 해야 한다. 정책 입안자들은 감시 자본주의의 고유한 위험을 인식하고, 개인의 권리와 공공의 이익을 보호하는 조치를 시행해야 한다. 이를 통해 주보프는 지금은 기업이 독점하고 있는 나의 미래에 대한 권리를 되찾아와서 나에게 다시 돌려주어야 하며, 이렇게 자신의 정보를 자신이 소유하고 통제할 수 있는 적극적인 권리 개념으로서의 프라이버시를 강조한다. 이 두 가지 기본권을 되찾고 지켜내려면 의식적인 연대가 필요하다. 이와 더불어 빅데이터와 인공지능 같은 기술 발전이 개인의 자율성, 프라이버시, 민주주의를 잠식하기 때문에 이런 기술을 공공의 이익에 부합하는 방향으로 발전시키는 것이 중요하다.[2]

디지털 감시경제

오스트레일리아의 디지털 법학자 로저 클라크Roger Clarke는 오늘날 21세기의 경제를 '디지털 감시경제'라고 개념화하면서 이런 경제가 개인정보 수집을 근간으로 한 것임을 강조한다. 주보프가 행동 잉여를 강조한 데 반해 클라크는 디지털 감시경제에서 '디지털 페르소나'와 이를 만드는 여러 기술에 주목한다. 이런 기술들은 다양한 방법으로 데이터를 수집해 한 개인의 디지털 페르소나를 만들고, 이를 분석해서 소비자의 의사 결정, 광고, 행동 조작, 마이크로프라이싱 등의 마케팅에 사용한다. 클라크에 따르면 개개인을 디지털화하는 것은 1890년대에 미국의 통계학자 허먼 홀러리스Herman Hollerith가 펀치카드를 이용해 인구조사를 실시하고 이를 처리하는 기계를 만든 시기로 거슬러 올라간다. 이후 컴퓨터가 발전함으로써 이 같은 처리가 더욱 쉬워졌고, 20세기 후반 이후 개인정보의 디지털화가 가속되어 대출, 보험, 사회복지 등의 분야에서 의사 결정과 판단의 주체가 디지털기계로 대체되었다. 21세기에 들어서는 웹 2.0을 이용해 개인정보가 수집 및 처리되기 시작했고 소비자 선호가 조작되기 시작했는데, 이렇게 형성된 것이 지금의 디지털 감시경제이다.[3]

그림 18은 디지털 감시경제가 어떻게 작동하는지를 보여준다. 소비자의 개인정보는 그림 왼쪽에 제시된 여섯 가지 방법으로 수집된다. 데이터 수집 단계는 데이터 획득(1)과 공개 도메인

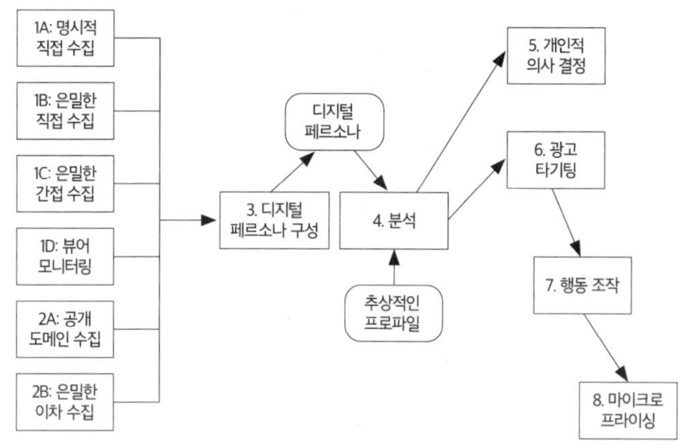

그림 18 디지털 감시경제의 작동방식(출처: Roger Clarke 2019, p.64).

직간접 수집(2)으로 나뉘는데, 데이터 획득은 개인의 동의를 받아 수집하는 '명시적 직접 수집'(1A), 쿠키나 웹 버그, 추적 픽셀 같은 기술을 이용해 소비자 모르게 정보를 수집하는 '은밀한 직접 수집'(1B), 소비자가 다른 웹사이트와 상호작용할 때 정보를 수집하는 '은밀한 간접 수집'(1C), 이메일, 스트리밍 서비스나 다운로드한 파일 뷰어 등을 통해 소비자활동을 수집하는 '뷰어 모니터링'(1D) 등이 있다. 이와는 조금 다르게 SNS의 개인 프로필 같은 공개 도메인(2A)을 통해 정보를 수집할 수도 있고, 다른 기업과의 전략적 파트너십 등을 이용해 소비자 개인이 모르는 상태에서 은밀하게 이들의 개인정보를 구매하거나 교환하는 행위를 통해 수집할 수도 있다(2B).

이렇게 수집한 정보는 데이터 활용 단계로 넘어간다. 먼저 가장 중요한 것은 이런 정보를 취합해서 하나의 소비자 프로필을 만드는 것인데, 그 시작은 로그인 ID, IP주소, GPS 좌표 등을 이용한 디지털 페르소나의 구성이다(3). 그 다음 분석(4)을 통해 이렇게 만들어진 디지털 페르소나를 적절한 하위 인구 그룹, 성격 유형 그룹과 연결하고 이로부터 그/그녀의 장기적·단기적 관심사를 추론해낸다. 이런 분석 결과는 대출, 보험, 의료, 고용 분야에 이용되거나(5), 맞춤형 광고를 위한 타기팅에 활용된다 (6). 광고 타기팅은 소비자의 행동에 비합리적인 영향을 미치는 (예를 들어 사지 않아도 되는 물건을 구매하게 하는) 행동 조작에 사용되거나(7) 소비자가 감당할 수 있는 최대 가격을 측정해서 맞춤형 가격을 제시하는 마이크로프라이싱에 응용된다(8).

디지털 감시경제는 주로 FAANG(Facebook, Apple, Amazon, Netflix, Google)이라고 불리는 IT 분야의 거대 기술기업들에 의해 주도되고 있다.[4] 이들은 마케팅 효율성을 빌미로 개인 데이터를 활용해 맞춤형 서비스를 제공한다. 소비자들은 편리함과 시간을 절약하는 이점 때문에 이를 큰 거부감 없이 받아들인다. 심지어 회사가 자신을 이해하고 있다는 사실("어, 페이스북이 내가 좋아하는 걸 어떻게 알았지!")에 놀라움과 약간의 즐거운 감정을 느끼기도 한다. 사실 이런 관계가 서로에 대한 신뢰를 바탕으로 맺어질 때 자본주의의 생산과 소비는 건전한 관계를 이룰 수 있다. 그러나 디지털 감시경제에서 소비자는 정보의 착취 대상자이자 물건의 구매 대상자일 뿐이다. 이 둘 사이의 관계는 결코 동등하지 않으며 지속적인 감시는 개인, 사회, 경제 전반에 위협을 초래하고 있다.

디지털 감시경제는 소비자의 충동구매와 불필요한 소비를 유도한다. 뿐만 아니라 맞춤형 광고에 무력한 많은 소비자는 고정 가격보다 더 높은 가격에 물건을 구매한다. 기업은 소비자의 디지털 페르소나를 분석해 불리한 조건으로 서비스를 제공하거나 어떤 소비자에 대해서는 거래를 거부하기도 한다. 이러한 차별적이고 불공정한 관행은 소비자의 데이터를 일부 이용해서 이루어진 것이므로 더더욱 정의롭지 못한 것이 된다. 또 인공지능을 이용한 자동화된 의사 결정 과정은 인공지능이 가진 근본적인 불투명성 때문에 잘못된 결정을 감지해도 수정하기 어려운 경우가 많다. 결과적으로 이 모든 과정은 소비자의 자기결정권을 감소시키고, 심리적 무감각 및 수동성을 낳는다. 기업과 소비자와의 관계는 권력이 어느 한쪽으로 기울지 않고 팽팽하게 유지되는 것이 바람직한데, 디지털 감시경제에서는 그 추가 기업 쪽으로 확연히 기울게 된다.[5]

이러한 이유에서 디지털 감시경제는 사회 전반에 좋지 않은 영향을 미친다. 감시는 사회의 창의성과 자율성을 억제하며, 개인의 행동을 위축시키는 효과를 가져온다. 이는 장기적으로 경제적·과학적·기술적·사회적·정치적 창의성에 부정적인 영향을 미칠 수 있다. 디지털 정보수집은 (앞서 케임브리지애널리티카의 경우에서 보았듯이) 선거 캠페인 시기에 유권자의 개인 데이터를 활용해 후보에 대한 선호를 조작하는 등 선거 결과를 왜곡하고 정치 과정을 오염시킬 수 있다. 마지막으로 기업의 권력이 커지면서 기업에 대한 윤리적 제약, 투명성 요구 및 규제 법안 등의 효력이 약화되는 문제가 있다. 시민이 보기에 거대 기업은 윤리적 가이드라인이나 법을 어기는 일을 그다지 두려워하지 않는 듯하며, 이런 태도는 민주주의의 사회 및 정치 체제에 심각한 위협이 된다.[6]

연구자들은 디지털 감시경제에 대부분 동의하면서도 몇몇 사안에 대해서는 이견을 표출했다.[7] 어떤 연구자들은 디지털 감시경제가 몇몇 IT기업에 국한된 경제활동의 일부임을 지적했다. 또 다른 연구자들은 개인 프로파일링이 오래전부터 시행되던 기업의 전략이지 21세기에 새롭게 만들어진 것이 아님을 지적했으며, 팝업 광고를 차단해주는 기술이 계속 개발되고 있음을 강조하기도 했다. 또한 광고 모델을 기반으로 하여 인터넷을 운영하는 대신 유료화를 시행해 소비자로부터 사용료를 받고 콘텐츠를 제공하는 다른 모델이 있음을 지적하기도 했다. 특히 유럽연합의 GDPR 같은 법적 규제가 기업이 자유롭게 개인정보를 무한히 수집하고 사용하는 행위를 효과적으로 방지할 수 있음을 지적하면서, 이런 규제가 실제로 페이스북과 같은 거대 기업의 개인정보 수집활동을 상당히 제한하고 위축한다는 것이 비판자들의 한결같은 메시지였다.

그러나 클라크는 비판자들보다 훨씬 더 비관적이다.[8] 클라크는 비판에 대한 답변에서 디지털 감시경제를 주도하는 기업과 소비자들의 권력 차이가 너무 현저해서 소비자들이 자신의 디지털 페르소나에 무엇이 포함되어 있는지를 알기 힘들고, 구매 등에서 자유로운 선택을 할 수 없음을 강조하고 있다. 그는 유럽연합의 GDPR이 주로 유럽에 적용되기 때문에 미국을 중심으로 활동하는 거대 기업의 데이터 수집을 실질적으로 제한하는 것이 그리 쉽지 않음을 지적하면서, 이런 법적 규제의 효과에 대해서도 낙관적인 평가보다는 비관적인 쪽으로 기울어져 있다. 그렇지만 클라크 역시 디지털 감시경제를 이겨내는 방법이 프라이버시를 보호하는 기술, 소비자운동, 그리고 새로운 법안과 규제에 있다는 점은 강조하고 있다. 이 마지막 주제에 대해서는 다음 장에서 더 자세히 다루고자 한다.

감시문화

20세기 말부터 전자 기술에 의한 정보 감시를 연구한 사회학자 데이비드 라이언은 21세기의 감시를 이해하기 위해 감시국가나 감시사회와 같은 20세기 개념을 동원하는 것이 적절하지 않다고 보았다.[9] 그가 보기에 감시국가가 적절하지 않은 이유는 오늘날 국가에 의한 감시만큼이나 기업에 의한 감시가 보편적인 것이 되었기 때문이다. 또한 원래 감시사회라는 개념은 감시가 경찰이나 직장 같은 시민 주체의 외부에서만 이루어진다고 보았는데, 오늘날의 감시는 개개인이 자발적으로 정보를 제공하거나 스스로 감시하는 주체가 되는 방식으로 이루어지기 때문에 감시사회 역시 적절하지 않다고 보았다. 라이언은 감시국가나 감시사회를 넘어 지금의 감시체제를 이해할 수 있는 개념으로 '감시문화'를 제시한다.[10]

감시문화란 감시가 우리의 생활방식의 일부가 되는 것을 의미한다. 이는 단지 외부에서 우리 삶에 영향을 미치는 것이 아니라 일상에서 사람들이 자발적으로 또는 본의 아니게 감시에 적응하고 협상하며 저항하고 참여하는 방식, 즉 일종의 문화를 포함한다. 우리는 이런 문화에 참여하고 때로는 이를 즐기며, 또 이것에 대해 걱정하기도 한다. 감시가 정확히 어떻게 이루어지는지 모르지만 현대사회의 시민들은 감시문화에 익숙해져 있는 것이다.[11]

개인이 자발적으로 정보를 제공함으로써 감시에 참여하는 감시문화는 감시 자본주의 같은 새로운 경제적 강화권력, 9·11 테러 이후 안전에 대한 집착이 낳은 보안 강화의 정당성, 친구는 물론 전 세계 사람들과 클릭 하나로 연결되는 SNS 참여 등을 통해 형성된다. 기술적으로는 다양한 센서와 연결된 사물인터넷, 그리고 모바일 통신기기의 보급이 감시문화를 더욱 강화하는 계기가 되었다. 우리의 사회적 관계가 점점 더 디지털 매체를 통해 중재됨에 따라 사람들은 감시의 대상이나 매개체로서의 역할을 넘어 갈수록 적극적인 참여자로 변모했다. 특히 SNS와 인터넷 사용을 통해 감시문화를 구성하는 다양한 정신적 태도와 실천을 일상적으로 수용하게 되었다. 라이언에 의하면 감시문화는 빅데이터 시대의 감시의 작동방식이다. 20세기 후반부터 급속히 발전한 정보 인프라와 디지털 기술의 기반 아

래 기업과 국가의 감시방식이 일상생활에 통합되면서 감시문화
가 나타났기 때문이다.

라이언은 이러한 감시문화의 구성 요소로 감시 상상surveillance
imaginaries과 감시 실천surveillance practices을 꼽는다. 감시 상상
은 오늘날 이루어지고 있는 감시의 본질이 데이터 수집과 분석
같은 물리적 과정 외에도 우리가 감시를 어떻게 느끼고 경험하
며 상상하는지와 같은 비물질적인 과정이라는 점을 강조한다.
이 개념은 감시의 관행이 어떻게 작동하는지뿐만 아니라 사람들
이 그것을 어떻게 이해하고 상상하며 경험하는지, 즉 감시가 문
화적으로 어떻게 표현되고 인식되며 논의되는지를 의미한다. 감
시 상상은 우리가 감시와 관련해서 구성하는 이야기와 서사를
포함하며, 감시가 프라이버시, 보안, 자유, 통제에 미치는 영향을
우리가 어떻게 인식하는지에 관한 것이다. 이런 감시 상상은 정
치, 미디어, 대중문화, 기술 등 다양한 요인에 의해 형성된다.

라이언의 감시 상상이 구성되는 방식은 다음과 같다. 먼저 앞
에서 언급했듯이 대중문화가 감시 상상을 구성하는 데 중요한
역할을 한다. 특히 소설《1984》나 영화〈매트릭스〉같은 디스토
피아적 작품들은 감시 기술의 힘에 대한 사람들의 인식을 형성
하며, 미셸 푸코에 의해 대중화된 파놉티콘의 이미지도 이에 한
몫한다. 뿐만 아니라 우리가 일상적으로 접하는 감시 기술도 상
상을 구성한다. 발걸음을 옮길 때마다 보이는 CCTV, 휴대전화

로 언제든지 사진이나 영상을 찍을 준비가 되어 있는 시민들, 공항에서 마주하는 얼굴인식 기술, 일상화된 개인정보 제공 등은 감시가 무엇을 할 수 있고, 무엇을 할 수 없는지에 대한 인식을 형성한다. 북한의 도발을 방지하기 위한 정부의 감시, 감염병 예방을 위한 보건 당국의 감시와 추적도 감시 상상을 구성하며, 데이터 유출에 관한 뉴스나 프라이버시를 둘러싼 사회적 논쟁도 감시 상상의 요소이다. 한 사회의 집단적 기억과 개개인의 사적 경험도 감시 상상의 일부이다. 내가 정치적 운동이나 사회적 저항을 하고 있다면 나는 항상 내가 감시를 받고 있다고 느끼지만, 다른 사람들은 이런 감시가 더 안전한 사회를 만들기 위한 적절한 개입이라고 생각할 수 있다. 감시에 대해서 알아가고 윤리적 문제를 제기하거나 이를 비판하고 이에 저항하는 실천 역시 감시 상상을 재구성한다.[12]

조지 오웰의 《1984》나 빅브라더가 지금의 감시문화를 대표할 수 없는 이유 첫째는 감시가 자발적 동의에 의해 일어나는 것이 많기 때문에, 둘째는 자기 자신을 감시하거나 드러내는 경우 역시 많기 때문이다. 물론 여기서 '자발적'이라는 용어는 논란의 소지가 있다. 개인정보 제공에 동의를 요구할 때 우리는 동의하지 않으면 서비스를 이용하지 못하는 등의 불이익을 받기 때문에 어쩔 수 없이 동의하는 경우가 많다. 자발적이지만 강제된 것과 다름없다. 그러나 이러한 환경에서 대부분의 사람들은 감시에 대해 문제를 제기하지 않고 순응한다. 라이언은 이런 순응을 익숙함, 두려움, 재미의 세 가지 요소로 (그리고 이 요소의 결합으로) 설명할 수 있다고 보았다. 우리는 거의 모든 공간에 설치된 CCTV에 익숙하며, 따라서 직장 사무실에 CCTV를 설치한다고 해도 별다른 거부감이 없다(익숙함). 9·11 테러와 계속된 중동전 이후 우리는 테러리즘에 대해 두려움을 가지고 있으며, 누군가 테러리스트를 감시해서 안전한 세상을 만들어주기를 바란다(두려움). 마지막으로 사람들은 개인에 대한 효율적인 감시가 이루어지는 SNS를 여가의 일환으로, 혹은 자신의 주체성subjectivity의 일부로 즐겁게 수용한다(재미). 이 같은 세 가지 요소들이 합쳐져서 사람들은 감시에 순응하는 태도를 보이게 된다는 것이다.[13]

감시에 순응하면서 나타나는 두 번째 특징은 감시를 내면화하는 것이다. 사람들은 애플워치 같은 웨어러블기기를 이용해 자신의 건강, 소득, 시간 등을 관리하는데, 이 과정에서 더 나은 삶을 위해 스스로 추적하고 감시하는 '자가 추적'이 일상화된다. 자신을 수량화한다는 뜻의 '양적 자기quantified self'라는 말이 등장했고, 이 과정에서 만들어진 대부분의 데이터는 기기 제조사의 데이터베이스로 전송된다.[14] 최근의 SNS는 자기 자신을 낯선 대중에게 노출하는 방식으로 작동하는데, 이 과정에서 사용자들은 자신의 게시물에 달리는 댓글이나 좋아요, 특히 공유된 개수를 통해 자신의 영향력을 모니터링한다. 오스트레일리아의 사회학자 데버라 럽턴Deborah Lupton에 따르면 공유란 신자유주의 원칙을 지속시키는 수단으로, 기업이 콘텐츠 순환을 통해 수익을 창출하는 중심적인 방법이라 볼 수 있다. SNS 사용자들은 다양한 콘텐츠를 생성하고 다른 사용자의 피드백을 즐기는데, 이는 시스템을 계속 움직이게 하는 원동력이 된다. 또한 이것은 자신의 정체성과 사회적 네트워크에 영향을 미친다.[15]

공유는 노출과 불가분의 관계이다. 사람들은 자신의 글이 널리 공유되는 것을 즐기는데, 이는 더 많은 사람들에게 자신을 노출하는 과정이다. 사람들은 다른 사람들에 의해 더 가시화되거나 의도적으로 스스로 더 가시화한다. 영국의 감시 연구자 커스티 볼Kirstie Ball은, 기술·미디어·고용·소비와 관련된 기관들이 사람들을 감시하는 방식이 단순히 행동을 관찰하는 것을 넘어, 사람들이 자신의 심리 상태나 친밀한 관계성에 주목하도록 요구하거나 이를 위한 자원을 제공함으로써 사람들의 '내면의 정치적, 경제적 삶'을 조직한다고 주장한다. 즉, 이러한 환경 속에서 사람들은 자발적으로 자신을 드러내고 행동을 조정하면서 스스로의 주체성을 형성하게 된다는 것이다.[16] 이 주제는 미국의 비판이론가 버나드 하코트Bernard Harcourt의 저서 《노출되다 Exposed》에서도 다루어지는데, 그는 온라인에서 자신을 드러내려는 의지가 현대사회를 '전시사회'로 만들었다고 설명한다. 하코트는 특히 젊은 층이 SNS에 자신이 노출되지 않으면 마치 자신이 존재하지 않는 것처럼 느낀다는 점을 들면서 이들이 자기 중심성, 자유시장의 환상, 군사적 안보에 대한 압력 등으로 인해 주체가 무디어졌다고 해석하고 있다. 앞에서 지적했듯이 특히 요즘의 SNS 사용자들은 주체적으로 포스팅을 만들어 올리고, 내 포스팅에 대한 다른 사람들의 반응을 즐기며 분석한다고 생각한다. 그러나 이 과정 자체가 회사에 의해 모니터링되는 객체가 되는 과정이다. 하코트는 "디지털 생활의 투명성은 전 지구적인 감옥의 감시와 비슷하다"라고 평가했다.[17]

　하지만 사람들이 감시를 자발적으로 수용하고 내면화한다고 해서 감시 자체를 환영하거나 반기는 것은 아니다. 감시를 용인하거나 감시를 덜 중요한 것으로 여기는 이유는 다양하다. 예를 들어 생체인식 카메라를 싫어할 수 있지만 공항을 이용해 여행하려면 감정을 숨겨야 한다. 기업이 자신을 추적할 수 있다는 것을 알지만 포인트카드를 사용하는 것도 이와 비슷하다. 스노든의 프리즘 폭로 이후 미국 시민 중 34퍼센트의 사람들은 정부 감시 프로그램의 대상이 되지 않기 위해 프라이버시 설정을 변경해 자신의 정보를 보호하거나, SNS를 대신할 다른 커뮤니케이션을 사용하거나, 특정 애플리케이션을 피하는 등의 조처를 취했다. 25퍼센트의 사람들은 전화, 이메일, 검색 엔진 사용

방식을 변경했다.[18] 감시에 대해 더 많이 알게 되면 그에 따른 행동 변화도 더 다양하게 나타난다. 앞에서 지적했지만 감시 상상은 감시에 대해 이해하고 이에 대응하는 실천을 계획하거나 실행하는 과정에서 다르게 구성된다.

감시 상상은 감시 실천을 낳고, 감시 실천은 감시 상상을 바꾼다. 라이언은 감시문화의 두 번째 구성 요소인 감시 실천을 반응적responsive 실천과 참여적initiatory 실천으로 나누었다. 반응적 실천은 감시를 피하기 위한 실천으로, 국가 보안기관이나 마케팅기업의 주목을 피하기 위한 암호화 프로그램 설치, 공공장소에서 카메라 인식을 제한하는 의복 착용, 포인트카드 사용 회피 등이 있다. 참여적 실천은 자신이 다양한 감시활동에 참여하는 것으로, 운전 중에 블랙박스로 다른 도로 이용자의 움직임을 기록하거나, SNS를 통해 타인의 개인정보를 확인하거나, 심장 박동수 모니터링 또는 앱을 이용해 자신의 운동 강도를 계산하는 것 등의 자가 감시를 들 수 있다.[19]

감시 실천은 지금의 감시문화를 넘어서기 위한 유일한 방법이다. 라이언은 프라이버시에 대한 새로운 개념화와 디지털 시민권이라는 이상을 제안한다. 그는 프라이버시에 대한 논의가 프라이버시를 기술적·추상적 문제로 축소한다고 하면서 정보처리 경험이 신체적 경험이라고 주장하는 줄리 코헨Julie Cohen의 연구를 빌려 프라이버시를 신체와 관련된 것으로 다시 개념화할 것을 주장한다. 또한 인터넷에서의 실천을 통해 '디지털 시민권'을 획득하고 권력의 주체로 거듭나는 가능성을 제시한 엥겐 이신Engin Isin과 에벌린 루퍼트Evelyn Ruppert의 연구《디지털 시민 되기Being Digital Citizens》를 인용하면서 디지털 세상에서의 표현의 자유, 접근의 자유, 프라이버시를 옹호하는 권리를 쟁취하는 시민의 역할을 강조한다. 시민권은 권력과 싸우면서 획득하는 권리로, 온라인에서 긍정적인 가치를 옹호하고 확산하는 시민은 디지털 시민권을 획득했다고 볼 수 있다. 자신을 기업이나 국가의 감시에 수동적으로 노출하는 대신 이에 저항하면서 연대하고, 새로운 실천을 모색하면서 디지털 세상에서의 표현의 권리, 접근권, 프라이버시를 주장하는 디지털 시민은 감시권력의 힘을 약화시키는 주체일 뿐만 아니라 새로운 시대를 위한 정치적으로 각성한 시민의 모델이다.[20]

정보의 지배

그래서 우리는 어떤 세상에 살고 있는가? 널리 알려진 재독 철학자 한병철은《정보의 지배》에서 우리는 정보에 의해 지배당하는 세상에 살고 있다고 폭로하기도 했다.[21] 그는 스마트폰을 손에 쥔 현대인이 세상의 거의 모든 정보를 몇 번의 손가락 조작만으로 접할 수 있는 자유를 얻었다고 생각하지만, 이 자유가 "손가락 끝의 자유"(19쪽[22])라는 환상일 뿐이라고 지적한다. 우리는 클릭하고, 좋아요를 누르며, 게시물을 올리는 것으로 스스로를 행동하는 존재로 착각한다. 그러나 이 행동들은 실질적인 변화나 저항을 만들어내지 못한다. 오히려 정보체제는 이러한 방식으로 우리를 무력화하고 더 큰 저항을 막아낸다. 혁명과 저항은 소멸하고 그 자리를 무한한 소통과 연결의 허상이 대신한다. 디지털 시대의 정보 홍수는 표면적으로는 개인을 해방시키는 듯하지만 실상은 그 반대라는 것이다.

디지털 시대 이전 군중의 시대에서 군중인 인간은 정체성을 가지지 못했다. 그러나 오늘날 디지털 시대의 군중은 더 이상 정체성이 없는 "아무도 아닌 자"가 아니다(22쪽). 오늘날의 디지털 거주자는 철저히 기록되고 관리되는 프로필을 가진 개인이다. 과거에는 범죄자만이 프로필을 가졌으나 지금은 모든 이가 디지털 공간에서 자신만의 데이터를 기반으로 한 프로필이라는 정체성을 부여받는다. 그러나 이 정체성은 철저히 상품화된 형태로 존재하며, 개인의 정체성은 정치적 행위나 공동체적 의식을 형성하지 못한다. 디지털 커뮤니티는 "공동체 없는 소통"의 장이며(49쪽), 이는 진정한 공론장을 대체하지 못한다. 왜냐하면 사람들은 "죽도록" 소통하지만(34쪽) 터치스크린 위의 손가락은 세상을 바꿀 능력이 없기 때문이다.

손가락의 자유를 진정한 자유라고 믿는 현재 사회의 심각한 문제는 민주주의의 훼손과 잠식이다. 한병철에 의하면 민주주의는 타인의 생각과 의견을 경청하며 이루어진다. 그러나 디지털 시대의 정보체제는 경청의 가치를 훼손하고 있다. 알고리즘은 우리가 선호하고 믿고 싶은 정보만을 제공함으로써 우리를 필터 버블filter bubble 속에 가두며, 이는 우리가 타인의 목소리를 듣지 않은 채로 자신의 신념만을 강화하는 결과를 초래한다. 타인의 존재가 없는 상태에서 우리의 의견은 담론적일 수 없으며, 그저 자기 확신적이고 교조적인 독백에 머물게 된다. 결국 SNS가 불러온 경청의 부재는 민주주의의 위기로 이어진다는 것이 한병철의 결론이다.

그에 의하면 현대사회는 소통을 억압하기는커녕 소통의 과잉으로 특징지어지는 사회이다. 우리는 끊임없이 정보를 주고받는다. 그런데 그 과정에서 더 나은 논증보다는 더 큰 흥분을 유발하는 정보가 우위를 차지하며, SNS는 이러한 경향을 가속화한다. 숙의熟議할 수 있는 정치적 담론은 공론장에서 사라지고 정체성 전쟁과 음모론이 인기를 끈다. 과학적 소통의 핵심에 놓였던 숫자와 데이터는 사실을 전달하지만 이야기를 제공하지 않는다. 이러한 서사의 부재는 근본적인 불안을 증폭시키며 사람들을 음모론과 허구적 서사로 몰아간다. 수많은 이야기가 난무하지만 그 과정에서 진실에 주목하는 사람은 아무도 없다. 진실은 정보와 달리 흔하지 않고 귀한 것인데, 정보 더미에 중독

된 사람들은 쏟아지는 정보에 만족하지 이 중에 무엇이 진리인
가를 놓고 고민하지 않기 때문이다

　비유하자면 오늘날의 사람들은 플라톤이 말한 동굴의 현대적
버전 속에 살고 있다. 플라톤은 죄수들이 동굴의 벽만 바라볼
수 있는 상태로 묶여 있고, 이들이 동굴 벽에 비친 그림자만을
보며 그것이 실제 세상일 것이라고 오해하는 상황을 사례로 들
면서 인간의 편견과 무지를 꾸짖었다. 한병철은 현대인인 우리
가 처한 상황이 이보다 낫지 않다고 주장한다. 우리는 자유롭다
고 믿지만 실제로는 정보체제가 만들어놓은 좁은 공간 안에서
만 움직인다. 우리가 자유롭게 말하고 정보를 공유하며 스스로
선택한다고 생각하지만 그 선택은 이미 알고리즘과 체제가 설
정한 틀 안에서 이루어진다. 이러한 상황은 진정한 자유가 아니
라 자유로움의 '환상'일 뿐이다. 우리는 디지털 동굴에 갇혀서
허상에 만족해하는 노예이다.

　여기서 벗어나는 해법이 있을까? 한병철은 푸코가 마지막 강
의에서 펼친 "진실을 말하는 용기"(95쪽)의 개념을 원용하고 있
다. 우리가 정보의 지배에서 벗어나기 위해서는 진실을 향한 용
기, 즉 '파레시아parrhesia'가 필요하다는 것이다. 한병철은 푸코
의 분석 틀에 기반해서 참된 민주주의를 위해서는 자유롭게 말
할 수 있는 권리인 이세고리아isegoriia 외에도 진실을 말하는 것
이 필요하다고 강조한다. 그는 소크라테스가 보여주었던 진실

에 대한 염려와 용기가 디지털 시대에도 여전히 유효하다고 하면서 담론의 회복이 필수적이라고 강조한다. 담론은 서성거리고 타인의 의견을 경청하며 자신의 확신을 되돌아보는 과정이다. 우리는 타인의 생각을 수용하며 그 속에서 우리의 의견을 형성해야 한다. 이러한 담론의 재구성 없이는 민주주의의 위기를 극복할 수 없다.

철학자 한병철은 단호하다. 우리는 정보의 지배 아래 놓여 있으며, 이는 우리의 자유와 민주주의에 심각한 도전을 제기한다는 것이다. 진실에 대한 용기와 담론의 회복은 이러한 도전에서 벗어날 수 있는 유일한 길이다. 그는 지금이 정보의 홍수 속에서 무기력하게 떠다닐 것인지, 아니면 진정한 자유와 민주주의를 위해 싸울 것인지를 선택할 시간이라고 본다. 그에게 정보 기술을 이용하는 것과 같은 '제3의 길'은 존재하지 않는다.

그런데 과연 그럴까? 인공지능과 빅데이터 시대에 우리는 주체성을 상실하고 그저 자동인형automaton처럼 살아가고 있는 것일까? 정보의 지배에 대한 순종 아니면 정보의 지배에 대한 저항이라는 두 가지 선택지밖에는 없는 것일까?

8장

아직 '1984'는 아니다
－기술의 어긋남과 저항하는 사람들

조지 오웰은 반만 맞았다.

– 백남준(1984)

1984년 1월 1일 '비디오아트의 아버지' 백남준은 세계 최초로 인공위성을 통해 서울, 뉴욕, 파리, 베를린을 동시에 연결해 〈굿모닝, 미스터 오웰〉이라는 TV 쇼를 생중계했다. 말 그대로 세계를 연결한 위성 '쇼'였다. 작품의 제목과 방송 날짜에서 알 수 있듯이 백남준은 조지 오웰의 《1984》를 풍자적이고 비판적인 시각에서 재해석하고자 했다. 오웰의 《1984》에서 독재자 '빅브라더'는 텔레스크린을 통해 시민들의 일거수일투족을 감시하며, 책을 읽거나 일기를 씀으로써 사람들이 성찰적·비판적이

되는 것을 철저하게 금지한다. 백남준의 〈굿 모닝, 미스터 오웰〉에도 빅브라더가 등장한다. 그러나 우스꽝스러운 모습을 한 이 빅브라더는 사람들을 통제하는 데 번번이 실패하다가 결국 포기하고 짐을 싸 사라져버린다. 백남준은 더 많은 TV 채널이 생기고, 지구촌 사람들에게 더 널리 TV가 보급되고, 세상이 위성으로 자주 연결되면 민주주의와 세계 평화가 가능할 것이라고 믿었다. TV와 비디오는 감시의 기술에서 민주주의와 평화의 기술로 변했고, 이는 1984년 우리가 오웰의 '1984'를 겪지 않아도 된 이유였다.[1]

백남준은 오웰이 "반만 맞았다"고 보았다. TV와 비디오가 보편화되었지만 전체주의 감시사회는 다가오지 않았기 때문이다. 오웰의 '1984'가 오지 않았던 이유는 무엇일까? 단지 TV가 널리 보급되었기 때문은 아닐 것이다. 그보다는 《1984》를 읽고 큰 충격을 받은 시민과 지식인들이 이런 감시사회가 도래하지 않게 저항했던 이유가 더 컸을 것이다. 그 저항은 독재 정부에 반대해 화염병을 던지고 바리케이드를 설치하는 물리적 형태만을 띠지는 않는다. 미디어를 독점하는 것의 위험에 대해 글을 쓰거나 강의를 하고, 이런 내용을 교육에 포함시키고, 권력을 강화하거나 집중하는 매체의 사용과 콘텐츠를 비판하고, 왜곡된 보도를 하지 않는 것의 중요성을 외치고, 정보의 독점과 왜곡을 반대하는 기술과 법의 제도를 만드는 것 등의 실천을 의미

한다. 이러한 노력의 총체가 '1984'를 막았다고 해도 과언이 아니다.[2]

한 명의 시민이 막강한 힘을 가진 빅데이터의 감시를 무력화하는 것은 불가능한 것처럼 보인다. 어쩌면 실제로 불가능할지도 모른다. 국가권력과 자본주의가 만나는 지점에서 괴물처럼 커지는 인공지능-빅데이터 감시는 나 혼자 바꿀 수 없을 것 같기 때문이다. 하지만 이런 생각이 들 때 '1984'를 떠올려보자. 사람들이 감시의 권력을 인식하고, 이를 비판하고, 저항 담론을 만들고, 저항하는 사람들끼리 손을 잡고, 기술과 제도를 개혁하기 위한 정치적 압력을 가하거나 시위 등을 통해 사회적 압력을 가해서 '1984'가 아닌 지금의 세상을 만들어왔다면 앞으로도 그럴 수 있다. 권력을 가진 사람들이 역사를 만들어가는 것 같지만 이는 권력자가 우리에게 주입시키려는 생각에 불과하다. 역사는 결코 권력자 마음대로 만들어지지 않는다.

이번 장에서는 빅데이터-인공지능 감시에 대한 저항을 살펴보고자 한다. 먼저 감시 기술의 정밀성과 편재성에 대한 평가에 과장된 부분이 있음을 살펴보고, 감시 기술에 대한 개인적인 폭로의 성과, 프라이버시 확보를 위한 실천, 감시를 교란하는 전략, 현실 세계에서의 디지털 행동주의, 법적-제도적 개혁, 그리고 데이터를 이용한 데이터 저항 정치 등의 주제에 대해 고찰해볼 것이다. 또한 이런 논의에 근거해 21세기, 우리에게 필요한 프라이버시를 새롭게 상상해볼 것이다. 인공지능—빅데이터 감시 기술을 전적으로 무력화하지는 못하더라도 이런 저항의 총체는 감시권력을 우리가 통제하고 관리하는 구역에 묶어두는 강력한 도구가 될 수 있다. 감시권력을 감시 아래 두는 것이 5장에서 논의한 역감시, 역파놉티콘이다.

감시 기술의 거품 제거

건초 더미 속에서 바늘 찾기

서양의 속담 중에 "Like finding a needle in a haystack"이라는 말이 있다. 직역하면 "건초 더미 속에서 바늘 찾기 같은"이라는 뜻으로, 거의 불가능할 정도로 무엇을 찾기가 어려운 상황을 비유하는 표현이다. 2013년 전 미국 국가안보국 국장 겸 사이버사령부 사령관 키스 알렉산더Keith Alexander 장군은 이 속담을 뒤집어 "You need the haystack to find the needle"이라고 이야기했다.[3] "바늘을 찾기 위해서는 건초 더미haystack가 필요하다"라는 의미이다.

건초 더미 속에서 바늘을 찾는 것은 불가능한 일인데, 바늘을 찾기 위해 건초 더미가 필요하다니? 이 의미를 이해하기 위해서 바늘을 테러리스트, 건초 더미를 방대한 양의 메타데이터라고 가정해보자.[4] 그러면 알렉산더의 이야기는 "테러리스트를 찾기 위해서는 방대한 메타데이터가 필요하다"라고 해석할 수 있다. 아르키메데스에 빗대자면 그는 이렇게 말한 셈이다. "내게 빅데이터를 달라. 그러면 나는 테러리스트를 찾아낼 것이다."

빅데이터는 최근의 현상이지만 국가가 합리성을 바탕으로 사회를 조직하려는 국가 주도의 사회공학을 실천해온 역사는 오래되었다.《국가처럼 보기: 왜 국가는 계획에 실패하는가》의 저자 제임스 스콧James Scott에 의하면 국가는 사회를 쉽게 파악하고 통제하기 위해 사람, 자원, 토지, 관습 등을 표준화하고 분류한다. 예를 들어 성씨제도, 주소체계, 인구조사, 토지 측량, 표준언어, 작물 단일화 같은 제도가 이러한 사례들이다. 스콧은 복잡한 세상을 단순화하려는 국가의 시도를 '가독성legibility' 부여라고 일컫는다. 가독성 부여는 측정, 계량화, 통계화, 표준화 등의 과학 기술 기법을 이용해 복잡한 세상을 읽기 쉽게 만드는 것인데, 이를 바탕으로 한 대규모 사회공학이 성공할 수 있다는 믿음이 그가 '권위주의적 하이 모더니즘authoritarian high modernism' 이라고 부르는 이데올로기이다. 그러나 소비에트 집단농장화, 탄자니아의 강제 촌락화, 대규모 도시계획 등의 반복적인 실패 사례는 지역 고유의 다양성과 맥락을 제거한 채 가독성만을 강조한 사회공학의 한계를 보여준다.[5]

미국 국가안보국의 메타데이터 수집 프로그램은 이러한 국가적인 '가독성' 추구가 디지털 기술 시대에 구현된 형태이다. 알렉산더가 말한 "건초 더미가 필요하다"라는 전략은 단일한 '바늘'을 찾기 위해 가능한 모든 데이터를 수집, 분류하고 저장하려는 발상이며, 현실을 전자적 데이터로 환원해 국가가 실시간으로 모니터링하고 해석할 수 있는 '읽기 쉬운' 세상을 만들려는 시도이다. 여기서 데이터는 개인의 행동, 위치, 관계망 등 사회적 삶의 디지털 흔적을 정량화하고 분류해 통제할 수 있는 정보체계로 전환한 결과물이다. 스콧이 언급한, 토지와 주민에 대해 세금을 징수하기 위한 국가의 가독성 전략과 유사하게 미국 국가안보국의 메타데이터 프로그램은 위험 요소에 대한 예측과 개입 가능성을 높이기 위한 현대적인 가독성 전략이라고 할 수 있다.

그러나 권위주의적 하이 모더니즘의 가독성 전략이 성공하지 못했듯이 빅데이터에 근거한 가독성 전략 역시 한계를 보인다. 정보는 지식보다 얕고 기술적이며 그 자체로는 세계에 대한 복잡한 이해를 제공하지 못한다. 디지털 감시는 수집된 정보가 실제 지식이 되기 위한 필수조건인 맥락과 해석을 생략하거나 이를 기계적으로 대체함으로써 새로운 종류의 맹점을 만들어낸다. 예를 들어 미국 국가안보국이 수집한 방대한 메타데이터는 감시 대상의 의도, 맥락, 동기를 제거한 채 행동의 파편만을 축적하며, 이는 오히려 국가의 판단을 흐리게 하거나 허위 신호를 유발할 가능성을 높인다. 결과적으로 미국 국가안보국의 읽기 쉬운 데이터체계는 실제 세계의 복잡성과 동기를 충분히 재현

하지 못한 채 '보는 능력'의 향상이 아니라 오히려 정보 과잉 속에서 시각적 마비를 초래한다.[6]

이 경우 대량 감시에서 중심적인 역할을 하는 기계학습 기반 알고리즘은 통계학의 기저율 오류base rate fallacy를 피할 수 없다. 특히 테러리스트처럼 발생 빈도가 매우 낮은 상황을 예측하고자 할 때 이 문제는 더욱 심각하다. 100만 명 중 단 1명만이 실제 테러리스트일 경우 아무리 정밀도가 높은 알고리즘(예컨대 99.99퍼센트)이라고 해도 1만 건 중 1건꼴로 잘못된 예측이 발생하며, 그 결과 많은 거짓 양성false positive 경고가 발생한다. 어려움은 여기서 끝나지 않는다. 거짓 양성이 축적될수록 감시체계는 진짜 위험인물을 식별하려는 본래 목적에서 벗어나 방대한 데이터 속에서 무작위적인 패턴을 탐색하는 데 자원을 낭비하게 된다. 결과적으로 시스템은 본래의 위협 탐지 기능을 수행하지 못하고 데이터 자체를 정당화하고 관리하는 데 더 많은 노력을 기울이게 된다. 결국 감시시스템은 스스로 수립한 구조 속에서 길을 잃고 마비되는 것이다. 그래서 "모두를 표적으로 삼으면 결국 아무것도 표적화하지 못한다"라는 역설이 발생한다.[7]

대량의 정보가 행정을 쉽게 만드는 대신 오히려 어렵고 복잡하게 만드는 현상은 빅데이터 시대에 처음 나타난 것이 아니다. 파키스탄 이슬라마바드의 토지소유권 기록시스템을 분석한 매슈 헐Matthew Hull의 연구는 시민들이 정부가 요구하는 방식대로 서류를 준비하고 제출하는 과정에서 정보의 과잉과 혼란을 야기했음을 지적하고 있다. 국가가 정보를 표준화하고 문서화하려는 노력 자체가 오히려 불가독성과 관료적 혼란을 초래했으며, 국가는 결국 자신이 설계한 체계에 스스로 압도당하게 되었다. 인도의 복지시스템에 관한 나야니카 마투르Nayanika Mathur의 연구도 정보의 과잉과 행정 절차의 복잡성이 오히려 시스템의 실행력을 약화시킨다는 점을 강조한다. 반부패와 투명성을 목표로 설계된 정보체계는 결과적으로 시민들에게 과도한 증명 책임을 요구했고, 이에 따라 자원이 낭비되면서 복지기금이 효과적으로 전달되지 못하는 상황을 야기했다. 정보의 정렬과 체계화는 때때로 통치를 비효율적이고 불투명하게 만드는 핵심 요인이 된다.[8]

빅데이터 감시에 대한 신화는 이를 수행하는 기관인 미국 국가안보국에 의해 만들어졌다. 미국 국가안보국은 2013년 초에 메타데이터를 이용해 54건의 테러 공격을 저지했다고 발표했으며, 오바마 전 대통령은 이를 인용하면서 "이 정보를 이용해 최소 50개의 위협을 방지했다"라고 발표했다.[9] 그러나 이어진 청문회에서 이 성과는 과장된 것임이 드러났고, 미국 시민이 소말리아의 테러 그룹에 송금한 단 하나의 사건만이 이 메타데이터 프로그램을 통해 적발되었다는 사실이 밝혀졌다. 엄청난 양의 메타데이터를 수집했지만 실제로는 빅데이터를 분석한 감시

가 생각처럼 잘 작동하지는 않았던 것이다.[10]

메타데이터 수집이 테러를 방지하는 데 도움이 되지 않는 이유는 데이터가 통계적 과적합statistical overfitting 문제를 피할 수 없기 때문이다. 테러리스트는 아주 작은 그룹이기 때문에 기본적으로 알고리즘을 훈련하는 데 사용되는 정보가 너무 부족하며, 따라서 이런 데이터는 (앞에서 지적한) 기저율 오류로 인해 빚어지는 거짓 양성의 문제를 유발할 뿐만 아니라 알고리즘의 학습 과정에서 편견을 내재화시킬 수밖에 없다. 그런데 우리의 예상과는 달리 대부분의 테러리스트는 (적어도 겉으로 보기에) 평범한 사람들이다. 프로파일링에 실패한 정보수집기관은 더 많은 정보를 수집하기 위해 노력하는데, 이런 전체적인 과정은 정보의 과잉, 해석의 빈곤, 통계적 착시, 그리고 불확실성의 축적이라는 구조적 문제로 귀결된다. 데이터가 과잉되고, 그 해석체계가 폐쇄적이며 알고리즘이 인간적 맥락을 무시할수록 감시체계는 '더 많이 수집할수록 더 적게 이해하는' 역설적인 상황에 빠지게 된다.[11]

이러한 인식은 감시정책에 대한 비판을 넘어 실천적인 의문을 제기한다. 즉 우리는 국가가 어떤 방식으로 세상을 바라보는지를 비판적으로 검토할 뿐 아니라 국가가 어떤 방식으로 세상을 바라보아야 하는지를 재설계해야 한다는 것이다. 예컨대 보편적 수집과 자동화된 예측 모델에 의존하는 감시체계를 초월해 맥락 기반의 해석, 인간적인 판단, 지역성과 시간성에 기반한 지식 구조를 회복하려는 노력이 필요하다. 이는 감시 기술의 민주적 통제와 함께 데이터를 사용하는 윤리적 기준의 정립, 알고리즘의 투명성 확보, 시민의 데이터 주권에 대한 제도적 보장을 포함하는 것이다. 우리의 논의는 단지 국가의 오류를 드러내는 데 그치지 않고 정보를 어떻게 다루고 책임질 것인가에 대한 새로운 감각과 윤리를 요구한다.

오늘날 감시 기술을 둘러싼 논의는 기술적 효율성이나 보안의 문제가 아니라 민주주의와 정치적 상상력의 문제이다. 정보는 언제나 해석의 방식이며, 국가의 시선은 언제나 권력의 문제이다. 그러므로 '읽기 쉬움'의 정치학을 성찰하는 것은 더 투명하고 책임 있는 국가, 그리고 더 자율적인 시민의 조건을 다시 설정하기 위한 실천적 과제가 된다.

중국의 사회신용시스템에 대한 재고찰

6장에서 살펴보았듯이 중국의 사회신용시스템은 전체주의국가에서나 가능한 끔찍한 파놉티콘이라는 비판을 받고 있다. 그런데 이를 강하게 비판하는 연구자들은 주로 서구의 연구자들이다. 이들의 비판을 살펴보면 개인주의에 기반한 서구 민주주의 관점에 근거한 것이 대부분이다. 그런데 연구자들이 이해하기 어려워하는 사실이 있는데, 그것은 사회신용시스템에 대한 중국인들의 지지율이 높다는 것이다. 2018년 중국인을 대상으로 실시한 조사에 따르면 응답자의 약 80퍼센트가 사회신용시스템을 지지하며, 반대는 1퍼센트에 불과했다.[12] 특히 도시 거주자, 고소득·고학력자, 고령층일수록 찬성 비율이 높았고, 정부와 제도에 대한 신뢰가 강한 계층에서 지지 경향이 두드러졌다.

감시 항목 중에서는 지하철 내 무질서 행위, 가정 폭력, 쓰레기 분리수거 등과 같은 일상적 규범 위반에 대해 지지하는 의견이 많았으며, 이런 위반자들에 대한 처벌로는 공무원 임용 제한이나 여행 제한과 같은 행정적 처벌에 지지도가 높았다. 반면 자녀 교육에 관한 기회 제한이나 거주지 정보 공개, 인터넷 이용 제한과 같은 사생활 침해형 제재에 대해서는 여론의 지지가 상대적으로 낮았다. '연좌제'식의 제재에 대해서는 전반적으로 동의하지 않았던 것이다. 전체적으로 보면 제재의 강도와 방식에 대해서는 차이가 있지만 이 시스템 자체는 중국 사회에서 광범위한 지지를 받고 있다.

서구의 학자들은 높은 지지도의 이유를 전체주의국가의 사회 통제에서 찾고 있다. 정부를 비판할 언론의 자유가 없는 중국에서 사람들은 정부나 당의 정책에 순응할 수밖에 없다는 것이다. 그러나 이러한 평가는 사회신용시스템이 역동적으로 진화해온 역사를 무시하는 것이다. 사회신용시스템은 1990년대 중국이 시장경제로 전환하던 때 중소기업과 개인의 도덕 위반이나 계약 미준수가 심각한 사회적 문제로 떠오르면서 이에 대응하는 방편으로 시작되었다. 2002년경 저장성浙江省의 원저우温州와 항저우杭州에서 사회신용시스템이 실험적으로 도입되어 성공한 이래 2000년대에는 개별 부처와 지방정부가 자체 블랙리스트와 행정 데이터를 구축하면서 제도화하기 시작했고, 2014년 국무원이 전국적 통합 계획을 발표하면서 본격적인 국가 차원의 시스템으로 확대되었다. 이 시기에 공공 및 민간 데이터를 연계하고 블랙리스트·레드리스트 제도,[13] 공개 망신 전략 등을 도입해 행정·시장·사법 전반에 걸친 신용 규제를 시작했다. 2020년 이후에는 사회신용시스템의 남용 및 인권침해에 대한 비판의 목소리가 높아지면서 정부는 신용 회복 메커니즘 도입을 고려하는 등 제도 조정을 시도하고 있다. 사회신용시스템은 단순히 국민에 대한 감시체계를 넘어 전방위적 규율 수단이자 신뢰 기반의 사회 거버넌스를 지향하는 국가적 프로젝트로 진화해왔다.

중국인들은 왜 이런 신용시스템을 선호했을까? 역사적으로 중국에서 시민과 관리를 평가하는 관행은 매우 오래되었다. 그 기록은 기원전 주나라로 거슬러 올라가며, 한나라 시대에는 평가, 보상, 처벌에 대한 매우 정교한 체계를 이미 갖추고 있었다. 당나라 때에는 인사기록시스템인 '가고甲庫'가 만들어졌는데, 이는 이후의 왕조에서도 계속 유지되었다. 20세기 공산당 집권 시기에는 개인정보, 가족 배경, 직업 이력, 정치활동, 상사의 평가 등을 기록하는 당안档案시스템이 만들어졌다. 이 기록은 개인은 알지 못한 채 국가에 의해 비밀리에 작성되어, 개인의 경력 전반에 걸쳐 따라다녔다. 이 당안시스템은 시장경제가 도입되면서 완화될 수밖에 없었는데, 이후 발전한 것이 바로 사회신용시스템이다. 따라서 이런 맥락에서 보면 중국인들은 국가가 공무원은 물론 시민 개개인들을 평가하는 데 익숙하다.[14]

또한 다른 맥락에서 살펴보면 체면(중국어로는 미엔쯔面子)을 중시하는 중국의 문화적 전통 역시 고려할 필요가 있다. 중국 사회에서 체면은 오랜 전통을 지닌 사회적 자산으로, 개인이나 조직이 사회적 평가에서 자신의 위치를 유지하는 데 중요한 역할을 해왔다.[15] 사회신용시스템은 이러한 문화적 감수성을 제도화해 행정·사법·시장 영역에서 수집된 신용 정보를 기반으로 개인이나 기관의 사회적 신뢰도를 평가하는 제도이다. 부정적인 기록이 있으면 해당 정보는 블랙리스트 형태로 공개되어 평판을 손상시키는 방식으로 제재가 가해진다. 제재를 받은 당사자는 여러 사회적 영역에서 제약을 받게 되는데, 이는 단순한 행정처벌을 넘어서는 체면 손상과 사회적 낙인을 동반한다. 신용불량 정보는 언론, 온라인 플랫폼, 공공 게시판 등을 통해 널리 알려지며, 이러한 공개 망신은 사회적 압력을 통해 자율적 순응을 유도하는 결과를 가져온다. 결과적으로 사회신용시스템은 전통적인 체면문화와 현대적 평판 기술을 결합함으로써 법적 강제보다 더 효과적인 통제방식으로 작동하며, 국가가 신뢰에 기반한 '평판 국가'라는 새 질서를 구축할 수 있는 메커니즘인 것이다.[16]

마지막으로 고려해야 할 점은 중국의 신용평가시스템은 세 개의 다른 시스템이 결합된 복합 시스템이라는 사실이다. 첫 번째로 국가가 관장하는 사회신용시스템은 블랙리스트와 레드리스트, 그리고 공동 보상 및 처벌 시스템을 이용해 신용을 지키지 않은 사람들의 사회적·경제적 행동을 제한함으로써 규범을 형성한다. 그러나 일반적인 인식과 달리 국가 주도의 사회신용시스템에서는 사회적 신용보다 주로 금융이나 경제 영역에서의 신용을 평가한다. 두 번째로 지방정부에 의해 시행되는 지역 파일럿 프로그램은 신호위반이나 무단횡단 등 사회적 규율 위반에 더 초점을 맞춰 이를 점수화해서 신용을 평가한다. 마지막으로 디지털 플랫폼기업에서 사적이고 상업적인 시스템을 운용한다. 예컨대 알리페이의 '세서미크레딧Sesame Credit'과 위챗WeChat의 '페이스코어Pay Score'는 디지털 데이터와 공식 기록을 결합해 개인의 신용평가를 수행한 뒤 낮은 평가를 받은 사람들은 처벌하고, 신용점수가 높은 사람들에게는 다양한 혜택을 제공한다. 도시 거주자들과 고학력자들은 이 상업용 시스템의 사용에 익숙한데, 최근 이 시스템은 정부의 신용평가시스템과 통합될 움직임을 보이고 있다.[17]

　서구의 시선으로 보면 중국의 사회신용시스템은 전자 파놉티콘 혹은 오웰의 '빅브라더'와 다르지 않다. 그러나 중국인들은 서구의 거의 모든 나라에 이와 비슷한 경제·금융 분야의 신용평가시스템이 있다는 사실을 알고 있으므로 서구의 비판을 위선적이라고 생각한다. 물론 교통법규 위반과 같은 사회적 활동을 신용점수로 환산해서 활동에 제약을 가하는 제도는 서구에는 존재하지 않는다. 하지만 중국에서는 이런 제도가 국가가 시민과 관리를 평가했던 전통이나 체면과 평판을 중시하는 중국의 독특한 문화와 잘 부합한다고 보며, 이런 이유로 시민들 사이에서는 이에 대한 비판보다는 지지하는 분위기가 압도적이다.

　물론 사회신용시스템에 문제점이 없는 것은 아니다. 얼굴인식 프로그램과의 결합을 통한 공개적 망신 주기 같은 개인 프라이버시의 침해, 떨어진 신용을 다시 회복하는 제도의 미비, 사회신용시스템과 공식적인 법률체계의 관계가 모호하다는 사실, 부당한 평판으로 인한 피해의 가능성 등 사회신용시스템은 여러 가지 문제점을 안고 있다. 이에 시민 그룹과 정부에서는 이러한 문제점을 해결하기 위해 노력하고 있다. 사회신용시스템은 파놉티콘이나 빅브라더로 보기보다는 공공 규제의 중국적인 방식이라고 보는 것이 더 적절하다.

수스베일런스[18]
–감시 폭로

2013년 미국 정보기관에서 근무하던 에드워드 스노든은 미국과 영국 같은 선진국들이 전 세계적으로 대규모 감시 프로그램을 가동하고 있다는 사실을 폭로했다. 그의 내부 고발은 프라이버시와 정부 투명성에 대한 범세계적인 논쟁과 논란을 불러일으켰다. 스노든은 독학으로 컴퓨터 프로그래밍과 해킹 기술을 익힌 컴퓨터 천재로, 미국 중앙정보국과 국가안보국의 민간 계약업체에서 정보 보안에 관련된 업무를 담당했고, 일본과 하와이 등지의 미국 국가안보국 시설에서 근무했다. 이 과정에서 그는 미국 국가안보국의 글로벌 감시활동을 뒷받침하는 기밀문서를 수집해 그 내용을 〈가디언〉과 〈워싱턴 포스트〉 같은 영향력 있는 매체를 통해 폭로한 것이다.

스노든의 폭로에 따르면 미국과 영국의 정보기관들은 구글, 페이스북, 애플 등의 민간기업의 도움을 받아 프리즘, 업스트림 UPSTREAM, 템포라TEMPORA 같은 프로그램을 활용함으로써 디지털통신에 대한 대규모 감시를 실행하고 있었다(표 2 참조). 스노든의 폭로 이전까지 이러한 감시 행위는 시민들의 동의 없이 비밀리에 이루어졌고, 정부는 의회와 같은 정치권에 이를 국가 안보를 위한 합법적인 활동이라고 해명해왔다. 그러나 실제로 정부가 수집한 내용은 국가 안보만을 위한 것이 아닌 시민 다수

미국과 영국의 감시 기술			
이름	전체 명칭	운영 주체	내용
프리즘	Planning Tool for Resource Integration, Synchronization, and Management	미국 국가안보국 (NSA)	마이크로소프트, 구글, 페이스북, 애플 등 미국 내 주요 IT기업들로부터 이용자의 이메일, 채팅 기록, 사진, 화상통화, 파일 전송 등의 데이터를 직접 수집할 수 있도록 설계된 프로그램. 프리즘은 해외정보감시법에 따라 법원의 명령을 근거로 운영되었으며, 외국인의 정보수집이 주된 목표였지만 미국 시민의 정보도 간접적으로 수집해 논란이 되었다.
업스트림	알려지지 않았음	미국 국가안보국 (NSA)	인터넷 백본에 해당하는 통신망상에서 데이터를 직접 가로채는 방식으로 운영된 감시체계로, AT&T나 버라이즌 Verizon 같은 미국의 주요 통신회사들과 협력해 광케이블과 인터넷 백본에 스플리터splitter를 설치하고 이를 통해 실시간으로 데이터를 미국 국가안보국 장비로 복사해 수집하는 침습적 프로그램. 프리즘이 클라우드 서버에 저장된 정보를 수집하는 것과 달리 업스트림은 인터넷 트래픽이 오가는 물리적 경로에서 직접 정보를 추출해 더 포괄적이고 침습적인 감시를 가능하게 했다.
템포라	알려지지 않았음	영국 정부통신본부 (GCHQ)	해저 광케이블을 통해 흐르는 전 세계의 인터넷 데이터를 감청하는 프로그램. 템포라는 통신회사들과 협력해 케이블망에 접근하고 이메일, 통화 기록, 페이스북활동, 검색 기록 등 방대한 데이터를 수집한 뒤 이를 필터링하고 분석해 이 데이터를 미국 국가안보국과 공유했다.

표 2　에드워드 스노든이 폭로한 미국과 영국의 대표적인 감시 프로그램.

의 통신 내용, 위치 정보, 웹 기록 등 일상적이고 민감한 정보까지 포함된 것이었다. 이런 대량 감시는 민주주의와 개인의 프라이버시를 명백하게 위협하는 것이었으므로 스노든의 폭로는 국제사회에 커다란 충격을 주면서 대량 감시에 대한 범세계적인 정치적·사회적 논의를 촉발했다.

스노든의 폭로 이후 시민사회는 다양한 방식으로 감시에 저항하고자 했다. 시민단체와 NGO, 학계는 감시 범위와 법적 정당성에 문제를 제기하며 정보기관의 권한을 제한하고 감독을 강화할 것을 요구했다. 〈가디언〉과 〈인터셉트〉 등의 언론은 스노든의 문건을 바탕으로 정보기관의 감시 관행을 적극적으로 보도했다. 정부의 감시에 협조했던 애플, 구글, 트위터 같은 하이테크기업들은 암호화 기술을 강화하고, 정부의 요청에 대한 투명성 보고서를 발간하며 사용자의 신뢰 회복을 꾀했다. 기업의 이러한 기술적 조치는 정부의 감시를 우회하면서도 사용자 커뮤니케이션의 자유와 비밀을 지킨다는 저항의 의미를 갖기도 했지만, 또 한편으로는 자신들이 정부를 도와 감시에 참여했다는 혐의에 대응해 자사의 이익과 브랜드를 보호하기 위한 고육지계였다.

시민들의 반응은 어땠을까? 스노든의 폭로는 시민사회의 거센 저항을 야기했을까? 7장에서 보았듯이 미국 시민을 대상으로 실시한 조사는 시민들이 암호화된 브라우저를 사용하는 비율이 꽤 많이 증가했음을 보여주었다. 그렇지만 동시에 무력감역시 증가했다는 보도도 있다. 영국 시민들의 의식 변화를 연구한 리나 덴식Lina Dencik과 조너선 케이블Jonathan Cable은 스노든의 폭로 이후 영국 대중과 정치활동가들이 보인 반응을 '감시 리얼리즘surveillance realism'이라고 특징지었다. 이는 감시에 대해 불쾌함과 불안을 느끼면서도 현실을 바꿀 수 없다는 무력감속에 감시를 일상적 현실로 받아들이는 상태를 가리킨다. 이들이 분석한 대상은 상대적으로 정치적인 각성을 이룬 시민 그룹이었음에도 이들조차 암호화 도구를 사용하거나 디지털 세상에서 행동방식을 바꾸는 적극적인 저항을 실천하지는 않았다. 덴식과 케이블은 이런 좌절의 이유가 이미 감시가 '상수常數'로 자리 잡았다는 인식 때문이라고 해석했다. 스노든이 폭로한 프리즘 같은 전 세계적인 감시망은 비판과 저항 의식을 키웠다기보다 감시체계의 위용에 압도당한 채로 "저항이 의미가 없다"는 무력감을 낳았다는 것이 이들의 분석이었다.[19]

영국의 비안 바커Vian Bakir 역시 스노든의 폭로가 감시의 현실을 직시하게 함으로써 이에 대한 저항이 쉽지 않다는 인식을 심어주었다고 본다. 그는 스노든 이전과 이후 시기를 비교하기 위해 먼저 감시체제에 대한 시민의 저항 전략을 네 가지 유형으로 분류했다.[20]

(1) 수스베일런스sousveillance: 아래로부터의 감시. 스노든처럼 개인이나 시민이 권력을 감시하고 고발하는 행위.

(2) 카운터베일런스counterveillance: 감시 자체를 회피하거나 무력화하는 전략. 익명성 확보나 네트워크 차단 등을 포함.

(3) 유니베일런스univeillance: 감시는 차단하되 시민의 자기표현과 소통은 유지하는 전략. 스스로 만들거나 기업이 제공하는 암호화 기술이나 익명의 커뮤니케이션방식 등이 해당.

(4) 이퀴베일런스equiveillance: 감시와 반감시가 균형을 이루는 이상적인 상태.

바커에 따르면 스노든 이전의 시기에는 시민들이나 활동가들이 (1)에서 (3)의 전략을 통해 이상적인 목표인 (4), 즉 이퀴베일런스에 도달할 수 있다고 믿었고, 실제로 이를 목표로 여러 활동을 진행했다. 그런데 스노든의 폭로 이후 시민들은 전 세계적으로 작동하는 엄청난 감시 기술의 존재에 압도당해 (1)에서 (3)의 전략이 근본적으로 한계를 가지고 있다고 생각하게 되었다는 것이다. 즉 스노든 이후에는 이퀴베일런스가 절대 쉽지 않음을 절감하기 시작했다. 바커는 스노든 이후의 감시체계를 해석하기 위해 '감시가 상시 작동하는 파놉티콘 배치veillant panoptic assemblage'라는 개념을 제안한다. 이 개념은 타인과의 연결이나

자신의 활동으로부터 생성된 데이터가 구글, 애플, 마이크로소프트, 아마존 등과 같은 기업을 통해 국가 감시로 전환되는 심각하게 불균형적인 일종의 감시체계를 의미한다. 그러나 바커는 시민들의 노력이 아무것도 바꿀 수 없다고 보지 않았다. 그는 더 활발하고 광범위한 시민 참여, 기술적 저항 수단의 개발, 공론장의 질적 개선을 도모하는 노력을 통해 새로운 이퀴베일런스를 이룰 수 있고, 또 이를 만들어야 한다고 주장한다.[21]

그런데 우리가 시선을 조금만 돌려보면 스노든의 폭로가 미국과 전 세계의 감시 법제에 실질적인 변화를 유발했음을 알 수 있다. 가장 즉각적인 법적 대응은 2015년 미국 의회에서 통과된 미국 자유법USA FREEDOM Act의 제정이었다. 이 법은 미국 국가안보국이 테러 방지 명목으로 대규모 전화 메타데이터를 무차별적으로 수집해온 관행에 제동을 걸었다. 이 법 이전에는 미국 국가안보국이 자체적으로 데이터를 수집할 수 있었지만, 개정 이후에는 통신사가 해당 데이터를 보유하고 미국 국가안보국은 법원의 허가를 받아 이에 제한적으로 접근하도록 규정이 바뀌었다. 또한 이 법은 미국 정부가 외국의 정보수집 등의 감시활동을 승인하거나 감독하기 위해 설립한 외국정보감시법원의 결정 과정에 외부 법률 자문인amici curiae의 참여를 허용함으로써 사법적 감시체계의 투명성과 균형을 강화하고자 했다.[22] 이는 스노든의 폭로로 촉발된, 미국 역사상 처음으로 정부의 감

시 권한을 축소하는 법 개정이었다.[23]

이와 더불어 스노든 사건은 미국 사회에서 정보기관의 감시 권한과 그 정당성에 대한 헌법적 논쟁을 유발했다. 여러 법원은 미국 국가안보국의 감시 프로그램이 법률적 근거가 불충분하거나 위헌의 소지가 있다는 판결을 내렸고,[24] 이는 미국 내에서 감시에 대한 신중한 재검토를 초래했다. 아울러 시민사회와 인권단체들 사이에서는 감시권력의 범위, 통제 메커니즘, 그리고 사법적 감독의 필요성에 대한 목소리가 더욱 강해졌고 이는 법률적 개혁의 기반이 되었다.[25] 한편 스노든의 폭로는 유럽에서도 광범위한 반향을 일으켰다. 유럽 각국은 감시 권한의 법제화와 명문화에 나서기도 했지만 동시에 헌법재판소나 유럽사법재판소를 통한 견제도 강화했다. 특히 프라이버시 보호에 대한 사회적 요구가 높아지며 디지털 권리 보호에 관한 공적 담론이 확장되었다.

스노든의 폭로 이후 유럽사법재판소는 미국과의 데이터 전송 협정에 본격적으로 문제를 제기했고, 이는 미국 기업이 유럽 시민의 개인정보를 미국으로 이전하고 처리하게 허용하던 유럽연합과 미국 간의 '세이프하버Safe Harbor'협정이 폐기되는 계기가 되었다. 스노든의 폭로로 미국 내 감시 관행이 드러나면서 유럽사법재판소가 이 협정이 유럽의 개인정보보호 기준에 부합하지 않는다고 판단해 이를 무효화한 것이다. 이후 이 협정을 대체하기 위해 '프라이버시실드Privacy Shield'협정이 다시 체결되었으나 이 역시 2020년 미국 내 감시 프로그램이 유럽 시민의 기본권을 충분히 보호하지 못한다는 이유로 유럽사법재판소에서 폐기 판결을 내렸다. 현재는 이를 보완한 'EU-US 데이터 프라이버시 프레임워크Data Privacy Framework'가 2023년에 체결되어 시행 중이다.[26] 이렇듯 미국과 유럽이 균형 잡힌 데이터 보호와 정보 이전 체계를 구축하려는 노력을 이어가고 있는 상황은 스노든의 폭로가 국제법과 국경 간 정보 흐름, 그리고 글로벌 디지털 감시의 핵심 쟁점을 드러냈음을 보여준다.

프라이버시 중심 디자인

프라이버시를 지키기 위한 디지털 액티비즘digital activism은 시민과 활동가들이 점점 더 정교해지는 감시 기술에 대응해 디지털 공간에서 개인의 권리와 자유를 보호하기 위해 전개하는 정치적·기술적 운동을 말한다. 21세기에 들어 디지털 액티비즘은 미국 국가안보국의 대규모 감시 폭로, 감시 자본주의, 인공지능 기반의 감시 시스템 확산 등 다양한 위협에 맞서 프라이버시 권리의 옹호, 감시권력에 대한 저항, 그리고 대안 기술의 개발 및 활용이라는 실천을 이끌었다.

지금부터 살펴보고자 하는 것은 이런 디지털 액티비즘 중 하나인 '프라이버시 중심 디자인privacy-by-design'[27]이다. 프라이버시 중심 디자인은 시스템이나 서비스, 정책을 설계하는 초기 단계에서부터 프라이버시 보호를 핵심 원칙으로 삼는 접근방식이다. 이 개념은 프라이버시 문제를 사후에 바로잡는 것이 아니라 처음부터 구조적으로 해결해야 한다는 철학에 기반을 두고 있으며, 프라이버시 보호가 시스템의 작동 원리와 조직의 가치체계에 내장되어야 한다는 입장이다.

프라이버시 중심 디자인운동은 1990년대 중반 캐나다 온타리오주 개인정보보호 위원장인 앤 카부키언Ann Cavoukian에 의해 처음 제안되었다. 당시는 정보 기술이 빠르게 확산되면서 개인정보 침해의 우려가 커졌고, 기존의 사후 대응 중심 정책으로는 감시와 데이터 수집에 효과적으로 대응하기 어렵다는 문제의식이 이제 막 대두되던 시기였다. 이에 카부키언은, 프라이버시는 기술과 조직의 디자인 단계에서부터 구조적으로 내장되어야 한다는 새로운 원칙을 제시했다.[28] 이후 2009년에는 캐나다 온타리오 정보위원회가 이스라엘 정보기술국과 함께 주최한 워크숍에서 이 개념을 더 구체화했고, 제31차 국제 데이터보호위원회 회의에서 전 세계 프라이버시 전문가들에게 이를 공식적으로 확산시켰다. 2010년에는 글로벌 프라이버시 총회Global Privacy Assembly가 연례 회의에서 프라이버시 중심 디자인을 국제 표준으로 채택하는 결의안을 승인했으며, 각국 정부와 규제

프라이버시 중심 설계의 일곱 가지 원칙	
Privacy by Design: The 7 Foundational Principles	
1 사후 대응이 아닌 사전 예방 (Proactive not Reactive; Preventative not Remedial)	문제를 해결하기보다 문제가 발생하지 않도록 미리 방지하는 방식으로 설계되어야 한다. 프라이버시 침해를 사후에 바로잡는 것이 아니라 처음부터 침해가 발생하지 않도록 설계에 반영해야 한다.
2 기본 설정에서부터 프라이버시 보호 (Privacy as the Default Setting)	사용자가 별도로 설정하지 않아도 시스템이 기본값으로 프라이버시를 최대한 보호해야 한다. 예를 들어 위치 정보, 연락처, 활동 데이터 등의 수집은 명시적 동의opt-in가 있을 때만 이루어져야 한다.
3 설계에 내장된 프라이버시 (Privacy Embedded into Design)	프라이버시 보호는 기능을 추가하는 부속품이 아니라 시스템의 핵심 구조에 통합된 기본 요소로 설계되어야 한다. 보안이나 성능과 동등한 수준으로 프라이버시를 고려해야 한다.
4 제로섬이 아닌 상생방식 (Full Functionality — Positive-Sum, not Zero-Sum)	프라이버시 보호는 보안, 비즈니스, 혁신과 충돌하거나 희생되는 것이 아닌 동시에 달성할 수 있는 가치이다. 기능성과 프라이버시의 상생적 접근이 중요하다.
5 전체 생애주기 보호 (End-to-End Security — Lifecycle Protection)	데이터는 수집되는 시점부터 보관, 사용, 폐기까지 전체 생애주기 동안 안전하게 비공개로 유지되어야 한다. 프라이버시는 일회성 조치가 아닌 지속적 보호여야 한다.
6 가시성과 투명성 보장 (Visibility and Transparency)	시스템이 프라이버시 보호를 어떻게 구현하고 있는지 외부에서 확인할 수 있어야 하며, 그 운영이 투명하고 책임 있는 방식으로 이루어져야 한다. 신뢰는 투명성에서 비롯된다.
7 사용자 중심의 프라이버시 (Respect for User Privacy — Keep it User-Centric)	설계는 사용자의 권리, 선택권, 통제력을 중심에 두어야 하며, 사용자가 자신의 데이터를 이해하고 관리할 수 있도록 쉽게 안내해야 한다. 존엄성과 자율성을 존중하는 것이 핵심이다.

표 3 프라이버시 중심 설계의 일곱 가지 원칙.

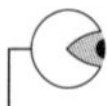

기관이 이를 정책과 법률에 반영할 것을 권고했다. 그 결과 2016년에 시행된 유럽연합의 GDPR은 제25조에서 데이터 보호 중심 디자인을 법적 의무로 명문화하며 이 운동의 가장 중요한 제도적 성과를 이루어냈다.[29]

프라이버시 중심 디자인은 일곱 가지 핵심 원칙을 통해 구체화된다(표 3).[30] 그중에서도 중요한 원칙은 '사후 대응이 아닌 사전 예방', '기본 설정에서부터 프라이버시 보호', '사용자 중심의 프라이버시' 등이다. 예를 들어 사용자가 따로 설정하지 않아도 자동으로 최소한의 데이터만 수집되도록 하고, 암호화와 접근 제어를 정보처리의 전 과정에 포함하는 방식으로 설계하는 것이 이와 같은 원칙에 해당한다. 이러한 방식은 프라이버시와 보안, 기업의 효율성 등 서로 충돌할 수 있는 목표들을 균형 있게 달성하려는 '상생방식positive-sum'의 철학에 기반하고 있다.

기술 설계와 정책 결정에서 프라이버시를 수동적 방어가 아닌 능동적·구조적 권리로 재정의하는 이러한 철학과 실천은 인공지능—빅데이터 시대의 개인정보보호를 위한 핵심 전략이 될 수 있다. 이 운동은 기술 발전이 필연적으로 감시와 통제를 확대하는 것이 아니라 적절한 설계를 통해 시민의 권리를 강화하고 이를 통해 신뢰받는 디지털사회를 구축할 수 있다는 가능성을 보여준다. 물론 기업은 원칙과 가이드라인이 있다고 하여 이를 순순히 따르지는 않는다. 경제적 이익을 위해서는 사용자의 프라이버시를 쉽게 무시하는 것이 기업의 기질이기 때문이다. 따라서 이 추상적인 원칙을 기업의 사업에 구현될 수 있는 구체적인 실천 지침으로 바꾸는 노력과 이를 감독하는 독립적이고 중립적인 감독기관의 역할이 중요하다.[31]

교란 기술

감시 기술이 정교해짐에 따라 이에 대응하는 다양한 형태의 교란obfuscation 전략 역시 빠르게 등장하고 있다. 교란은 감시를 회피하거나 방해하는 창의적인 기술과 전술을 의미하며 얼굴인식, 위치 추적, 온라인 활동 모니터링 등 다양한 감시 기술에 맞서 개인의 프라이버시를 보호하려는 시도로 활용된다.[32]

CCTV와 같은 감시카메라가 진화하면서 얼굴인식 프로그램이 정교해지고 그 사용이 확산되었다(그림 19). 이에 저항하는 가장 유명한 사례는 2010년 뉴욕을 중심으로 활동하던 예술가 애덤 하비Adam Harvey가 개발한 'CV대즐CV Dazzle'이다. 이는 제2차 세계대전 중에 연합군 해군이 개발한 '대즐위장dazzle camouflage'에서 영감을 얻은 것으로, 메이크업과 독특한 헤어스타일을 활용해 얼굴인식 알고리즘이 얼굴을 인식하지 못하도록 소프트웨어를 무력화하는 전략이었다. CV대즐은 비대칭적인 헤어스타일과 눈에 띄는 색상을 활용해 인공지능이 얼굴의 윤

그림 19　런던의 뉴먼거리에 그려진 CCTV를 비판하는 예술가 뱅크시의 벽화. "CCTV 아래 우리는 하나의 국가"라는 구호를 한 소년이 지우고 있고, 아래에서는 이를 경찰과 경찰견이 지켜보고 있다. 'One Nation under CCTV'는 'One Nation under God'을 패러디한 구절이다.

곽과 중심점을 식별하기 어렵게 만들었다.[33] 활동가들은 '얼굴인식 방어 워크숍' 같은 대회를 개최해 다양한 CV대즐의 성능을 테스트하고 비교하기도 했다. 2010년대 중반 이후 CV대즐이 딥러닝 신경망 인공지능에 효과적이지 않다는 사실이 밝혀지자 활동가들은 신경망 기반 인공지능 얼굴인식을 교란하는 페이스대즐Face Dazzle 같은 새로운 기술을 개발하기도 했다.

　CV대즐 외에도 감시카메라를 피하는 다양한 교란 기술들이 개발되었다. '하이퍼페이스HyperFace'는 의류나 액세서리에 가짜 얼굴이 프린트된 패턴을 넣어 카메라가 실제 얼굴을 혼동하게 하는 전략이다. '반反감시 패션Anti-Surveillance Fashion'은 반사성 소재나 LED 조명을 활용해 카메라가 얼굴을 촬영하지 못하게 만들거나, 후드나 모자의 특정한 구조를 이용해서 각도에 따라 얼굴을 가리는 방식이다. '반사 안경Reflectacles'은 반사 렌즈를 이용해서 카메라의 플래시나 적외선 조명을 반사해 얼굴을 인식하지 못하도록 설계된 것으로, 패션과 기술을 접목시킨 실용적인 장비이다. 이는 공공장소에서 감시카메라로부터 얼굴 정보를 보호하려는 사람들에게 실질적인 도움을 준다. 감시 기술을 겨냥한 이러한 적대적 디자인adversarial design은 사람이 보기에는 자연스럽지만 컴퓨터 비전체계에는 혼란을 야기하는 시각 정보를 제공한다.

기계학습 기술을 이용한 인공지능 기반 감시에 대응하기 위한 적대적 기계학습 전략도 주목할 만하다. 예를 들어 '적대적 패치Adversarial Patch'는 특정한 시각적 패턴이 삽입된 작은 패치로, 이것을 옷이나 얼굴에 부착해 머신러닝 인공지능이 얼굴을 인식하지 못하거나 다른 객체로 잘못 분류하도록 유도한다. '익명 마스크Anonymous Masking'나 얼굴 보철물face prosthetic은 얼굴의 윤곽을 변화시켜 얼굴인식 알고리즘이 제대로 기능하지 못하게 만든다. 특히 영화에서의 특수분장처럼 세밀하게 설계된 마스크는 실제 얼굴과 전혀 다른 외형을 만들어냄으로써 디지털 감시를 회피하는 데 효과적이다. 여기서 볼 수 있듯이 CV 대즐처럼 위장이나 헤어스타일을 이용해 컴퓨터 비전시스템을 교란하던 초보적인 기술은 머신러닝 인공지능을 교란하는 보다 고차원적인 전략으로 진화했다.

드론의 감시를 피하려는 '드론 회피 의류Anti-Drone Garment' 혹은 '스텔스 의복Stealth Wear'도 등장했다. CV대즐의 고안자 애덤 하비는 패션 디자이너 요해나 블룸필드와 협력해 드론 회피 후드, 스카프, 부르카 같은 '스텔스 의복' 컬렉션을 제작했다. 그는 금속 코팅 원단을 이용해 인간의 체온을 반사하거나 분산시킴으로써 드론의 열센서에 포착되기 어려운 열 신호를 생성했다. 이러한 프로젝트는 패션과 기술을 결합해 감시로부터 개인의 프라이버시를 보호하고자 했으며, 드론의 감시와 같은 현대 감시 기술에 대한 비판적 대응으로 시작된 예술적 실험이었다. 그 목적은 군사적 응용보다는 시민의 권리 보호와 사회적 문제 제기에 있었고, 프로젝트에 사용된 금속 코팅 섬유는 감시 회피를 위한 일종의 상징적 장치이자 실험적 도구였다.[34]

흥미로운 사실은 최근 우크라이나전쟁 등 실제 군사작전에서 유사한 원리를 적용한 드론 회피 의류와 위장장비가 적극적으로 활용되고 있다는 점이다. 우크라이나군이 사용하는 팬텀스킨Phantom Skin이나 독일군이 개발한 고스트후드Ghosthood, 스위스의 프로앱토ProApto와 같은 군용 위장복은 열 감지 회피를 위한 고기능 소재와 복합 구조를 갖추고 있으며, 그 목적이 군사적 사용이지만 하비의 프로젝트와 기술적 유사성이 있다. 하비의 작업이 군사 기술에 직접적인 영향을 주었다고 보기는 어렵지만 감시 기술에 대한 물질적 대응이라는 문제의식이 문화예술의 영역에서 먼저 제기되었고, 이후 군사 분야에서 실용화가 이루어졌다고 해석할 수 있다.

실제 세상이 아닌 웹과 인터넷 등의 사이버 세상에서 프라이버시를 지키기 위한 교란 기술도 다양하게 존재한다. 트랙미낫TrackMeNot은 브라우저 확장 프로그램으로 웹 검색을 할 때 무작위 검색어를 생성해 전송함으로써 정보를 수집하는 회사가 무엇을 검색했는지 알아내지 못하게 한다. '간주'에서도 언급했지만 토르 브라우저는 사용자의 IP주소를 감추고, 방문한 웹사이트와의 직접적인 연결을 차단해 추적을 방지한다. 이 브라우저는 다양한 노드를 통해 데이터를 전송함으로써 사용자의 위치와 활동을 숨겨 익명을 보장한다. 페이스클록FaceCloak은 SNS에서 개인정보를 보호하기 위한 도구로, 가짜 정보를 입력해 실제 정보를 숨기는 방식으로 작동한다. 이 프로그램은 사용자가 SNS에 개인정보를 입력할 때 가짜 정보를 대신 입력하고 진짜 정보는 암호화된 형태로 저장해 노출을 방지한다. 캐시클록CacheCloak은 모바일기기를 통한 위치추적을 방지하기 위한 시스템으로, 이 역시 사용자의 이동 패턴을 숨기기 위해 가상의

경로를 생성해서 가짜 위치 데이터를 전송한다.[35]

소셜봇SocialBot은 자동화된 봇 계정을 통해 대규모로 정보를 퍼뜨려서 정보의 흐름을 방해하고 추적을 어렵게 만든다. 애드나우세암AdNauseam[36]은 웹사이트의 광고를 차단하는 동시에 모든 광고를 무작위로 클릭해, 광고를 전송하는 회사가 나의 실질적인 관심을 알 수 없게 함으로써 광고 추적을 무력화하는 브라우저 확장 프로그램이다(그림 20). 스케어메일ScareMail은 이메일에 무작위로 선택된 '의심스러운' 키워드를 추가해 감시시스템의 경고를 유발하고, 진정한 관심사나 의도를 감추는 방식으로 정부의 이메일 감시 프로그램을 혼란시키는 프로젝트이다. 하이딩인플레인사이트Hiding in Plain Sight 전략은 중요한 정보를

그림 20 애드나우세암의 웹사이트.

감추기 위해 많은 양의 비슷한 데이터를 채워 실제 정보를 발견하기 어렵게 만드는 전략이다. 해커의 공격에 자주 사용되어 악명이 높지만 분산서비스거부공격DDoS 역시 대량의 트래픽을 특정 서버로 보내 그 서버가 마비상태에 빠지게 함으로써 시스템을 압도하는 방식으로 특정 데이터를 숨기는 방법이다.

이러한 교란 전략들은 단순히 감시를 피하는 수동적 행동이 아니라 데이터의 흐름과 감시체계 자체에 질문을 던지는 적극적인 기술적 실천이다. 교란은 프라이버시를 보호하는 동시에 데이터감시에 대한 사회적 인식을 환기시키고, 기술권력에 대한 비판적 논의를 가능하게 하는 하나의 저항방식으로 기능한다. 이런 저항은 개인의 프라이버시를 지키기 위한 능동적인 대응방식으로, 감시를 완전히 차단하기보다 데이터를 흐리고 혼란스럽게 만들어 감시자의 분석을 어렵게 한다는 점에서 중요한 의의가 있다. 이는 권력의 일방적인 감시에 저항하고 표현의 자유를 쟁취하는 디지털 시민권digital citizenship의 일환이다. 앞에서 사례로 든 자동화된 웹 트래픽 생성, 가짜 검색어 삽입, 트래킹 방해 기술 등은 모두 개인이 자신의 데이터 흐름을 조작함으로써 감시체계 내에서 일정 수준의 익명성과 통제권을 되찾도록 도와준다. 교란은 기술적 실천이자 정치적 행위로서 감시사회에서 사생활의 주체성을 회복하는 전략적 도구라고 할 수 있다.

현실에서의 디지털 행동주의

사이버 세상을 통한 연결이 보편화되고 글로벌화된 후, 디지털 행동주의는 21세기 주요한 역사적 사건 속에서 전 세계 정치·사회 운동의 지형을 재편해왔다. 최근에는 역사에 족적을 남긴 정치적·사회적 저항 중에 디지털 미디어의 매개를 이용하지 않은 경우가 드물 정도이다. 뒤에서 논할 사례마다 인공지능과 빅데이터를 사용하는 디지털 플랫폼은 운동 조직, 정보 확산, 지역적·국제적 연대 형성의 핵심 도구로 자리 잡았다. 시민들은 이런 저항에서 SNS 같은 디지털 기술을 효율적인 수단으로 사용했다.

'아랍의 봄'은 2011년 초 이집트의 수도 카이로 타흐리르광장을 중심으로 벌어진 대규모 반정부 시위와 이 시위가 촉발한 무바라크 정권의 붕괴를 일컫는 사건이다. 여기서 페이스북과 트위터 같은 SNS가 이 시위의 기획과 확산에 핵심적인 역할을 담당했다. 특히 "우리 모두는 칼레드 사이드이다We Are All Khaled Said"라는 페이스북 페이지는 시위의 도화선이 되었다. 경찰의 가혹 행위로 숨진 20대 언론인 칼레드 사이드의 사건을 조명하면서 결집을 촉구한 이 페이스북 페이지는 부패한 경찰의 권력과 정권에 대한 분노를 조직화하는 중심 역할을 했다. 이 페이지를 운영하던 구글의 직원 와엘 고님Wael Ghonim은 시위 날짜와 장소, 방법 등을 시민들에게 널리 알리고 각종 억압 사례를 공유

그림 21 2011년 1월 이집트의 반정부 시위에 참여한 남성이 "Facebook, #jan25, The Egyptian Social Network(페이스북, #1월 25일, 이집트의 소셜네트워크)"라고 적힌 팻말을 들고 있다. 1월 25일은 대규모 반정부 집회가 시작된 날이다. 팻말 속 아랍어는 '사람들의 책'이라는 뜻으로 페이스북이 사람들을 엮어주는 '책book'임을 의미한다.

하며 대중의 분노를 결집시켰다. 또한 트위터는 현장에서 벌어지는 경찰의 폭력, 시위 진압 현황, 집결 장소 변경 등의 상황을 공유하는 플랫폼으로 적극 활용되었으며, 국제 언론과 활동가들에게 실시간으로 정보를 전달하는 수단으로 기능했다. 유튜브와 플리커Flicker 같은 플랫폼도 시위 장면이나 폭력적 진압을 영상으로 공유하며 국내외 많은 사람의 공감과 지지를 이끌어냈다.[37]

결과적으로 이러한 SNS의 네트워크는 분산된 시민들을 하나의 공동체로 연결하고, 자발적이고 동시다발적인 저항을 가능케 하여 2월 11일 호스니 무바라크가 대통령직에서 물러나도록 압박하는 데 성공했다. 이집트의 (그리고 뒤를 이어서 튀니지의) 사례는 SNS가 단순한 정보교환의 도구를 넘어 권위주의 정권에 맞선 시민 저항의 조직자, 기록자, 그리고 확성기 역할을 할 수 있음을 보여주는 대표적인 사례로 평가된다. 다만 SNS가 민주주의를 자동적으로 보장하는 마법의 도구는 아니었음을 상기할 필요가 있다. 아랍의 봄 이후 몇몇 나라에서는 권위주의 정권이 다시 등장해 SNS를 감시와 통제의 수단으로 역이용하기도 했다. 따라서 디지털 행동주의는 정당, 노동조합, 시민운동단체 등의 오프라인 조직화와 밀접하게 연결될 때 그것이 가져온 변화를 영속시킬 수 있다.[38]

2011년 뉴욕에서 시작된 시위운동 "월스트리트를 점거하라 Occupy Wall Street"는 디지털 기술을 전략적으로 활용함으로써 전 세계적 확산을 이끌어낸 대표적인 디지털 행동주의 사례 중 하나이다. 이 운동에서는 #occupywallstreet라는 해시태그가 트위터를 중심으로 폭발적인 관심을 끌었으며, 수십만 건의 게시물이 실시간으로 업로드되면서 시위 날짜, 장소, 경찰의 동선 등을 빠르게 전달하고 공유했다. 참여자들은 스마트폰과 디지털카메라를 활용해 시위 현장을 촬영하고 이를 유튜브, 페이스북, 트위터 같은 SNS에 게시했으며, 인터넷 개인 방송 유스트림 Ustream을 통한 라이브 스트리밍이나 드론 촬영 등도 적극 활용했다. 이때 페이스북도 미국 각 지역의 점거운동을 조직하는 거점으로 사용되었다. 페이스북은 물론 트위터도 뉴욕의 운동이 전국으로 확산되는 데 촉매제 역할을 했다. "월스트리트를 점거하라" 운동은 미국과 같은 선진국에서도 디지털 기술이 정치적 저항의 매개일 수 있음을 보여주었다.[39]

이후 디지털 액티비즘은 "흑인의 생명도 소중하다Black Lives Matter(BLM)"라는 구호로 확산된 흑인 인권운동, 그리고 미투MeToo운동 등에서도 중요한 역할을 담당했다. "흑인의 생명도 소중하다"라는 흑인 인권운동은 경찰 폭력과 인종차별에 대한 저항으로 시작되었다. 2013년 백인 경찰이 무장하지 않은 흑인 소년을 총으로 쏴서 사망하게 한 사건으로 촉발된 이 운동은, 트위터상에서 #BlackLivesMatter 해시태그를 달아 이 뜻에 연대하는 디지털 액티비즘을 통해 급속히 확산되었다. 이후 2020년 미국 미네소타주에서 또 다른 흑인 조지 플로이드가 경찰의 과잉 진압으로 사망했는데, 이를 촬영한 스마트폰 영상이 페이스북에 공유되면서 다시금 전 세계적으로 시위와 항의가 촉발되었다. 여기서도 SNS는 기존 언론에서 다루지 못한 현장의 생생한 증언을 전 세계에 전파함으로써 현대 인권운동의 새로운 장을 열었다. 특히 트위터와 인스타그램에는 도덕과 감성에 호소하는 글과 영상이 주로 공유되어 경찰의 폭력, 시위 현장 상황을 알릴 뿐 아니라 개혁 요구를 조직하고 공유하는 데

중요한 역할을 했다.[40]

2017년 이후 미국에서 촉발된 미투운동은 성폭력 피해자들이 SNS에서 자신들의 경험을 공유하는 바이럴 캠페인으로 확산되었다. 특히 트위터는 해시태그 #MeToo를 통해 운동 담론을 빠르게 확산시키는 역할을 했고, 레딧 같은 SNS에는 피해자들의 경험을 적은 긴 글이 올라와 이들을 지지하는 목소리를 모으는 데 기여했다. 이 운동은 다양한 조직에서 행해지는 성적인 폭력 문제를 수면 위로 끌어내고, 사회적으로 영향력 있는 다수의 가해자를 법적·사회적으로 단죄하는 변화를 이끌었다. 이 과정에서 SNS는 피해자들을 연결하고 대중적 지지를 형성하며, 법적·제도적 변화를 요구하는 여론을 형성하는 플랫폼 역할을 했다. 앞에서 언급한 세 가지 사례에서 보듯이 디지털 액티비즘과 현실 세계에서의 조직화된 운동이 결합하는 방식은 21세기 사회운동의 전형을 만들어냈다.[41]

홍콩 반송환법 시위(2019~2020)에서는 텔레그램, LIHKG, 시그널Signal과 같은 메신저 앱이 핵심적인 조직 도구로 활용되었다. 시위자들은 익명화된 이 플랫폼을 통해 검열을 피할 수 있었고, 또한 리더 없이도 스스로 조직하고 전략을 공유하는 수평적 네트워크의 장점을 충분히 이용할 수 있었다. 텔레그램 채널을 통해서는 실시간으로 경찰의 동선 정보나 전략 공유가 이루어졌는데, 이는 운동의 내부 결속과 전략적 대응력을 강화했다.

2020년부터 2023년 코로나19 팬데믹 기간 동안 감염자와 잠재적 감염자를 추적하는 감시 기술이 정부에 의해 사용되었지만, 시민들 역시 자발적으로 감염병 대응과 사회적 연대를 형성하기 위해 디지털 플랫폼을 활용했다. 거리 두기와 봉쇄 조치가 시행되는 상황에서 페이스북, 트위터, 인스타그램 등에서는 #StayHome, #FlattenTheCurve[42] 같은 해시태그가 확산되며 공공 메시지가 실시간으로 전달되었다. 세계보건기구WHO와 질병관리청 같은 보건기관들은 SNS를 통해 예방 수칙, 확진자 동선, 백신 관련 정보를 신속하게 제공했다. 페이스북이나 트위터의 사용이 자유롭지 않은 중국의 경우에는 웨이보Weibo 등 자체 SNS에서 격리된 우한 주민에게 격려 메시지 보내기 운동, 마스크 착용을 권하는 해시태그 공유 운동이 활발하게 진행되었다. 우리나라의 경우는 페이스북 그룹이나 카카오톡 채팅방과 같은 커뮤니티 기반 디지털 공간을 활용해 마스크나 식료품 나눔, 자가격리자 지원 등 생활 밀착형 상호부조활동을 조직하기도 했다. 이러한 디지털 네트워크는 가짜 뉴스가 확산되는 매체가 되기도 했지만 전체적으로 위기 상황 속에서 공적 신뢰를 구축하고 심리적 연대와 실질적 자원 공유를 가능하게 했으며, 시민행동과 지역사회 협력체계를 강화하는 핵심 수단으로 작동했다.[43]

2016년부터 2017년 박근혜 전 대통령 탄핵을 촉구하는 촛불

집회 당시 디지털기기와 플랫폼은 집회 조직과 확산에 결정적인 역할을 했다. 무엇보다 스마트폰은 현장 참가자들에게 실시간 정보 생산 및 유통의 도구였다. 시민들은 시위 장면을 직접 촬영해 이를 페이스북, 트위터, 인스타그램 등 SNS뿐 아니라 카카오톡 단체 채팅방, 오픈 채팅 등에 올려 지인들과 공유했다. 이 과정을 통해 촛불집회의 규모와 열기는 빠르게 전국으로 확산되었으며, 해외에 거주하는 교민들 또한 이를 실시간으로 접하고 동참 의사를 표명하는 등 '국제적 연대'의 현상도 나타났다. 특히 카카오톡은 참여 인원과 일정 공유의 중심 플랫폼으로 활용되었다. 카카오톡 채팅방에서는 "이번 주 촛불 몇 시에 모이자", "이런 피켓 문구를 들고 가자", "실시간 현장 상황은 어디서 중계하냐"와 같은 정보가 오갔고, 단체방을 통해 집회 참여자 간의 소속감과 결속이 형성되었다.

또 많은 사용자가 시위 현장을 자신의 프로필 이미지나 배경 화면으로 설정하면서 온라인에서 '디지털 시위 공간'이 형성되었다. 집회 당일 현장에서는 유튜브 스트리밍, 아프리카TV, 페이스북 라이브를 통해 시민기자들과 독립 언론, 일반 참가자들이 집회를 직접 중계하며 기존 방송이 다루지 않는 시위의 세부 장면들, 현장 연설, 퍼포먼스 등을 전국에 실시간으로 전달했다. 이는 단지 집회 현장을 공유하는 차원을 넘어 기존 언론의 편집 프레임에서 벗어난 '시민의 시선'이 디지털로 실현된 것이었다.

이처럼 스마트폰과 SNS는 박근혜 전 대통령 탄핵 촉구 촛불집회를 단지 오프라인의 집회로 그치지 않게 했다. 한 연구에 따르면 시위 참여자의 절반이 SNS를 이용해 자신의 시위 참여 경험을 공유했고, 이런 공유된 경험은 수백만 명의 시민이 '디지털 공간'에서 끊임없이 연결되고 있다는 정동affect을 유지하게 했다. 이러한 디지털 공간을 통해 형성된 연대감은 지속적 참여를 가능하게 했으며, 이는 2016년 말에서 2017년 초까지 매일 수만 명에서 수십만 명의 시민들이 광화문 광장에 모이게 한 중요한 추동력 중 하나였다.[44]

아랍의 봄, 월스트리트 점거운동, 흑인 인권운동, 미투운동, 홍콩 시위, 팬데믹 대응, 한국의 탄핵 집회 등은 모두 디지털 행동주의가 어떻게 정치적·사회적 변화를 실제로 이끌었는지를 보여준다. 각각의 사례에서 기술은 단순한 수단이 아니라 운동의 조직 구조, 메시지 전달, 국제적 연계, 전략적 대응을 가능하게 하는 핵심 요소로 작동했다. 프랑스의 과학기술학자 브뤼노 라투르Bruno Latour의 개념을 빌려 이야기하면 디지털 기술은 단순 중재자intermediary가 아닌 적극적 매개자mediator였다.[45] 디지털 행동주의는 지금, 이 순간에도 사회운동과 권력에 대한 시민의 저항을 근본적으로 변화시키고 있다.

**법적·제도적
개혁**

스노든의 폭로에서 보았듯이 그의 폭로 이후 여러 국가가 데이터보호법을 강화했다. 그중 가장 대표적인 것이 유럽연합의 GDPR이다. GDPR은 데이터 프라이버시 및 데이터 보호를 위한 규정으로, 몇 해의 준비 기간을 거쳐 2018년 5월 25일부터 시행되었다. 이 규정의 주요 목적은 개인 데이터 보호를 강화하고 데이터 주체의 권리를 확립하며, 데이터 처리의 투명성을 높이는 것이다.

GDPR의 주요 의의는 첫째, 데이터 주체의 권리 강화이다. GDPR은 데이터 주체에게 광범위한 권리를 부여하는데, 여기에는 정보 접근 권리, 데이터 수정 권리, 삭제 권리(잊힐 권리), 처리 제한 권리, 데이터 이동 권리, 반대할 권리 등이 포함된다. 둘째, 데이터 처리의 투명성이다. 회사나 정부의 조직은 데이터를 수집하고 처리하는 목적을 명확히 해야 하며, 이를 데이터 주체에게 명확하게 설명해야 한다. 또한 데이터 보호 담당자를 지정하고, 데이터 유출 사고가 발생하면 규제 당국 및 데이터 주체에게 신속히 통지해야 한다. 셋째, 동의의 중요성이다. GDPR은 명시적이고 자유로운 동의를 요구한다. 데이터 주체는 자신의 데이터가 어떻게 사용될지에 대해 명확히 이해한 후 동의해야 한다. 넷째, 책임성과 준법성이다. 조직은 GDPR 준수를 위해 적절한 기술적·조직적 조치를 취해야 한다. 이는 정기적인 데이터 보호 영향 평가Data Protection Impact Assessment(DPIA)를 포함할 수 있다. 다섯째, 국제 데이터 이전 규제이다. 유럽연합 외부로 데이터가 이전될 경우 해당 데이터는 GDPR과 동일한 수준의 보호를 받아야 한다.

GDPR은 전 세계적으로 가장 엄격한 데이터 보호 규제로 평가되며, 유럽연합 내에서 데이터를 처리하거나 유럽연합 시민의 데이터를 다루는 모든 조직에 적용된다. 이 법안이 실제로 적용된 사례가 있다. 2019년 프랑스의 데이터 보호 감독기관인 정보자유국가위원회CNIL는 구글이 개인정보 제공 동의 절차에서 사용자 동의를 적절하게 구하지 않았다는 이유로 구글에 5000만 유로(당시 기준 약 680억 원)의 벌금을 매겼으며, 2020년 영국 정보위원회는 해킹으로 인해 약 42만 개의 고객 데이터 유출을 초래한 영국항공에 2000만 파운드(당시 기준 약 300억 원)의 벌금을 부과했다. 2020년 독일의 데이터 보호 당국은 직원들의 사생활을 침해하는 데이터 수집 및 보관을 행한 H&M에 3500만 유로(당시 기준 약 470억 원)의 벌금을 징수했다. 이러한 사례들은 조직이 데이터 보호 규정을 준수하지 않을 경우 받을 수 있는 심각한 법적 제재를 보여준다.

GDPR은 데이터 주체의 권리 보호와 데이터 처리의 투명성 강화가 주요 목표이며, 이를 위반하는 조직에 대해서는 엄격한 제재를 가한다. 이후 기술기업들은 사용자 데이터를 무단 감시로부터 보호하기 위해 암호화 및 보안 조치를 채택하거나 기존의 조치들을 대폭 개선했다. 애플과 같은 기술 기업들은 사용자 프라이버시를 보호하기 위해 영국 정부의 데이터 요청에 법적으로 도전하는 등 더욱 강경한 입장을 취했다. 한 연구는 GDPR의 대상이 된 유럽연합의 웹사이트에서 사용자의 행동과 관심을 감시하고 기록하는 작은 장치나 코드인 추적기tracker가 14.8퍼센트 감소했지만, GDPR의 적용 대상이 아닌 사이트에서는 그 감소가 거의 눈에 띄지 않았음을 보여주고 있다. GDPR이 웹 감시를 실질적으로 감소시켰다는 결과이다.[46] 이렇게 GDPR의 시행은 데이터 보호의 새로운 기준을 제시하며 전 세계적으로 데이터 프라이버시와 보호에 대한 인식을 제고하는 데 기여했다.

데이터 저항 정치

디지털 자본주의 시대에 데이터는 새로운 원유로 불리며 글로벌 자본주의를 유지하는 핵심 자산으로 자리 잡고 있다. 영국의 닉 서르닉Nick Srnicek은 데이터가 자본주의에 의해 채굴·정제·활용되는 새로운 원재료라고 지적하면서 플랫폼들이 네트워크 효과를 통해 막대한 데이터를 수집하고 가치화한다고 설명한다. 데이터는 기업의 활동뿐 아니라 여가, 감정, 창의성과 같은 비노동 영역에서도 잉여가치를 창출하며, 이 같은 이유로 데이터 수집은 전 방위적으로 확장되고 있다. 이러한 구조 속에서 데이터는 단지 기술적 대상이 아닌 감시와 착취를 통해 자본이 인간의 삶 전체를 포섭하는 수단이 되었고, 닉 쿨드리Nick Couldry와 울리세스 메히아스Ulises Mejias는 이를 '데이터 식민주의data colonialism'라고 일컫는다. 이는 시민들이 일상의 모든 활동에서 끊임없이 데이터를 생성함으로써 삶의 전 영역이 상품화되고, 자발적인 참여가 곧 착취로 이어지는 제도를 의미한다.[47]

에벌린 루퍼트는 데이터가 근본적으로 정치적인 성격을 가지고 있음을 주장한 연구자이다. 루퍼트와 동료들은 데이터가 사람들을 측정하고 분류하는 과정에서 단순히 현실을 반영하는 것이 아니라 특정한 정체성과 사회적 위치를 '만들어내는' 역할을 한다고 보았다. 예를 들어 유럽에서 행해지는 인구조사나 행정 데이터를 분석한 연구는 이런 데이터가 인구를 국가가 통치할 수 있는 객체로 구성하며, 이 과정에서 사람들을 거주민usual resident, 난민, 노숙자, 이민자, 소수인종이라는 다섯 가지 항목으로 범주화한다는 것을 보여준다.[48] 이와 같이 데이터는 국가나 기업이 인구를 관리하고 통제하는 정치적인 핵심 도구로 작동한다. 이런 인식은 권력이 국민에게 규율을 심어주기 위해서 인구조사, 교육, 공중보건 등을 통해 이들에 대한 지식을 축적하고, 이 과정에서 국민은 국가가 기대하는 규범과 규율을 내재

화한다는 푸코의 '통치성governmentality' 개념, 그리고 국가가 영
토와 국민에 대한 조사 과정에서 대상에 대한 기독성을 높이기
위해 그 대상을 수치화하고 단순화한다는 스콧의 '국가처럼 보
기' 개념과 연결된다.

하지만 루퍼트는 사람들이 데이터의 수동적 대상일 뿐만 아
니라 능동적인 생산자라는 점도 강조한다. 시민들은 스마트폰,
SNS, 각종 플랫폼을 통해 일상적으로 데이터를 생산하며, 이러
한 데이터는 다시 그들을 구성하는 근거로 활용된다. 이렇게 탄
생하는 '데이터화된 시민datafied citizen'은 새로운 형태의 정치
적 주체로서 자신의 데이터가 어떻게 수집·분석·활용되는지
에 대해 문제를 제기하고 저항할 수 있다. 루퍼트는 데이터 분
류나 알고리즘 작동방식에 대한 시민적 개입, 시민 감지sensing
프로젝트, 페미니스트 데이터 실천 같은 대안적 데이터 생산을
통해 데이터 정치data politics에 대한 비판적이고 민주적인 참여
가 가능하다고 본다. 데이터 정치란 결국 누가 어떤 데이터를
만들고, 그 데이터가 어떤 사회적 현실과 권력관계를 구성하는
지를 둘러싼 끊임없는 쟁투의 장인 셈이다.

다비드 버랄도Davide Beraldo와 스테파니아 밀란Stefania Milan
은 '데이터화datafication'라는 개념과 '데이터 저항 정치contentious
politics of data'라는 두 가지 개념을 통해 데이터를 둘러싼 정치의
지평을 확대했다.[49] 먼저 데이터화는 우리가 살고 있는 생활 세

계가 데이터로 전환되거나 데이터에 의해 매개되는 현상을 가리킨다. 데이터화는 시민사회의 다양한 측면이 데이터로 전환되는 단순한 기술적 현상이 아니라 다음의 네 가지 이유에서 본질적으로 정치적이며 권력화된 과정이다. 첫째, (앞에서 루퍼트도 지적했듯이) 데이터는 객관적 사실을 반영하는 것이 아니라 어떤 현상을 측정하고 수집하는 과정에서 사회적·이데올로기적 선택이 개입된 결과물이다. 무엇을 수치화할지, 어떤 기준으로 데이터를 수집할지의 결정은 정치적인 판단이며, 따라서 우리 주변의 데이터 자체는 이미 권력이 작동한 결과라는 것이다. 둘째, 데이터화는 기존의 권력관계를 강화하는 방식으로 작동할 수 있다. 대규모 데이터를 수집하고 분석하는 기업과 정부는 그 데이터를 기반으로 감시와 통제를 강화할 수 있다. 또한 채용 알고리즘이나 재범 예측시스템이 역사적 차별을 그대로 반영하듯이 알고리즘을 통해 불평등과 편견이 자동화되어 재생산될 수 있다. 셋째, 데이터화는 시민을 데이터 생산의 주체가 아니라 객체로 전락시키는 경향을 야기한다. 개인은 자신의 행위로 데이터를 생성하지만 그 데이터는 플랫폼이나 국가의 소유가 되며, 시민은 그것이 어떻게 수집되고 분석되며 사용되는지를 통제할 수 없다. 이는 개인이나 집단이 데이터로 측정·분류·기록되는 과정 속에서 특정한 주체성을 부여받거나 내면화하게 되는 '데이터 주체화data subjectification'라는 새로운 종속관계를 초래할 위험을 안고 있다. 마지막으로, 데이터화는 공적 영역을 기술화하고 시장화한다. 공공서비스, 도시행정, 복지시스템 등이 '데이터 기반 최적화'라는 명목 아래 민영화되고 기술 주도적으로 운영되면서 시민의 참여 공간은 축소되고 민주주의는 기술적 효율성의 문제로 환원된다.[50]

버랄도와 밀란은 이러한 문제에 대응하기 위해 데이터 그 자체를 정치적 투쟁의 장으로 인식해야 한다고 주장한다. 단순히 데이터 정책을 논의하는 것 이상으로 시민들이 데이터의 수집과 분석, 활용 과정에 개입하고 저항하며 대안적인 데이터 생산 모델을 모색해야 한다는 것이다. 이들은 중립적인 인상을 주는 '데이터 정치'를 넘어 자신들의 지향점이 '데이터 저항 정치'라고 주장한다.

버랄도와 밀란이 제시한 데이터 저항 정치에는 다음과 같은 유형이 있다.[51]

(1) 감시 반대운동Anti-Surveillance Activism: 에드워드 스노든의 폭로 이후 다양한 디지털 권리 단체들이 등장해 프라이버시 권리를 옹호하고 있으며, 토르 같은 암호화 도구를 사용해 자신의 데이터를 보호하려는 시민들의 노력도 증가하고 있다. 이 과정에서 데이터는 역감시의 수단, 저항의 수단으로 전환된다.

(2) 알고리즘의 투명성과 책무성accountability 요구: 데이터를 처리하는 인공지능 알고리즘에 대한 정치적 문제제기 또한 중요한 흐름이다. 대표적인 사례는 탐사 보도 매체 〈프로퍼블리카ProPublica〉가 폭로한 컴파스COMPAS 알고리즘의 편향성 문제이다. 이 알고리즘은 형사 재범률을 예측하려는 목적이었지만 〈프로퍼블리카〉의 폭로로 인종적 편향을 내포하고 있음이 드러났다. 이에 시민단체와 언론인, 운동가들은 '블랙박스'라고 간주된 알고리즘의 투명성 보장을 요구하기 시작했다. 이런 운동은 동시에 기술을 개발하는 조직에 기술의 책무성을 촉구한다.[52]

(3) 데이터 정의운동Data Justice Movement: 데이터를 둘러싼 소유와 통제의 권력 구조에 맞서는 움직임도 점차 확산되고 있다. 예를 들어 '우리들의 데이터 몸Our Data Bodies' 운동이나 '흑인의 목숨을 위한 데이터Data for Black Lives' 같은 활동은 데이터가 어떻게 인종, 계급, 젠더 불평등을 강화하는지를 드러내고 이를 비판한다. 이들은 특히 공공 정책에서 나타나는 데이터의 편향성과 알고리즘의 인종화를 문제 삼으며, 데이터 정의data justice를 위한 정책적·실천적 개입을 시도한다.

(4) 시민 데이터 프로젝트Civic Data Project: 시민이 주도하는 데이터 생산과 공유 프로젝트는 기존의 공공 데이터나 상

업적 데이터 같은 독점 구조를 보완하거나 대체하는 활동
이 될 수 있다. 이러한 운동에서 시민들은 스스로 데이터
를 측정하고 공유함으로써 데이터에 대한 권한을 되찾고
기존의 데이터체계를 비판적으로 성찰하게 된다.

이런 데이터 저항 정치 프로젝트는 다음과 같은 네 가지 특성
을 나타낸다.

(1) 데이터 생산을 통한 정치적 개입: 시민이 직접 데이터를
측정하고 배포하는 과정을 통해 데이터 자체가 사회적 문
제를 드러내고 해석하는 수단이 된다. 예를 들어 정부의
공식 통계가 포착하지 못하거나 의도적으로 누락한 현실
을 시민 데이터가 가시화함으로써 정치적 논쟁의 출발점
을 마련할 수 있다.
(2) 기존 데이터 권력에 대한 도전: 국가나 기업 주도의 데이
터시스템이 일방적인 해석과 통제를 가능하게 했다면, 시
민 주도의 데이터는 이를 비판하고 대안적 시각을 제시한
다. 이로써 공적 권위에 대한 감시와 견제가 가능해지고,
데이터 기반 정책이나 서비스의 정당성도 재검토의 대상
이 된다.
(3) 시민 주도 플랫폼과 함께 협력적 공동체 형성: 기술자,

시민 데이터 프로젝트의 사례들

(1) 달걀처럼 생겨서 공기 질 측정 달걀Air Quality Egg(AQE)이라고 불린 간단한 센서는 시민 데이터 프로젝트의 대표적인 예이다. 이 기술은 사물인터넷 기반의 오픈소스 공기 질 측정장치를 활용하는데, 이산화질소(NO_2), 일산화탄소(CO), 온도·습도 등의 데이터를 실시간으로 측정할 수 있다. 이 데이터는 클라우드 플랫폼을 통해 누구나 접근할 수 있도록 공개되어 있다. 약 2500대 이상의 AQE가 전 세계에 배포되었고, 정부나 기업의 공식 측정소가 없는 지역에서도 의미 있는 데이터를 생산해냈다. 이 과정에서 정부의 발표와 다른 수치가 도출되기도 했는데, 이는 데이터가 저항의 수단이 될 수 있음을 보여주는 좋은 사례이다.[53]

(2) 개방형 거리 지도OpenStreeMap 역시 데이터 권력을 분산시키는 중요한 프로젝트이다. 이 플랫폼은 시민들이 직접 지도 제작에 참여할 수 있는 클라우드 매핑시스템으로, 탄자니아 다르에스살람의 '라마니 후리아Ramani Huria'(스와힐리어로 개방형 지도라는 뜻) 프로젝트가 대표적인 사례이다. 이 프로젝트에서 훈련받은 시민과 학생들은 재난 대응 및 도시계획에 필수적인 정보(배수로, 비공식 정착지, 건물 등)를 위치화한 지도를 만들었으며, 이 과정에서 5만 1000여 개의 건물 데이터와 2000개 이상의 지역 데이터를 생산했다. 이는 기존 지도의 공백을 메움과 동시에 지진이 빈번한 지역의 필수적인 정보 역시 반영해 구글맵 같은 기업 주도의 데이터 생산에 실질적인 대안을 제공한다.[54]

NGO, 지역공동체 등이 협업해 데이터를 생산하고 공유하는 과정은 새로운 형태의 집합적 지식 생산 모델을 만들어낸다. 이는 민주화된 데이터 생태계를 지향하는 움직임이다.

(4) '재데이터화re-datafication'를 통한 데이터 생산 직접 참여: 재데이터화는 정부나 기업 중심의 환경 데이터시스템에 대안을 제시한다. 이러한 운동은 공공 데이터를 새로운 관점과 방식으로 다시 구성함으로써 데이터에 대한 권력을 시민에게 되돌리려는 민주적 실험의 성격을 지닌다.[55]

디지털 자본주의 시대에 데이터는 단순한 정보 자원이 아니라 자본의 축적과 권력의 작동방식, 시민 주체성 형성의 핵심 요소로 자리매김하고 있다. 데이터는 기업과 국가에 의해 감시와 통제를 위한 수단으로 활용되며, 국가와 기업은 삶의 모든 순간을 포섭하고 상품화하는 과정에서 '데이터 식민주의', '데이터화'라는 새로운 착취체계를 만들어낸다. 그러나 시민들은 이러한 일방적인 데이터 권력에 맞서 능동적인 데이터 생산자이자 저항의 주체로 등장하고 있다. 페미니스트 데이터 실천, 역감시운동, 시민 주도 데이터 프로젝트와 같은 다양한 실천을 통해 데이터 공간을 민주화하려는 시도가 확산되고 있다. 이처럼 오늘날의 데이터 정치는 누가 데이터를 만들고 해석할 것인지를 둘러싼 권력 투쟁의 장이자 기술과 민주주의, 지식과 참여의 경계에서 벌어지는 새로운 사회적 상상력의 실험장이 되고 있다.

프라이버시를 새롭게 상상하기

21세기 빅데이터–인공지능 파놉티콘의 감시는 전방위적이다. 기업은 개인의 이메일, SNS 친구 맺기, 웹 서핑 습관, 손목에 찬 스마트시계, 집 안에 설치된 사물인터넷에서 개인정보를 수집해 이윤을 창출한다. 미국과 유럽의 정부에서는 테러의 위협을 방지하기 위해 전화 통화나 이메일을 대량으로 감시한다. 수많은 나라에서 신규 채용자의 SNS를 조사하는 일이 관행으로 굳어졌고, 2024년 트럼프 집권 이후 미국 정부는 유학생들의 SNS 활동 이력 심사를 의무화했다.

중요한 점은 전통적인 프라이버시 개념으로는 이런 '감시문화'에 대적하기 어렵다는 것이다. 기업은 사용자의 동의를 받았다고 주장하며, 정부는 합법적인 테두리 안에서 감시가 이루어진다고 주장하기 때문이다. 유럽연합의 GDPR은 데이터 주체의 권리를 더 넓게 보장한다. 이는 주로 데이터 처리 과정에서 발생하는 데이터 유출과 같은 오용으로부터 데이터의 주체 보호 역할을 자처하지만 동의나 계약이 이루어진 데이터 수집 및 처리에는 개입하지 않는다.

앞에서 언급한 것과 같이 프라이버시라는 개념은 시대와 기술에 따라 끊임없이 재구성되었다. 19세기에 프라이버시는 말 그대로 '혼자 있을 권리the right to be let alone'로 정의되었고, 그 역할은 개인의 고립된 공간을 보호하는 것이었다. 그러나 20세기 컴퓨터와 정보통신 기술의 발달은 프라이버시의 초점을 '개인의 정보에 대한 통제권', 즉 개인정보 자기결정권informational self-determination으로 바꾸어놓았다. 개인이 자신의 정보를 어떻게 수집하고 저장하며 사용하는지에 대해 스스로 결정할 수 있어야 한다는 것이다. 이와 같이 프라이버시는 혼자 있을 수 있는 자유에서 자신의 정보를 자신의 의지대로 통제할 수 있는 자유로 확장되었다.

하지만 빅데이터–인공지능 감시 시대에 이런 확장만으로는 충분하지 않다. 우리는 혼자 있으면서 내 의지대로 내 정보를 통제한다고 믿으며 인터넷에서 전자책을 읽는다. 그러나 이러한 독서는 더 나은 서비스 제공을 꾀하거나 내가 관심을 가진 상품을 알아내기 위해 적극적으로 모니터링되고 있다. 이런 감시는 나와 공동체와의 관계를 잠식할 수 있다. 나는 공동체의 누가 나를 감시하는지 알 수 없고, 따라서 감시자의 자율성에 비해 나의 자율성이 비대칭적으로 침해당한다고 느끼게 된다.

이 하나의 사례에서 볼 수 있듯이 오늘날의 프라이버시 위기는 훨씬 더 복잡하고 구조적이다. 지속적인 데이터 수집은 자율성을 의심하게 하고, 더 나아가 '독립적·비판적 능력'을 억압한다. 우리는 정부나 기업이 나의 데이터를 가지고 공공성 있는 좋은 일을 할 것이라고 기대하면서 데이터 제공에 동의한다. 이런 관행이 오랫동안 지속될 때 우리는 정부나 기업에 대한 비판적인 판단에 점차 무뎌진다. 따라서 권력을 가진 자의 데이터 수집에 반대하는 이유는 그것이 개인정보에 대한 자기결정권을 위반해서뿐만이 아니라 비판적 자아라는 나의 정체성 형성을 침해하기 때문이다. 우리는 프라이버시를 이와 같이 확장된 개념으로 다시 이해해야 한다.[56]

이런 상황을 타개하기 위해서 무엇이 새롭게 필요할까? 우선 가장 필요한 것은 프라이버시의 정의를 확대해서 프라이버시를 정치적 주제, 사회정의의 문제로 인식하는 일이다. 이를 위해서는 먼저 데이터 수집이 단지 경제적인 영역에 국한된 결과만을 낳지 않는다는 사실에 주목해야 한다. 케임브리지애널리티카 사건에서 보듯이 오용된 SNS 데이터는 트럼프의 집권처럼 민주주의를 훼손하고 우리가 원하지 않는 사회를 만드는 데 악용될 수 있다. 데이터화에 저항하는 것은 소중한 내 개인정보를 지키는 개인적 차원의 보호막을 세우는 일일 뿐만 아니라, 바람직한 민주주의사회를 만드는 정치적 실천의 행위일 수 있다는 이야기이다.

우리는 전방위적인 감시가 단지 개인의 사생활을 침해하는 수준을 넘어서 감시받는 시민과 감시하는 권력의 불균형을 심화하는, 즉 민주주의의 기반 자체를 흔드는 결과를 낳을 수 있음을 인식하고 이를 폭로해야 한다. 전방위적인 감시는 민주주의, 그리고 좋은 삶을 지탱한다고 여겨지는 시민의 자율성 원칙과 본질적으로 양립할 수 없다. 데이터 수집과 감시는 시민들의 일상생활에 근본적인 갈등과 모순을 야기하는데, 이는 데이터 감시가 주체의 자율성을 파괴하기 때문이다. 정보수집기관이나 기업은 정보수집에 동의하지 않아도 된다고 하지만 이에 동의하지 않을 경우 중요한 서비스를 이용하지 못한다. 이런 상황은 마치 공항에서 신체 스캔에 동의하지 않으면 비행기를 탈 수 없는 것과 비슷하다. 내가 동의하지 않는 때에도 계속 동의 버튼을 눌러야 하는 상황을 반복적으로 경험하면서 우리는 스스로의 자율성을 의심하게 된다.

감시가 일상화될수록 사람들은 보이지 않는 시선을 의식하며 스스로를 검열하게 되고, 이러한 냉각 효과chilling effect는 공적 비판과 집단적 행위를 위축시켜 민주주의의 근간을 약화시킨다. 따라서 프라이버시를 지키는 일은 단순한 사생활 보장의 문제가 아니라 시민들이 권력에 맞서 목소리를 내고 공적 세계를 재구성할 수 있게 하는 정치적 역량을 지키는 일이다. 프라이버시는 더 이상 개인을 보호하는 얇은 장막에 머무르지 않는다.

그것은 시민들이 비판하고 조직하며 새로운 사회를 상상할 수 있게 하는 정치적 자원이자 민주주의의 실질적 전제조건이다. 우리는 21세기 이후 빅데이터-인공지능 같은 새로운 디지털 기술을 통해 강화된 감시권력의 비대칭에 주목해야 하며, 이에 따라 발생하는 통제는 물론 불평등과 차별에 적극적으로 대응해야 한다. 책에서 소개한 다양한 시민사회의 감시 저항운동, 데이터 정치운동, 감시 기술에 대한 대안적 기술 실현은 바로 이러한 맥락에서 그 중요성이 배가된다.

프라이버시는 결코 나 혼자만의 문제가 아니다. 내가 업로드한 사진, 메시지, 연락처 하나가 타인의 프라이버시를 침해할 수 있다. 인공지능 알고리즘은 관계망 속의 연결고리를 따라가면서 여러 사람의 프라이버시를 벗겨내기 때문이다. 거꾸로 내가 나의 프라이버시를 지켜도 감시의 주체는 나에 대한 많은 정보를 수집할 수 있다. 수많은 사람으로부터 수집한 빅데이터를 분석하면 나와 비슷한 그룹의 행동에서 나의 행동을 추정할 수 있기 때문이다. 즉 21세기의 프라이버시는 본질적으로 '관계적 relational'이고 공동체적이다. 이런 관계적 프라이버시에 대한 인식 없이는 감시권력에 대한 효과적인 대응도 불가능하다. 공동 대응과 제도적 장치, 기술윤리의 재정립은 바로 이 관계적 현실에 대한 성찰에서 출발해야 한다.[57]

이제 프라이버시를 고립된 개인의 권리를 지키는 울타리가 아니라 관계 속 권력의 흐름을 재조정하는 정치적 실천으로 이해해야 한다. 감시 자본주의의 데이터 수집, 알고리즘이 구축하는 차별적 분류체계, 국가 감시의 확장은 모두 개인을 둘러싼 관계적 맥락을 재편함으로써 새로운 권력 지형을 만들어낸다. 이런 상황에서 프라이버시는 단순히 나의 정보를 보호하는 일을 넘어 내가 속한 관계와 사회가 어떻게 작동하는 것이 바람직한지에 대해 시민 스스로 개입하고 민주적으로 조정할 수 있는 능력으로 새롭게 자리매김한다. 21세기 프라이버시의 핵심은 공동체 구성원의 관계와 구조를 어떤 방향으로 조직할 것인지에 대한 집합적 선택이다.

이제 프라이버시는 개인의 권리뿐만 아니라 공동체의 정의이며, 권력에 대한 저항이자 민주주의의 조건이다. 우리가 지금 어떤 윤리적 태도와 정치적 실천을 취하는가에 따라 디지털 기술은 감시의 전체주의를 심화하는 방향으로 흐를 수도 있고, 인간 중심의 민주주의를 강화하는 방향으로 나아갈 수도 있다. 역사는 권력과 부를 가진 지배자들이 만들어가는 것처럼 보이지만, 우리가 《1984》의 빅브라더가 지배하는 사회가 아닌 상대적으로 자유롭게 생각하고 실천할 수 있는 사회에 살고 있는 이유는 지금까지 수많은 이름 없는 시민들이 지배자에게 저항했기 때문이다. 권력과 부를 가진 집단이 빅데이터-인공지능을 이용해 강력한 파놉티콘을 새롭게 만들고 있지만 저항의 역사를 발

굴하고 기억하는 것은 우리를 비관론과 무력감에서 구해줄 수 있다.[58]

21세기 빅데이터—인공지능 파놉티콘의 지배를 막을 수 있는 첫걸음은 정치적·관계적 사회정의의 관점에서 프라이버시 개념을 새롭게 인식하고 이를 실천하는 것이다. 디지털 탈중심화, 데이터 무소유data non-ownership,[59] 프라이버시 중심 디자인, 공공 알고리즘 모니터링 같은 실천은 기술 영역에 국한된 것이 아니라 권력의 흐름을 재배치하고 감시 구조에 맞서기 위한 정치적 개입으로 작동할 수 있다. 이러한 접근은 우리의 시야를 개인—플랫폼—국가—법—기술이 복잡하게 얽힌 프라이버시 생태계 전체로 확장한다. 프라이버시는 나의 개인정보를 보호해주는 수동적 방패가 아니라 감시와 통제의 구조에 균열을 내기 위한 저항의 도구로 새롭게 상상될 필요가 있다. 이렇게 프라이버시를 상상하는 것이 시민사회와 감시권력의 역학관계를 역전시키고 새로운 민주적 질서를 형성하는 기술적·제도적 실험의 시작이다. 프라이버시를 새롭게 상상하는 것, 그것이 우리의 출발점이다.

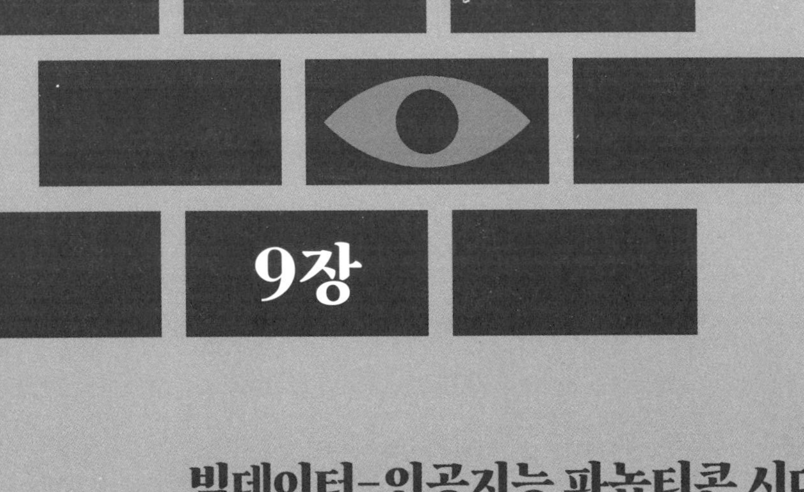

9장

빅데이터-인공지능 파놉티콘 시대의 새로운 프라이버시 권리선언문

숨길 것이 없기 때문에 프라이버시를 신경 쓰지 않는다고 주장하는 것은,
할 말이 없기 때문에 언론의 자유를 신경 쓰지 않는다고 말하는 것과 다르
지 않다.

─에드워드 스노든

우리는 현재 디지털 기술이 일상적 행위와 사회적 상호작용의
모든 측면을 데이터화하고, 기업과 국가가 이러한 데이터와 인
공지능을 활용해 개인과 공동체를 구조적으로 관리하는 시대에
살고 있다. 감시는 더 이상 특정한 상황에서만 작동하는 예외적
장치가 아니라 알고리즘, 플랫폼, 스마트기기, 그리고 눈에 잘 보
이지 않는 여러 제도적 기반을 매개로 지속적으로 축적되고 분

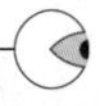

석되는 일상적 권력의 작동으로 전환되었다. 그러나 기존의 프라이버시 개념은 이러한 포괄적 감시체계에 대응하기에는 지나치게 협소하고 개인주의적이며, '동의consent'와 '합법성legality'이라는 형식적 절차 속에서 그 본래적인 기능을 충분히 발휘하지 못하고 있다. 지금까지 우리의 논의는 프라이버시가 단순한 개인정보 보호 차원의 권리를 넘어 권력관계와 민주주의적 실천, 사회적 관계망과 공동체 신뢰를 지탱하는 정치적 개념으로 재개념화될 필요가 있음을 가리킨다. 이 책의 마지막 장인 '새로운 프라이버시 권리선언문'은 이러한 시대적 요구를 반영하면서 만연하고 있는 파놉티콘을 넘어서는 새로운 윤리적 규범과 실천, 그리고 민주적 상상력의 회복을 위한 학문적·정치적 출발점을 제공하고자 한다.

1. 감시는 모든 곳에 있다.

21세기 감시는 전방위적이다. 기업은 내 이메일, SNS 활동, 웹 검색 기록, 손목의 스마트시계, 집 안의 사물인터넷기기에서 개인정보를 수집해 수익을 창출한다. 정부는 테러 방지와 공공 안전을 명분 삼아 이메일과 통화 내역을 광범위하게 수집한다. 채용 과정에서의 SNS 검열은 관행이 되었고, 2024년 이후 미국은 유학생들의 온라인 활동을 제도적으로 감시하기 시작했다.

2. 기존 프라이버시 개념은 무력하다.

전통적인 프라이버시 개념으로는 이 같은 '감시문화'에 맞설 수 없다. 기업은 '동의'를 앞세우고, 국가는 '합법성'을 내세운다. 유럽의 개인정보보호법처럼 강력한 법안도 데이터 유출 같은 오용을 막는 데 초점을 두며, 정작 '합법적'으로 수집되고 처리되는 감시에는 개입하지 못한다.

3. 프라이버시 개념과 범위는 시대에 따라 진화해왔다.

19세기, 프라이버시는 '혼자 있을 권리'였다. 20세기, 정보기술의 발전은 프라이버시를 '개인정보 자기결정권'으로 재정의했다. 프라이버시는 정보가 어떻게 수집되고 사용되는지를 통제할 수 있는 권한이 되었다. 그런데 지금은 이것만으로는 부족하다.

4. 감시는 우리와 공동체의 관계를 침식한다.

나는 혼자 책을 읽는다고 믿지만 그 독서는 실시간으로 분석되고 상품화된다. 누가 나를 감시하는지 알 수 없고, 나의 자율성은 감시권력 앞에서 무력하다. 감시는 더 이상 개인의 문제가 아니다. 그것은 공동체의 신뢰, 민주주의의 기반을 위협한다.

5. 우리는 프라이버시를 정치적 개념으로 재정의해야 한다.

데이터는 단지 상품이 아니다. 데이터 오용은 선거를 뒤흔들고 혐오와 배제를 확산시키며, 민주주의를 파괴할 수 있다. 세상과 인간의 데이터화에 저항하는 것은 단지 정보의 '보호'만을 위한 것이 아니라 더 나은 사회를 만드는 정치적 실천이다.

6. 프라이버시는 자율성과 비판의 조건이다.

감시는 독립적 판단 능력을 약화시킨다. 선택의 자유가 있는 듯 보이지만 실제로는 필수 서비스를 이용하려면 '동의'할 수밖에 없다. 동의의 반복은 감시권력에 대한 비판적 감수성을 마비시킨다. 따라서 프라이버시는 정보 통제권을 넘어 자기 정체성 형성의 권리로 다시 개념화되어야 한다.

7. 프라이버시는 관계적이다.

프라이버시는 나 혼자만의 문제가 아니다. 내가 올린 사진, 메시지 하나가 타인의 프라이버시를 침해할 수 있다. 감시는 개인이 아닌 관계망을 따라 작동하며, 빅데이터 AI 알고리즘을 통해 누구든 예측할 수 있는 대상으로 만든다. 프라이버시는 본질적으로 '관계적'이다.

8. 새로운 윤리와 공동의 실천이 필요하다.

우리는 프라이버시를 공동체의 정의 실현, 권력에 대한 저항, 민주주의의 조건으로 보아야 한다. 디지털 기술은 감시 전체주의를 심화하는 방향으로 흐를 수도 있고, 인간 중심의 민주주의를 강화하는 도구가 될 수도 있다. 그 갈림길에서의 선택은 우리의 인식과 실천에 달려 있다. 참여적 실천 없이는 아무것도 바뀌지 않는다.

9. 새로운 상상력이 저항의 첫걸음이다.

우리는 이제 프라이버시에 대한 새로운 상상력으로 무장해야 한다. 그 상상력은 프라이버시를 고립된 개인의 권리가 아닌 정치적이고 관계적이며 민주주의와 사회 변화를 이끄는 힘으로 상상하는 것에서 시작된다.

10. 우리는 선언한다.

우리는 감시의 일상화를 거부한다.

우리는 새로운 프라이버시를 상상하고 실천한다.

우리는 프라이버시를 민주주의와 정의의 기반으로 되살린다.

이것이 21세기의 프라이버시 선언이다.

1장 계몽의 빛에서 감시의 시선으로

1. 조지 체인은 G.N. Cantor, "Physical Optics," in Richard C. Olby et al eds., *Companion to the History of Modern Science* (Routledge: London, 1990), pp.627-638, pp.633-634에서 인용.

2. M. Heidegger, "The Age of the World Picture" (1938년 강연) in M. Heidegger, *The Question Concerning Technology and Other Essays* (Harper, 1969), pp.115-154; Hans Blumenberg, "Light as a Metaphor for Truth: At the Preliminary Stage of Philosophical Concept Formation" (1957) in David M. Levin ed., *Modernity and the Hegemony of Vision* (Berkeley: University of California Press, 1993), pp.30-62; Hans Jonas, "The Nobility of Sight: A Study in the Phenomenology of the Senses," *Philosophy and Phenomenological Research* 14 (1964), pp.507-519. 인식의 시각적 유비에 근거한 데카르트의 이원론에 대한 비판으로는 Richard Rorty, *Philosophy and the Mirror of Nature* (Princeton: Princeton University Press, 1979) 가 있다.

3. 1960년대에서 1970년대, 시각의 남성성에 대한 페미니스트 학자들의 비판으로는 Evelyn Fox Keller and Christine R. Grontkowski, "The Mind's Eye," in Sandra

Harding and Merrill R. Hintikka eds., *Discovering Reality* (D. Reidel., 1983), pp.207-224 참조. Martin Jay, "Scopic Regimes of Modernity," in Hal Foster ed., *Vision and Visuality* (Seattle: Bay Press, 1988), pp.3-23; idem., *Downcast Eyes: The Denigration of Vision in Twentieth-Century French Thought* (Berkeley: University of California Press, 1993).

4. Michel Foucault, *The History of Sexuality* Vol. I (New York: Vintage, 1980), pp.139-140.

5. Michel Foucault, *Discipline and Punish: The Brith of the Prison* (New York: Pantheon Books, 1979), p.57. 푸코는 규율(권력)을 "도구, 기술, 과정, 응용 단계, 타깃의 전체를 포함한 권력의 유형, 그 발현의 양상", "권력의 물리학, 해부학, 기술"이라고 정의했다. 이에 대해서는 Foucault, "Two Lectures," in *Power/Knowledge: Selected Interviews and Other Writings* ed. by Colin Gordon (New York: Pantheon Books, 1980), pp.78-108, p.105를 보라.

6. 파놉티콘에 대한 미셸 푸코의 논의는 Foucault, *Discipline and Punish*, 특히 pp.195-228에 실려 있다. 1975년에 출간된 이 책의 불어판 제목은 *Surveiller et Punir, Naissance de la Prison*이다. 한국어판 제목 《감시와 처벌》(나남, 1994)은 불어판 원제목에서 따온 것이다. 파놉티콘이라는 단어의 유래에 대해서는 Jeremy Bentham to John Parnell (2 September 1790), in Alexander Taylor Milne ed., *The Correspondence of Jeremy Bentham* vol. 4, 1788-1793 (London: The Athlone Press, 1981), p.193. 인용은 *Works of Jeremy Bentham* vol. 10, p.250.

7. Michel Foucault, *Discipline and Punish*, p.206.

8. Ibid., pp.205-207, pp.227-228.

9. Ibid., p.208.

10. 1970년대 '정보 감옥'과 프라이버시에 대한 관심은 Patricia Hewitt, *Privacy: The Information Gatherers* (National Council for Civil Liberties, 1977), pp.1-10 참조. David Lyon, *The Electronic Eye: The Rise of Surveillance Society* (Minneapolis: University of Minnesota Press, 1986)나 전자기술과 프라이버시 침해의 법적 문제를 분석한 James Boyle, "Foucault in Cyberspace: Surveillance, Sovereignty and Hardwired Censors," *University of Cincinnati Law Review* 66 (1997), pp.177-205도 푸코와 전자감시를 결합시키고 있다.

11. 파놉티콘과 조지 오웰의 《1984》의 비교는 Harry Strub, "The Theory of Panoptic Control: Bentham's Panopticon and Owell's Nineteen Eighty-Four," *The Journal of the History of the Behavioral Sciences* 25 (1989), pp.40-59 참조. 문단 말미의

인용은 Diana R. Gordon, "The Electronic Panopticon: A Case Study of the Development of the National Criminal Records System," *Politics and Society* 15 (1986/7), pp.483-511, 특히 p.487.

2장 제러미 벤담의 파놉티콘

1. 제러미 벤담의 《파놉티콘》은 John Bowring ed., *The Works of Jeremy Bentham* vol. 4 (New York: Russell & Russell, 1962), pp.37-171에 수록되어 있다.
2. '파놉티콘 공장'에 대한 인용은 *The Works of Jeremy Bentham*, Vol. 10, p.226인데, 여기서는 Leslie Stephen, *English Utilitarians*, vol. 1 (London: Duckworth, 1990), p.201에서 재인용.
3. 영국 정부가 파놉티콘을 거부한 과정과 그 배경에 대한 고찰은 U. R. Q. Henriques, "The Rise and Decline of the Separate System of Prison Discipline," *Past and Present* 54 (1972), pp.61-93, 특히 pp.63-70 참조. L. J. Hume, "Bentham's Panopticon: An Administrative History - I and II," *Historical Studies* 15 (1971-73), pp.703-721, 16 (1974-75), pp.36-54도 유용하다. 문단 말미의 인용은 Stephen, *The English Utilitarians*, p.206.
4. *The Works of Jeremy Bentham* vol. 4, p.38. Foucault, "The Eye of Power," in *Power/Knowledge*, pp.146-165, 특히 p.148.
5. Janet Semple, "Foucault and Bentham: A Defence of Panopticon," *Utilitas* 4 (May 1992), pp.105-120; idem, *Bentham's Prison: A Study of the Panopticon Penitentiary* (Oxford: Clarendon Press, 1993), pp.9-16.
6. M. Ignatieff, *A Just Measure of Pain* (Princeton: Princeton University Press, 1981), p.113; Thomas A. Markus, "Patterns of the Law," *The Architectural Review* (October 1954), pp.251-256, 특히 p.255.
7. Semple, *Bentham's Prison*, p.313. Foucault, "The Eye of Power," p.147. 펜톤빌 교도소에 대해서는 Robin Evans, "Bentham's Panopticon: An Incident in the Social History of Architecture," *Architectural Association Quarterly* 3 (1971), pp.21-37, 특히 p.34의 그림 참조. 오스트레일리아의 펜트리지 교도소는 J.S. Kerr, *Out of Sight, Out of Mind* (Sydney, 1988), pp.77-78을 보라. 리치먼드 교도소, 피츠버그의 웨스턴 교도소, 스테이트빌 교도소에 대해서는 Markus, "Pattern of the Law," p.254 참조.
8. 레슬리 스티븐Leslie Stephen은 몇 페이지를 할애해 벤담의 파놉티콘을 기술하고 있지

만 이를 벤담의 두 저술, 즉 *Introduction to the Principles of Morals and Legislation* (1789)과 *Traités de Législation de M. Jérémie Bentham* (1802) 사이에 존재했던 에피소드로 간주하고 있다. 1792년까지 벤담의 사상을 자세히 조명한 메리 맥Mary Mack은 파놉티콘을 두어 번 스치듯 언급할 뿐이다. Stephen, *English Utilitarians*; Mary P. Mack, *Jeremy Bentham: An Odyssey of Ideas, 1748-1792* (London: Heinemann, 1962).

9. Gertrude Himmelfarb, "The Haunted House of Jeremy Bentham," in *Victorian Minds* (New York: Alfred A. Knopf, 1968), pp.32-81.

10. Ibid., p.81.

11. Semple, *Bentham's Prison*, pp.316-319; Semple, "Bentham's Haunted House," *The Bentham Newsletter* 11 (June 1987), pp.35-44.

12. Semple, *Bentham's Prison*, p.93. Foucault, *Discipline and Punish*, p.203; Evans, "Bentham's Panopticon," p.31. 동생 새뮤얼 벤담에 대한 제러미 벤담의 언급은 Jeremy Bentham to George Wilson (19/30 December 1786) in Ian R. Christie ed., *The Correspondence of Jeremy Bentham* vol. 3, 1781-1788 (London: William Clowes and Sons, 1971), pp.513-514.

13. Ian R. Christie, *The Benthams in Russia, 1780-1791* (Oxford: Berg, 1993), pp.177-178; William J. Ashworth, "'System of Terror': Samuel Bentham, Accountability and Dockyard Reform during the Napoleonic Wars," *Social History* 23 (1998), pp.63-79; Carolyn Cooper, "The Portsmouth System of Manufacture," *Technology and Culture* 25 (1984), pp.182-225.

14. 나와는 다른 각도에서 자본주의 시기의 공장과 감옥에 대한 상관관계를 분석한 연구가 이탈리아 마르크스주의 학자인 다리오 멜로시Dario Melossi와 마시모 파바리니Massimo Pavarini에 의해 제기되었다. 이들은 개인적인 복수에 근거한 봉건 형벌제도에서 근대 자본주의사회의 보편적 형벌 법치주의로의 전이가 죄의 가치value와 벌의 가치를 '등량equivalent'으로 보는 데 근거하고 있었으며, 지은 죄와 자유를 박탈당하고 감옥에 감금되어 형을 사는 벌이 등량으로 받아들여진 데에는 상품생산을 하는 노동시간이 모든 사회적 부의 기초로 간주되는 자본주의의 경제관계가 결정적이었음을 주장하고 있다. Dario Melossi and Massimo Pavarini, *The Prison and the Factory: Origins of the Penitentiary System* (London: Macmillan, 1981).

15. 사이먼 웨럿의 논문은 인터넷에서 볼 수 있다. S. Werrett, "Potemkin and the Panopticon: Samuel Bentham and the Architecture of Absolutism in Eighteenth Century Russia," in www.ucl.ac.uk/Bentham-Project/newsletter/nlwerret.htm

294

(1998).

3장 공장의 파놉티콘: 감시의 시선에서 정보관리로

1. 공장에 대한 앤드루 유어의 설명은 J.T. Ward, *The Factory System* (New York: Barnes & Noble, 1970), vol. 1, p.142에서 인용. 18세기 후반에 널리 퍼져 있던 '자동기계'에 대한 관심과 이를 만드는 데 사용된 숙련이 산업혁명 초기의 방직기로 이전된 과정에 대해서는 Simon Schaffer, "Enlightened Automata," in William Clark, Jan Golinski, and Simon Schaffer eds., *The Sciences in Enlightened Europe* (Chicago: University of Chicago Press, 1999), pp.126-165 참조.

2. Anthony Giddens, *The Nation-State and Violence* (Oxford: Polity Press, 1985), pp.14-15, 47-49, 172-187. 이러한 비판에도 불구하고 앤서니 기든스 자신도 작업장에서 감시와 통제가 어떻게 이루어졌는지에 대한 구체적인 분석을 제공하지 않고 있다. 막스 베버의 관료제와 규율사회의 비교에 대해서는 John O'Neill, "The Disciplinary Society: From Weber to Foucault," *British Journal of Sociology* 37 (1986), pp.42-60.

3. David S. Landes, *The Unbound Prometheus* (Cambridge: Cambridge University Press, 1969), p.14.

4. 이 점을 잘 지적한 논문으로는 David Stark, "Class Struggle and the Transformation of the Labour Process: A Relational Approach," *Theory and Society* 9 (1980), pp.89-130을 보라.

5. Stephen A. Marglin, "What Do Bosses Do? The Origins and Functions of Hierarchy in Capitalist Production," *Review of Radical Political Economics* 6 (1974), pp.33-60, 특히 p.51(신문 기고 인용). 마르크스의 기계와 공장관에 대해서는 Donald MacKenzie, "Marx and the Machine," *Technology and Culture* 25 (1984), pp.473-502를 보라.

6. 리처드 아크라이트의 공장에 대해서는 Sidney Pollard, "Factory Discipline in the Industrial Revolution," *Economic History Review* 16 (1963-4), pp.254-271, p.258 참조.

7. Michael Burawoy, "Karl Marx and the Satanic Mills: Factory, Politics under Early Capitalism in England, the United States, and Russia," *American Journal of Sociology* 90 (1984), pp.247-282, esp. pp.253-256 참조. Michelle Perrot, "The

Three Ages of Industrial Discipline in Nineteenth-Century France," in John M. Merriman ed., *Consciousness and Class Experience in Nineteenth-Century Europe* (New York: Holmes & Meier, 1979), pp.149-168.

8. 조사이어 웨지우드에 대해서는 Pollard, "Factory Discipline in the Industrial Revolution," p.258을, 미국의 방직·방적 공장의 규율에 대해서는 Anthony F. Wallace, *Rockdale: The Growth of an American Village in the Early Industrial Revolution* (New York: Knopf, 1978), p.179를 보라.

9. E.P. Thompson, "Time, Work-Discipline, and Industrial Capitalism," *Past and Present* 38 (1967), pp.56-97.

10. 뉴캐슬시의 기관차 공장 이야기는 Keith McClelland, "Time to Work, Time to Live: Some Aspects of Work and the Re-formation of Class in Britain, 1850-1880," in Patrick Joyce, *The Historical Meanings of Work* (Cambridge: Cambridge University Press, 1987), pp.180-209, 특히 p.189. 포상 임금제도에 대해서는 Pollard, "Factory Discipline in the Industrial Revolution," pp.264-266 참조.

11. 괴테의 구절은 Wolfgang Konig, "Ideology and Practice of Technology in History," *History and Technology* 2 (1985), pp.1-15, p.4에서 재인용.

12. 제임스 필립스 케이는 Ward, *The Factory System*, vol. 2, pp.26-27에서 인용했으며, 토머스 칼라일의 논평은 그의 널리 알려진 Thomas Carlyle, "Signs of the Times," (1826) in *Critical and Miscellaneous Essays* (London: Chapman & Hall, 1889), vol. II, pp.230-252, p.235를 보라. 인용구의 카를 마르크스는 Burawoy, "Karl Marx and the Satanic Mills," p.251에서, 문단 말미의 공장주의 논평은 Pollard, "Factory Discipline in the Industrial Revolution," p.258에서 재인용.

13. 자동 뮬방적기, 캘리코 인쇄술, 모빗질기계에 대해서는 Tine Bruland, "Industrial Conflict as a Source of Technical Innovation: Three Cases," *Economy and Society* 11 (1982), pp.91-121 참조. 찰스 배비지의 논평은 Charles Babbage, *On the Economy of Machinery and Manufactures* (1832; New York: Kelley, 1963), p.54에 있다.

14. 공장의 진화에 대한 유용한 자료는 Jennifer Tann, *The Development of the Factory* (London: Cornmarket Press, 1970)가 있다. 에드윈 채드윅의 보고서는 Ward, *The Factory System*, vol. 1, p.185에서 재인용.

15. 20세기 초 미국 산업공학자들의 공장 디자인에 대해서는 Lindy Biggs, "The Engineered Factory," *Technology and Culture* 36 (supplement) (1995), S174-S188 참조.

16. Frederick W. Taylor, *On the Art of the Cutting Metals* (New York: American Society of Mechanical Engineers, 1906), [para] pp.33-53, esp. [para] pp.52-53. 프레더릭 테일러의 과학적 경영에 대해서는 송성수, "테일러리즘의 형성과정에 있어서 기술의 위치", 《한국과학사학회지》 16권 1호(1994), 66-101쪽. Daniel Nelson, *Managers and Workers: Origins of the New Factory System in the United States* (Univ. of Wisconsin Press, 1975) 참조.

17. Samuel Harber, *Efficiency and Uplift: Scientific Management in the Progressive Era, 1890-1920* (Chicago: Univ. of Chicago Press, 1964).

18. Charles S. Maier, "Between Taylorism and Technocracy: European Ideologies and the Vision of Industrial Productivity in the 1920s," *Contemporary History* 5 (1970), pp.27-61. William M. Tsutsui, *Manufacturing Ideology: Scientific Management in Twentieth-Century Japan* (Princeton, 1998).

19. 포드의 공장에 대해서는 수많은 논의가 있지만 David A. Hounshell, *From the American System to the Mass Production, 1800-1932* (Baltimore and London: The Johns Hopkins University Press, 1984), pp.217-330이 특히 유용하다. 하이랜드파크 공장에서의 노동자 통제에 대한 논의는 Stephen Meyer III, *The Five Dollar Day: Labor Management and Social Control in the Ford Motor Company, 1908-1921* (Albany: State University of New York Press, 1981), pp.56-59.

20. 루지 공장에 대한 논평은 Thomas P. Hughes, "Machines, Megamachines, and Systems," in Stephen C. Cutcliff and Robert C. Post eds., *In Context: History and the History of Technology* (Bethlehem: Lehigh University Press, 1989), p.110에서 재인용. 포드 공장과 파놉티콘에 대한 조금은 피상적인 비교가 다음에 있다. John M. Staudenmaier, "Science and Technology: Who Gets a Say?" in P. Kroes and M. Bakker eds., *Technological Development and Science in the Industrial Age* (Leiden: Kluwer, 1992), pp.205-230.

4장 정보·전자 파놉티콘과 분산되는 감시

1. 앨프리드 슬론의 GM 경영과 헨리 포드의 비교에 대한 논의로는 Alan McKinlay and Ken Starkey, "The 'Velvety Grip': Managing Managers in the Modern Corporation," in *Foucault, Management and Organization Theory: From Panopticon to Technologies of Self* (London: Sage, 1998), pp.113-116 참조. 슬론주

의, 정보기술, 광고의 결합은 Frank Webster and Kevin Robins, "Towards a Cultural History of the Information Society," *Theory and Society* 18 (1989), pp.321-351, 특히 pp.334-335를 보라.

2. Ian Hacking, *The Taming of Chance* (Cambridge: Cambridge University Press, 1990), pp.2-5. 찰스 배비지부터 인터넷혁명까지 정보기술의 역사에 대한 논의로는 홍성욱, 〈인터넷의 역사: 인터넷 혁명은 열린 세상을 만들어낼 것인가?〉, 홍성욱·백욱인 편 《2001 싸이버스페이스 오디쎄이》, 창작과비평사, 2001 참조.

3. FBI 범죄 데이터베이스에 대해서는 Diana R. Gordon, "The Electronic Panopticon: A Case Study of the Development of the National Criminal Record System," *Politics and Society* 15 (1986/7), pp.483-511 참조.

4. 1970년대 컴퓨터를 통한 정보수집에 대한 기록과 비판은 James Rule, *Private Lives and Public Surveillance* (London: Allen, 1973); David Burnham, *The Rise of the Computer State* (London, 1980); James B. Rule et al., "Documentary Identification and Mass Surveillance in the United States," *Social Problems* 31 (2 December 1983), pp.222-234 참조. 로저 클라크는 이를 서술하기 위해 '데이터감시 dataveillance'라는 새로운 용어를 만들었다. Roger Clarke, "Information Technology and Dataveillance," *Communications of the ACM* 35 (1988), pp.498-512. 지문 검색과 1996년 미국 의회의 시도에 대해서는 심슨 가핀켈, 데이터베이스진흥센터 옮김, 《데이터베이스 제국》, 한빛미디어, 2001, 33쪽, 90~91쪽.

5. 9·11 테러 이후 미국과 캐나다가 추진하는 국민신분증National Identification Schemes에 대한 자세한 내용과 반박은 http://www.cpsr.org/program/natlID/natlIDfaq.html 참조. *Globe and Mail*, 6 October 2001. 〈한겨레신문〉, 2002년 1월 19일 자도 참조.

6. 〈한겨레 21〉 366호, 2001년 7월 4일 자. 〈전자신문〉, 2002년 2월 4일 자.

7. 〈중앙일보〉, 2002년 2월 15일 자. CCTV에 아무런 문제도 없다고 생각하는 것은 너무 순진하다. 영국에서 사람의 조작에 의해 작동되는 CCTV를 연구한 한 보고서는 CCTV를 조작하는 사람이 뚜렷한 이유 없이 흑인 남성들에게 카메라의 포커스를 맞추고 있음을 보여준다. 즉 카메라는 모든 사람들을 똑같이 포착하는 것이 아니다. 심슨 가핀켈, 《데이터베이스 제국》, 195쪽.

8. Stephen Howie, "Seattle expands video surveillance despite public concerns about potential abuse" Kuow (2 Sep. 2025) at https://www.kuow.org/stories/seattle-expands-video-surveillance-despite-public-concerns-about-potential-abuse

9. 심슨 가핀켈, 《데이터베이스 제국》, 105~112쪽.

10. UN Human Rights, "OHCHR Assessment of human rights concerns in the Xinjiang Uyghur Autonomous Region, People's Republic of China" (2022); *New York Times* (18 Jan. 2020); 〈한국경제〉, 2024년 1월 5일 자.

11. Stuart Pfeifer, "O.C. to Track Sex Offenders Via Satellite" *Los Angeles Times* (23 Dec. 2001) https://www.latimes.com/archives/la-xpm-2001-dec-23-me-17496-story.html

12. 〈경향신문〉, 2002년 3월 7일 자.

13. 〈뉴스토마토〉, 2017년 11월 22일 자. 구글이 국내 사용자의 동의 없이 위치 정보를 무단으로 수집한 사건은 2023년에 또 발생했다. 미국에서는 비슷한 프라이버시 침해를 놓고 소비자들이 구글을 대상으로 소송을 제기했는데, 2025년 7월 미국 캘리포니아 지방법원은 구글에 4000억 원의 배상을 판결했다.

14. 〈동아일보〉, 2025년 2월 28일 자.

15. "전 세계 도청망 에셜론 공포", 〈신동아〉, 2000년 4월 호.

16. 심슨 가핀켈, 《데이터베이스 제국》, 272~275쪽; "Privacy Groups fear Packer data warehouse," ABC News Online, 1999년 11월 30일.

17. 렉 휘태커, 이명균·노명현 옮김, 《개인의 죽음》, 생각의나무, 2001, 240~241쪽.

18. 쿠키에 대해서는 Thomas A. Peters, *Computerized Monitoring and Online Privacy* (Jefferson, North Carolinia: McFarland & Co., 1999), pp.275-289와 privacy.net의 쿠키에 대한 설명 참조. 사이버 감시는 David Lyon이 *Surveillance Society: Monitoring Everyday Life* (Open University Press, 2001), p.145에서 사용한 개념이다. 그의 '감시의 월드와이드웹the world wide web of surveillance'도 흡사한 개념이다(p.101). 미국의 경우 온라인 프라이버시 보호법(Bill S. 809)은 쿠키를 통해 기업이 소비자 정보를 수집하고 사용할 때 웹 사용자의 동의가 필요하지 않은 것으로 규정하고 있으며, 이 때문에 유럽연합은 미국의 프라이버시 기준이 자신들의 기준에 미치지 못한다고 규정했다. Nicholas Imparato, *Public Policy and the Internet: Privacy, Taxes, and Contract* (Stanford, 2000), pp.19-31. 스파이웨어에 대해서는 〈내외경제〉, 2002년 2월 6일 자.

19. 렉 휘태커, 《개인의 죽음》, 271쪽.

20. "A "Kill Chain" Analysis of the 2013 Target Data Breach" (2014); Office of Personnel Management data breach, Wikipedia at https://en.wikipedia.org/wiki/Office_of_Personnel_Management_data_breach; *New York Times*, 2017년 9월 7일 자.

21. 〈한겨레신문〉, 2000년 9월 5일 자; 〈매일경제〉, 2001년 4월 4일 자. 현행 정보통신망 이용촉진법은 개인정보 보호와 관련해서 인터넷업체가 개인정보 관리책임자, 정보 수집과 이용 목적, 정보의 이용과 보유 기간, 탈퇴 방법, 열람과 정정에 대한 사항을 공지

하도록 되어 있지만, 2001년 정보통신부의 조사에 의하면 이를 지키는 업체는 47퍼센트에 불과했다. 〈매일경제〉, 2001년 8월 3일 자.

22. 〈조선일보〉, 2011년 8월 12일 자. 당시 유출된 정보가 해외 서버로 넘어간 정황이 포착되어, 보이스피싱이나 신용 사기 등 2차 피해에 대한 사회적 불안과 분노가 확산되었다.

23. 〈머니투데이〉, 2025년 12월 1일 자.

24. 〈한국일보〉, 2000년 11월 20일 자; 〈한겨레신문〉, 2000년 8월 18일 자 참조.

25. "FBI Software cracks encryption wall", 〈MSNBC〉, 2001년 11월 20일 자. 증권거래위원회의 감시에 대해서는 〈문화일보〉, 2000년 4월 4일 자.

26. 2002년 3월 국무회의 의결을 거쳐 3월 말부터 시행된 '통신비밀보호법 시행령 개정안'에서는 수사기관에 의한 전화, 통신감청의 범위를 더 명확하게 명시하고, 긴급감청에 대한 사후 영장의 발부 기한을 축소했으며, 감청에 대한 국회의 감독을 강화했다. 〈동아일보〉, 2002년 3월 4일 자.

27. 〈한겨레신문〉, 2001년 7월 21일 자; 〈한국일보〉, 1999년 12월 21일 자; 〈문화일보〉, 2001년 8월 21일 자; 〈대한매일〉 2001년 12월 8일 자.

28 "훔쳐보는 자들에게 저항하라", 〈한겨레 21〉 331호, 2000년 10월 24일 자, 〈인권하루소식〉 제2038호, 2002년 2월 23일 자.

29. 〈조선일보〉, 2024년 5월 21일 자; 〈한국경제〉, 2024년 6월 2일 자.

30. 〈동아일보〉, 2001년 3월 12일 자. 작업장의 감시가 노동자들에게 프라이버시를 침해한다는 느낌을 주고, 불확실성을 증가시키며, 소통을 감소시키고, 자존심을 손상시키며, 스트레스를 주는 것과 같은 '파놉틱 효과panoptic effect'를 가져온다는 것에 대한 분석으로는 G. Sewell and B. Wilkinson, "'Someone to Watch over Me': Surveillance, Discipline and the Just-in-time Labour Process," *Sociology* 26 (1992), pp.271-289와 Carl Botan, "Communication Work and Electronic Surveillance: A Model for Predicting Panoptic Effect," *Communication Monographs* 63 (1996), pp.293-313 참조.

31. Golam Rabbani, "Reality TV or Voyeur TV: Television Shows Instigating Voyeurism," Nrvijnana Patrika (Journal of Anthropology) 16 (2011), pp.79-88.

32. 〈한국일보〉, 2000년 5월 3일 자; 〈경향신문〉, 2000년 6월 21일 자.

33. 〈한국일보〉, 2001년 7월 26일 자.

34. 본문의 인용을 포함해 EMHC에 대해서는 William G. Staples, *The Culture of Surveillance: Discipline and Social Control in the United States* (New York: St. Martin's Press, 1997), pp.42-43와 Ann Aungles, "Globalisation and Domestication

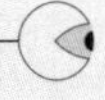

in the Field of Penal Surveillance," Surveillance Conference Papers, Wollongong, November 1995, available at http://www.uow.edu.au/arts/sts/research/surveillance/Aungles.html 참조.

35. 롭 클링의 논평은 David Lyon, "An Electronic Panopticon? A Sociological Critique of Surveillance Theory," *The Sociological Review* 41 (1993), pp.653-678, p.654에서 인용. Gilles Deleuze, "Postscript on the Societies of Control," *October* 59 (1992), pp.3-7. 필자는 1997년 당시 전자주민카드를 비판하면서 '전자 파놉티콘'이란 말을 인용한 바 있다. "과학읽기", 〈한겨레 21〉, 1997년 7월 29일 자.

36. 영국에 광범위하게 도입된 CCTV를 연구한 클라이브 노리스와 게리 암스트롱은 이러한 이유 때문에 CCTV가 감시를 관장하는 사람의 즉각적이고 직접적인 물리적 개입 없이는 그 효과가 현저히 떨어진다고 강조한다. Clive Norris and Gary Armstrong, *The Maximum Surveillance Society: The Rise of CCTV* (Oxford: Berg, 1999), pp.5-8, pp.91-94. 전자감시 시대의 감시권력의 분산화와 탈중심화는 Gary Marx, "I'll Be Watching You: Reflections on the New Surveillance," *Dissent* 22 (1986), 26-34쪽에서 이미 지적되었다.

37. Mark Poster, "Database as Discourse, or Electronic Interpellations," in Paul Heelas ed., *Detraditionalization: Critical Reflections on Authority and Identity* (Cambridge, Mass.: Blackwell, 1996), pp.277-293. 그의 *The Second Media Age* (Cambridge: Polity Press, 1997)도 참조.

38. 〈조선일보〉, 2000년 7월 4일 자.

39. 이전까지 신용불량자에 대한 정보에 집중해왔던 한국신용정보, 한국신용평가정보와 같은 한국의 금융신용업체들도 2000년경부터 신용불량자와 우량신용자의 모든 영역을 대상으로 신용평가를 하는 크레딧 뷰로Credit Bureau사업에 적극 진출했다. 〈매일경제〉, 2002년 3월 28일 자.

40. '가상 파놉티콘'이라는 용어는 William Bogard, *The Simulation of Surveillance: Hypercontrol in Telematic Societies* (Cambridge: Cambridge University Press, 1996), p.188에서 사용된 것이다. Clifford D. Shearing and Philip C. Stenning, "From the Panopticon to Disney World: The Development of Discipline," in Anthony N. Doob and Edward L. Greenspan eds., *Perspectives in Criminal Law* (Aurora: Canada Law Book, 1985), pp.335-349. 장 보들리야르의 코멘트는 Jean Baudrillard, "Disneyworld Company," (1996) *CTheory* (available online at http://www.ctheory.com/event/e025.html)를, 보는 것과 보여지는 것 사이의 경계 소멸에 대해서는 Guy Debord, *Society of the Spectacle* (Detroit: Red and Black, 1977); Jonathan Crary,

"Spectacle, Attention, Counter-Memory," *October* 50 (1989), pp.97-107 참조.

5장 역감시와 시놉티콘, 역파놉티콘

1. 제러미 벤담의 '튜브장치'와 이것의 포기에 대해서는 Evans, "Bentham's Panopticon," p.28. 파놉티콘에 대한 시민의 감시에 대해서는 *The Works of Jeremy Bentham* vol. 4 (주 6 참조), p.45. 여기서 흥미로운 사실은 시민들이 파놉티콘을 둘러볼 때 수감자들에게는 가면을 씌운다는 것이었다. 벤담은 시민들이 파놉티콘을 둘러보면서 그 위력에 교화되어 범죄를 예방할 수 있을 것이라고까지 생각했다.

2. 미디어의 발달과 투명성의 증가에 대해서는 John B. Thompson, *The Media and Modernity* (Stanford: Stanford University Press, 1995), pp.119-148을 보라.

3. 시놉티콘에 대해서는 Thomas Mathiesen, "The Viewer Society: Michel Foucault's 'Panopticon' Revisited," *Theoretical Criminology* 1 (1997), pp.215-234 참조.

4. 〈중앙일보〉, 2001년 4월 13일 자; 〈경향신문〉, 2001년 12월 19일 자.

5. 〈동아일보〉, 2000년 6월 17일 자.

6. 〈세계일보〉, 2001년 6월 20일 자.

7. 〈대한매일〉, 2002년 1월 23일 자.

8. 〈국민일보〉, 2002년 1월 7일 자; 〈뉴시스〉, 2021년 1월 20일 자; 〈뉴스타파〉, 2024년 11월 13일 자.

9. 빅브라더에 대한 인용은 Ronald J. Deibert, *Parchment, Printing, and Hypermedia: Communication in World Order Transformation* (New York: Columbia University Press, 1997), p.170.

10. 〈한국일보〉, 1999년 4월 3일 자.

11. "Real Story of the Rogue Rootkit," *Wired* (17 Nov. 2005).

12. 체이스맨해튼은행의 메모 사건과 '범세계 금융 파놉티콘'은 Gearóid Ó Tuathail, "Emerging Markets and Other Simulations: Mexico, the Chiapas Revolt, and the Geofinancial Panopticon," *Ecumene* 4 (1994), pp.300-317 참조. 역파놉티콘은 Oliver Froehling, "The Cyberspace 'War of Ink and Internet' in Chiapas, Mexico," *The Geographical Review* 87 (1997), pp.291-307(esp. p.298)에서 사용된 개념이다. 사파티스타 반군과 인터넷에 대한 자세한 보고로는 RAND, *The Zapatista "Social Netwar" in Mexico* (Santa Monica, CA: Rand, 1998)가 있다.

13. 퀘벡 원주민들의 발전소 반대운동은 렉 휘태커, 《개인의 죽음》, 302~304쪽. RAFI의

입장은 RAFI Communique를 통해 배포된 "The Patenting of Human Genetic Material"(1994년 1월 30일)에 잘 드러나 있다. 이는 https://www.etcgroup.org/sites/www.etcgroup.org/files/publication/492/02/raficom36humangenetic.pdf에서 볼 수 있다.

14. Anti-MAI 홈페이지(www.mai.flora.org)는 신자유주의적 세계화에 반대하는 사이트였다. MAI에 반대하기 위해 이에 대한 정보를 올려놓은 사이트로 www.flora.org/mai-info/도 있었다(2002년 초판 출간 당시 확인, 현재는 모두 폐쇄).

15. 이에 대해서는 이 책의 8장에서 더 자세히 다룰 것이다.

16. 김성수, "정보공개법 개정 재고해야", 〈동아일보〉, 2001년 11월 29일 자.

17. 미국의 프라이버시 인권단체인 EPIC(Electronic Privacy Information Center)는 카니보어에 대한 정보공개가 불충분하다고 FBI를 법원에 고소했다. 이에 대해서는 EPIC의 홈페이지 http://www.epic.org/privacy/carnivore/를 보라.

18. 〈경향신문〉, 1999년 10월 25일 자.

19. 해킹과 해커 문화에 대해 오랫동안 연구한 도러시 데닝은 인터넷을 이용한 운동을 액티비즘activism, 핵티비즘hactivism, 사이버테러리즘cyberterrorism의 세 가지로 구분한다. 액티비즘은 인터넷을 연대, 홍보, 출판, 선전의 도구로 사용하는 것이고, 핵티비즘은 가상 연좌 농성, 폭탄 메일 등을 사용해서 특정한 웹사이트나 통신을 일시 마비시키는 것이며, 사이버테러리즘은 비행기 관제시스템 같은 기간시설을 마비시켜서 살상과 인명 피해를 유발하는 것이다. 이 중 핵티비즘은 어떤 사람들에게는 사이버 액티비즘의 일부로 간주되지만, 다른 사람들에게는 사이버테러리즘으로 간주되는 등 그 경계가 가장 모호하다. 1998년 핵티비스트들인 EDT(Electronic Disturbance Theater) 그룹은 자바 애플릿으로 만들어진 소프트웨어를 배포해 사이버 연좌 농성의 타깃 사이트에 자동으로 계속 접속할 수 있게 했는데, 이에 대항해 펜타곤 사이트와 멕시코 대통령의 홈페이지에서는 접속자의 웹브라우저를 다른 곳으로 자동 이동시켜 컴퓨터를 다운시키는 역공세를 취했다. 도러시 데닝은 핵티비즘이 불법인가 합법인가를 차치하고라도 핵티비즘이 방어와 역공격의 강도만 높인다는 이유 때문에 이것이 그다지 효과적이지 못함을 강조한다. Dorothy E. Denning, "Activism, Hacktivism, and Cyberterrorism: The Internet as a Tool for Influencing Foreign Policy", *Global Problem Solving Information Technology and Tools*, December 10, 1999, https://nautilus.org/global-problem-solving/activism-hacktivism-and-cyberterrorism-the-internet-as-a-tool-for-influencing-foreign-policy-2/

20. Shoshana Zuboff, *In the Age of the Smart Machine* (NY: Basic Books, 1984), pp.313-356.

21. Roy Boyne, "Post-Panopticism," *Economy and Society* 29 (2000), pp.285-307. 미셸 푸코의 통치적 합리성에 대해서는 Derek Kerr, "Beheading the King and Enthroning the Market: A Critique of Foucauldian Governmentality," *Science and Society* 63 (1999), pp.173-202 참조. David Lyon, "An Electronic Panopticon," p.672; *Surveillance Society*, pp.3-5.

22. 모리스 블랑쇼의 논평은 James Derian, "The (S)pace of International Relations: Simulation, Surveillance, and Speed," *International Studies Quarterly* 34 (1990), pp.295-310, p.304에서 재인용.

23. Sungook Hong, "Unfaithful Offspring? Technologies and Their Trajectories," *Perspectives on Science* 6 (1999), pp.259-287.

24. 글로벌 파놉티콘Global panopticon은 Stephen Gill이 IMF나 세계은행의 정보수집활동을 가리켜 사용한 용어이다. Stephen Gill, "The Global Panopticon? The Neoliberal State, Economic Life, and Democratic Surveillance," *Alternatives* 2 (1995), pp.1-49.

25. 2002년 한국디지털위성방송 기획조정실 간부가 직원들의 이메일을 본인의 동의 없이 몰래 열람한 혐의로 구속되었다. 수사 당국은 회사가 지급한 컴퓨터라도 그 안의 메일은 직원의 사적인 통신이며, 동의 없이 열람하는 것은 불법 감청이라고 판단했다. "직원 이메일 감시해온 한국디지털위성방송 간부 구속", 〈MBC News〉, 2002년 4월 17일. 이후 회사는 직원의 사전 동의를 받고 보안 등 분명한 목적하에 제한된 범위 내에서만 직원의 메일을 볼 수 있게 되었다.

26. 대중매체와 유명인에 대한 논의는 Zygmunt Bauman, *Globalization: The Human Consequences* (NY: Columbia University Press, 1998), p.53 참조. 홍석만과 이준구는 적극적 역감시에 대한 권리로 프라이버시권을 재구성할 것을 주장하고 있다. 홍석만·이준구, 《역감시의 권리로서 프라이버시권에 대한 재구성》(민변 창립 10주년 기념 인권논문상 공모 수상작품집), 민주사회를 위한 변호사 모임, 1998, 5~70쪽.

간주Intermezzo

1. https://www.buzzfeed.com/kristatorres/this-woman-said-her-company-fired-her-after-her-body?bftw&utm_term=4ldqpfp#4ldqpfp

2. Brady Robards and Darren Graf, ""How a Facebook Update Can Cost You Your Job": News Coverage of Employment Terminations Following Social Media

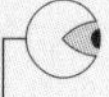

Disclosures, From Racist Cops to Queer Teachers", *Social Media + Society* 8(1). https://doi.org/10.1177/20563051221077022

3. Brooke Erin Duffy and Ngai Keung Chan, ""You never really know who's looking": Imagined surveillance across social media platforms", *New Media and Society* (2018).

4. 인공지능이 이를 실제로 '안다'는 것이 아니라 꼭 구매할 사람으로 분류된다는 뜻이다.

6장 인공지능과 빅데이터 시대의 감시

1. 빅데이터에 대해서는 국내외 많은 책이 출판되었으나, 국내 저자가 저술한 책이든 번역된 책이든 국내에 소개된 책 중에 빅데이터에 대해 비판적이거나 균형 잡힌 접근을 하는 책은 거의 없다. 대부분의 책은 빅데이터가 열어주는 새로운 기회를 어떻게 이용할 수 있을 것인가를 논할 뿐이다. 예를 들어 빅토어 마이어 쇤베르거·토마스 람게, 홍경탁 옮김, 《데이터 자본주의-폭발하는 데이터는 자본주의를 어떻게 재발명하는가》(21세기북스, 2018)와 같은 책이 이런 종류의 책이다. 빅데이터에 대한 균형 잡힌 비판적인 평가는 Danah Boyd and Kate Crawford, "Critical Questions for Big Data," *Information, Communication & Society* 15 (2012), pp.662-679; Rob Kitchin, *The data Revolution: Big Data, Open Data, Data Infrastructures and Their Consequences* (Sage, 2014)를 참고하라.

2. 빅데이터의 응용에 대해 잘 정리한 문서로는 Chloe Martin, "Big Data Analytics in the Public Sector: Uses and Challenges"가 있고, 이는 다음 웹사이트에서 볼 수 있다. https://blog.moderngov.com/big-data-analytics-in-the-public-sector-uses-and-challenges; 세계은행의 빅데이터 보고서도 데이터의 공공적 성격의 응용에 유용하다. World Bank Group, "Big Data in Action for Government: Big Data Innovation in Public Services, Policy and Engagement" (2017). 이 보고서는 아래 웹사이트에서 접근할 수 있다. https://documents1.worldbank.org/curated/en/176511491287380986/pdf/114011-BRI-3-4-2017-11-49-44-WGSBigDataGovernmentFinal.pdf

3. Dave Smith, "Weapons of Micro Destruction: How Our 'Likes' Hijacked Democracy." *Medium* (27 Oct. 2018). 이 글은 아래 인터넷 사이트에서 볼 수 있다. https://medium.com/towards-data-science/weapons-of-micro-destruction-how-our-likes-hijacked-democracy-c9ab6fcd3d02

4.   Brian Tarran, "What Can We Learn from the Facebook—Cambridge Analytica Scandal?" *Significance* 15(3) (2018), pp.4-5; Robert M. Bond et al., "A 61-million-person Experiment in Social Influence and Political Mobilization," *Nature* 489 (2012), pp.295-298; Zoe Corbyn, "Facebook Experiment Boost US Voter Turnout," *Nature* (12 Sept. 2012), https://doi.org/10.1038/nature.2012.11401

5.   James Ayles, "Super Bowl LIV To Push Technological Boundaries Further Than Ever Before As Miami Prepares For Showpiece Event" *Forbes* (31 Jan. 2020) at https://www.forbes.com/sites/jamesayles/2020/01/31/super-bowl-liv-to-push-technological-boundaries-further-than-ever-before-as-miami-prepares-for-showpiece-event/

6.   Jeff John Roberts, "Walmart's Use of Sci-fi Tech To Spot Shoplifters Raises Privacy Questions" *Fortune* (9 Nov. 2015) at https://fortune.com/2015/11/09/wal-mart-facial-recognition/

7.   Alex Najibi, "Racial Discrimination in Face Recognition Technology," (Harvard Kenneth C. Griffin Graduate School of Arts and Sciences) at https://sciencepolicy.hsites.harvard.edu/blog/racial-discrimination-face-recognition-technology

8.   Kristin Finklea, "Law Enforcement and Technology: Using Social Media" (Congressional Research Service, 2022) at https://crsreports.congress.gov/product/pdf/R/R47008

9.   시카고 경찰청이 소셜미디어 분석의 효과를 평가한 자료는 Lucy Parsons Labs, "Police Surveillance in Chicago: Social Media Monitoring"이며 이는 인터넷 웹사이트 https://chicagopolicesurveillance.com/tactics/social-media-monitoring.html 에서 볼 수 있다.

10. 우리나라뿐만 아니라 외국에서도 이런 프로그램을 보스웨어bossware라고 부른다. 보스boss가 사용하는 프로그램이라는 의미이다.

11. 보스웨어를 자세히 소개한 글로는 "The Creepy Rise of Bossware," *Wired* (23 July 2023) at https://www.wired.com/story/creepy-rise-bossware/ 참조.

12. 잡플래닛, "회사가 내 PC를 훔쳐보고 있다", 〈네이버 포스트〉(2024. 1. 15) https://m.post.naver.com/viewer/postView.naver?volumeNo=37191895&memberNo=9520310

13. American Civil Liberties Union, *You are Being Tracked: How License Plate Readers are Being Used to Track Americans' Movements*(2013). 이 자료는 https://www.aclu.org/files/assets/071613-aclu-alprreport-opt-v05.pdf ("ACLU")

에서 볼 수 있다.

14. Fan Liang et al., "Constructing a Data-Driven Society: China's Social Credit System as a State Surveillance Infrastructure," *Policy & Internet* 10 (2018), pp.415-453.

15. Amanda Lee, "What is China's social credit system and why is it controversial?" *South China Morning Post* (9 Aug. 2020) at https://www.scmp.com/economy/china-economy/article/3096090/what-chinas-social-credit-system-and-why-it-controversial

16. Ibid.

17. Vrinda Vinayak, "The Human Rights Implications of China's Social Credit System," (OxHRH Blog, 6 Sep 2019) Oxford Human Rights Hub, https://ohrh.law.ox.ac.uk/the-human-rights-implications-of-chinas-social-credit-system/

18. 코백은 확진자가 100미터 내로 접근하면 알림 메시지를 보내는 앱이고, 코로나나우는 질병관리본부의 발표를 토대로 코로나 확진자에 대한 여러 가지 통계를 제공하는 앱이다.

19. Hye-Jin Paek and Thomas Hove, "Information Communication Technologies (ICTs), Crisis Communication Principles and the COVID-19 Response in South Korea," *Journal of Creative Communication* 16(2) (2021), pp.213-221.

20. John DiMoia, "Contact Tracing and COVID-19: The South Korean Context for Public Health Enforcement." *East Asian Science, Technology and Society: An International Journal* 14(4) (2020), pp.657-665.

21. 오병일, "코로나19와 정보인권", 2020년 제2차 제주인권정책라운드테이블 발표 자료 at https://www.humanrights.go.kr/download/BASIC_ATTACH?storageNo=10701

7장 감시 자본주의, 디지털 감시경제 그리고 감시문화

1. 2015년 쇼샤나 주보프는 세계 곳곳에 깔려 있는 감시 기술을 '빅 아더'라고 명명하면서 감시 자본주의를 비판하는 짧은 논문을 집필했다. Shoshana Zuboff, "Big Other: Surveillance Capitalism and the Prospects of an Information Civilization," *Journal of Information Technology* 30(1) (2015), pp.75-89. 이후 그녀는 이를 확대해서 감시 자본주의에 대한 700쪽이 넘는 책을 출판했다. *The Age of Surveillance Capitalism: The Fight for a Human Future at the New Frontier of Power* (New York, NY:

PublicAffairs Book, 2019). 이 책은 2021년에 한국어로 번역되었다. 쇼샤나 주보프, 김보영 옮김, 《감시 자본주의 시대―권력의 새로운 개척지에서 벌어지는 인류의 미래를 위한 투쟁》, 문학사상사, 2021.

2. 쇼샤나 주보프 책에 대한 비판적인 서평으로 최석현, "서평: 쇼샤나 주보프, 《감시 자본주의 시대》"(https://sokionchoi.wordpress.com/2021/06/16/zuboff/)를 참고하라.

3. Roger Clarke, "Risks Inherent in the Digital Surveillance Economy," *Journal of Information Technology* 34(1) (2019), pp.59-80.

4. Ibid., p.66.

5. Ibid., pp.67-68.

6. Ibid., pp.68-69.

7. Dubravka Cecez-Kecmanovic, "The Resistable Rise of the Digital Surveillance Economy: A Call for Action," *Journal of Information Technology* 34(1) (2019), pp.81-83; Dorothy E. Leidner, "No Risk, No Reward," *Journal of Information Technology* 34(1) (2019), pp.84-86; Salvatore T. March, "Alexa, Are You Watching Me? A Response to Clarke, 'Risk Inherent in the Digital Surveillance Economy: A Research Agenda'," *Journal of Information Technology* 34(1) (2019), pp.87-92; Rainer Böhme, "Response to Clarke: Empirical Research Is Useful, Also in the Age of Surveillance Risks," *Journal of Information Technology* 34(1) (2019), pp.93-95.

8. Roger Clarke, "Future-Oriented Research Agendas and Competing Ideologies: Responses to Commentaries on 'The Digital Surveillance Economy'," *Journal of Information Technology* 34(1) (2019), pp.96-100.

9. 감시사회에 대한 데이비드 라이언의 선구적인 연구로는 David Lyon, *The Electronic Eye: The Rise of Surveillance Society* (University of Minnesota Press, 1994)가 있다. 그는 21세기 이후 파놉티콘의 비유가 감시사회를 적절하게 설명하는 데 한계가 있음을 지적하는 연구를 편집해서 출판했다. David Lyon ed. *Theorizing Surveillance: The Panopticon and Beyond* (Willian Press, 2006).

10. 데이비드 라이언이 감시문화를 처음 제시한 글은 David Lyon, "The Emerging Surveillance Culture," in A. Jansson and M. Christiansen eds, Media, *Surveillance and Identity* (New York: Peter Lang, 2014), pp.71-88이다.

11. David Lyon, *Surveillance after Snowden* (Cambridge: Polity, 2015), 특히 pp.3-4, pp.39-40; "Surveillance Culture: Engagement, Exposure, and Ethics in Digital Modernity," *International Journal of Communication* 11 (2017), pp.824-842.

12. David Lyon, "Surveillance Culture", pp.829-830.

13. Ibid., p.829.

14. Ibid., p.827.

15. Deborah Lupton, *Digital Sociology* (London: Routledge, 2015), p.30.

16. Kirstie Ball, "Exposure: Exploring the Subject of Surveillance," *Information, Communication & Society* 12(5) (2009), pp.639-657.

17. Bernard Harcourt, *Exposed: Desire and Disobedience in the Digital Age* (Cambridge, MA: Harvard University Press. 2015).

18. David Lyon, "Surveillance Culture", p.829.

19. Ibid., p.830.

20. Ibid., p.837. 줄리 코헨의 연구, 엥겐 이신과 에벌린 루퍼트의 연구는 다음과 같다. Julie Cohen, *Configuring the Networked Self: Code Law and the Play of Everyday Practice* (New Haven: Yale University Press, 2012); Engin Isin and Evelyn Ruppert, *Being Digital Citizens* (London: Rowman and Littlefield, 2015).

21. 한병철, 전대호 옮김, 《정보의 지배: 디지털화와 민주주의의 위기》, 김영사, 2023.

22. 한병철의 《정보의 지배: 디지털화와 민주주의의 위기》 번역본 쪽수이다(이하 모두).

8장 아직 '1984'는 아니다 – 기술의 어긋남과 저항하는 사람들

1. 홍성욱, 《백남준과 테크노 아트》, 서울대학교출판문화원, 2024, 143-144쪽.

2. "이미솔과 장강명의 대담", 〈IVE Magzine〉 3호, 2025, 97쪽.

3. J.D. Tuccille, "Why Spy on Everybody? Because "You Need the Haystack To Find the Needle," Says NSA Chief" *Reason* (19 July 2013) https://reason.com/2013/07/19/why-spy-on-everybody-because-you-need-th

4. 여기서 데이터와 메타데이터를 구별해서 이해할 필요가 있다. 데이터는 이름, 문서 내용, 사진, 영상 등 실제로 저장되거나 처리되는 정보 자체를 의미한다. 반면 메타데이터는 작성자, 생성 날짜, 파일 크기, 위치 정보처럼 데이터를 설명하거나 구조화하는 정보이다. 간단히 말해서 메타데이터는 데이터를 이해하고 관리하는 데 필요한 부가적인 정보이다. 전화를 도청해서 녹음했다면 그 내용은 데이터에 해당하지만, 전화를 건 장소, 수신 번호, 수신 장소, 통화시간 등은 메타데이터이다. 시민들의 전화 통화 데이터를 수집한 미국 정부가 전화를 도청하지 않았다고 주장하는 데에는 정부가 수집한 데이터가 메타데이터에 국한되어 있다는 이유가 있다(실제로는 통화 내용을 감청한 경우

도 있다).

5. James C. Scott, *Seeing Like a State: How Certain Schemes to Improve the Human Condition Have Failed* (New Haven: Yale University Press, 1998); 전상인 옮김, 《국가처럼 보기: 왜 국가는 계획에 실패하는가》, 에코리브르, 2010. 제임스 스콧은 국가의 사회공학이 실패한 핵심 원인을 추상적이고 위계적인 계획techne을 중시하면서 현장 중심의 실천적 지식metis을 무시하는 데 있었다고 본다. 지식은 구체적인 상황에 대한 민감함, 암묵지, 경험에 기반한 유연한 대응 능력을 의미하며, 이는 특히 예측 불가능하고 복잡한 현실을 다룰 때 필수적인 지식이다.

6. Sarah Logan, "The needle and the damage done: Of haystacks and anxious panopticons," *Big Data & Society*, 4 (2017). https://doi.org/10.1177/2053951717734574

7. Ibid., pp.6-7.

8. Matthew Hull, *Government of Paper: The Materiality of Bureaucracy in Urban Pakistan* (Los Angeles: University of California Press, 2012); Nayanika Mathur, *Paper Tiger: Law, Bureaucracy, and the Developmental State in Himalayan India* (New Delhi: Cambridge University Press, 2015).

9. "NSA: 'Over 50' Terror Plots Foiled by Data Dragnets," *ABC News* (19 June 2013). https://abcnews.go.com/Politics/nsa-director-50-potential-terrorist-attacks-thwarted-controversial/story?id=19428148

10. Justin Elliott and Theodoric Meyer, "Claim on "Attacks Thwarted" by NSA Spreads Despite Lack of Evidence," *ProPublica* (23 October 2013). https://www.propublica.org/article/claim-on-attacks-thwarted-by-nsa-spreads-despite-lack-of-evidence; Eugene Robinson, "NSA's Haystack," *Herald Net* (7 July 2014). https://www.heraldnet.com/opinion/nsas-haystack/

11. Sarah Logan, "The needle and the damage done."

12. G. Kostka, "China's Social Credit Systems and Public Opinion: Explaining high levels of approval," *New Media & Society* 21 (2019), pp.1565-1593.

13. 블랙리스트는 신용점수가 낮아서 제재를 받는 사람, 레드리스트는 신용점수가 높아서 상을 받는 사람의 명단을 말한다.

14. Min Jiang, "A Brief Prehistory of China's Social Credit System," *Communication and the Public* 5 (2020), pp.93-98.

15. Marianne von Blomberg and Haixu Yu, "Shaming the Untruthworthy and Paths to Relief in China's Social Credit System," *Modern China* 49 (2023), pp.744-781.

16. Xin Dai, "Toward A Reputation State: A Comprehensive View of China's Social

Credit System Project," in O. Everling, eds., *Social Credit Rating*, (Wiesbaden: Springer Gabler, 2020), pp.139-163.

17. Ping Xu and Brian Krueger, "Media Framing and Public Support for China's Social Credit System: An Experimental Study," *New Media & Society* 27 (2023), pp.995-1013.

18. 수스베일런스sousveillance는 프랑스어 'sous(아래)'와 'veillance(보다)'를 결합한 조어로, 권력이나 제도에 의한 감시에 대응해 일반 시민이 아래로부터 권력을 감시하는 행위를 의미한다. 이 개념은 감시surveillance의 위sur에서 아래를 보는 권력의 시선과는 반대되는 아래sous에서 위를 바라보는 시선을 의미한다. 수스베일런스는 캐나다의 웨어러블 컴퓨팅의 선구자 스티브 만Steve Mann이 2003년에 제안한 개념으로, 5장에서 다룬 역감시, 역파놉티콘과 유사한 개념이다. Steve Mann, Jason Nolan and Barry Wellman, "Sousveillance: Inventing and Using Wearable Computing Devices for Data Collection in Surveillance Environments," *Surveillance & Society* 1 (2003), pp.331-355.

19. Lina Dencik and Jonathan Cable, "The Advent of Surveillance Realism: Public Opinion and Activist Responses to the Snowden Leaks," *International Journal of Communication* 11 (2017), pp.763-781.

20. Vian Bakir, "'Veillant Panoptic Assemblage': Mutual Watching and Resistance to Mass Surveillance after Snowden," *Media and Communication* 3 (2015), pp.12-25.

21. Ibid.

22. 외국정보감시법원은 1978년 제정된 해외정보감시법에 따라 국가 안보를 목적으로 실시한 감시활동을 심사하고 승인하는 역할을 수행하기 위해 설립된 미국의 비공개 법원이다. 이 법원은 대법원장이 지명한 11명의 연방 판사로 구성되며, FBI, NSA, CIA 등의 정보기관이 외국의 정보수집을 위해 요청하는 감청, 도청, 이메일 감시 등의 영장을 비공개로 심리하고 발부한다. 대부분의 절차는 정부 측만 참여하는 일방적인 구조로 이루어지며, 이로 인해 '비밀 법원'이라는 비판을 받아왔다. 2013년 에드워드 스노든의 폭로 이후 외국정보감시법원이 대량 감시 프로그램들을 무비판적으로 승인해왔다는 지적이 제기되면서 법원의 투명성과 절차적 균형에 대한 요구가 커졌고, 이에 따라 2015년 제정된 미국 자유법은 법원의 판결 과정에 외부 법률 자문인의 참여를 허용함으로써 최소한의 견제장치를 도입했다. 외국정보감시법원은 감시활동에 법적 정당성을 부여하는 핵심 기구이지만 그 폐쇄성과 권력 집중 구조로 인해 오늘날까지도 민주적 통제와 관련된 논쟁의 중심에 서 있다.

23. G. Greenwald, *No Place to Hide: Edward Snowden, the NSA, and the U.S.*

Surveillance State (New York: Metropolitan Books, 2014); David Lyon, *Surveillance after Snowden* (Cambridge: Polity Press, 2015).

24. ACLU v. Clapper, 785 F.3d 787 (2d Cir. 2015).

25. Electronic Frontier Foundation, "NSA Spying: FAQ on USA FREEDOM Act" (2016). https://www.eff.org

26. Court of Justice of the European Union, "Schrems v. Data Protection Commissioner" (C-362/14), (2015); Court of Justice of the European Union, "Data Protection Commissioner v. Facebook Ireland and Maximillian Schrems" (C-311/18), (2020); European Commission, "EU-US Data Privacy Framework" (2023). https://commission.europa.eu

27. 프라이버시 중심 디자인의 원뜻은 '설계에 구현된 프라이버시'로, 기술이나 조직의 설계 단계에서 프라이버시를 내재화한다는 것이다. 여기서는 '프라이버시 중심 디자인'으로 번역했다.

28. Rebecca Kern, "The Genesis of 'Privacy by Design'" *Politico* (8 June 2022). https://www.politico.com/newsletters/digital-future-daily/2022/06/08/the-genesis-of-privacy-by-design-00038186

29. GDPR 제25조에서는 'privacy by design'이 아닌 'data protection by design'이라는 표현을 사용한다. 유럽 데이터보호감독관은 유럽의회가 프라이버시 중심 디자인의 원칙에 일반적으로 동의하지만 프라이버시가 함축하는 윤리적인 함의 때문에 프라이버시 대신 법적인 경계가 분명한 'data protection'이라는 문구를 사용했음을 밝히고 있다. European Data Protection Supervisor, *Preliminary Opinion on Privacy by Design* (31 May 2018).

30. Ann Cavoukian, "Privacy by Design: The 7 Foundational Principles"의 글은 다음 링크에서 볼 수 있다. https://www.ipc.on.ca/en/media/1826/download?attachment

31. N. van Dijk et al., "Right engineering? The redesign of privacy and personal data protection," *International Review of Law, Computers & Technology* 32 (2018), pp.230-256; Ira Rubinstein and Nathan Good, "Privacy by Design: A Counterfactual Analysis of Google and Facebook Privacy Incidents," *Berkeley Technology Law Journal* 28 (2013), pp.1333-1414.

32. 이번 단락에 나온 사례들은 Becky Kazansky and Stefania Milan, "'Bodies not templates': Contesting dominant algorithmic imaginaries." *New Media & Society* 23 (2021), pp.363-381에서 주로 인용한 것들이다.

33. https://adam.harvey.studio/cvdazzle/

34. Tim Maly, "Anti-Drone Camouflage: What to Wear in Total Surveillance," (interview with Adam Harvey) *Wired* (17 Jan. 2013). https://www.wired.com/2013/01/anti-drone-camouflage-apparel/

35. 이에 대해서는 Finn Brunton and Helen Nissenbaum, *Obfuscation: A User's Guide for Privacy and Protest* (Cambridge, MA: MIT Press, 2015)가 도움이 된다.

36. AdNauseam은 라틴어 ad nauseam에서 따온 이름이다. 이는 '구역질 나도록', '지겹도록' 정도의 뜻인데, ad를 광고로 해석하면 '광고 구역질', '광고 지겨움'으로도 해석할 수 있다.

37. Sahar Khamis and Katherine Vaughn, "Cyberactivism in the Egyptian Revolution: How Civic Engagement and Citizen Journalism Tilted the Balance," *Arab Media & Society* (29 May 2011). https://www.arabmediasociety.com/cyberactivism-in-the-egyptian-revolution-how-civic-engagement-and-citizen-journalism-tilted-the-balance; "Social Media and the Arab Spring," https://handwiki.org/wiki/Social:Social_media_and_the_Arab_Spring

38. 아랍의 봄에서 SNS와 같은 기술의 역할을 강조하는 주장에 대해서는 반론이 존재한다. 그중에서 미국 언론인 맬컴 글래드웰의 지적이 가장 유명하다. Malcolm Gladwell, "Small Change: Why the Revolution Will Not Be Tweeted," *The New Yorker*, 4 Oct. 2010. 맬컴 글래드웰은 SNS를 통해 저항의 정신을 공유하며 광장에 모이는 일은 실제 거리에서 경찰과 부딪히며 저항하는 행위에 비해 위험이 적은low-risk '저강도 참여slacktivism'이며, 따라서 사회를 바꿀 수 있는 힘도 적다고 주장했다. 그는 SNS가 광범위하게 보급된 시리아에서 청년들에 대한 경찰의 무차별 연행에 항의가 일어나지 않았다는 사례가 자신의 주장을 뒷받침한다고 해석한다. 그러나 아랍의 운동가들 사이에서는 이런 평가가 광장에 모이는 행위가 얼마나 큰 위험을 감수하며 이루어졌는지를 이해할 수 없는 미국 언론인의 평가라는 비판도 존재한다.

39. Joel Penney and Caroline Dadas, "(Re)Tweeting in the service of protest: Digital composition and circulation in the Occupy Wall Street movement," *New Media & Society* 16 (2013), pp.74-90; M. D. Conover et al, "The Digital Evolution of Occupy Wall Street," *PLOS ONE* 8 (2013), e64679.

40. BLM운동에 대해서는 O. Schwarz, "Social Media and the Moralization of Protest: #BlackLivesMatter and the Digital Politics of Outrage," *Media, Culture & Society* 43 (2021), pp.351-368 참조.

41. 미투운동은 L. Manikonda et al., "Twitter for sparking a movement, Reddit for sharing the moment: #MeToo through the lens of social media," 2018 IEEE/ACM

International Conference on Advances in Social Networks Analysis and Mining (ASONAM) (2018) arXiv:1803.08022. https://doi.org/10.48550/arXiv.1803.08022 참조.

42. ‘Flatten the Curve(커브를 평평하게 하다)’는 감염병의 확산 속도를 늦춰서 의료체계가 감당할 수 있는 수준으로 초기 감염자 수를 낮게 유지하자는 전략을 의미한다.

43. Jose Lacsa, “#COVID19: Hashtags and the power of social media,” *Journal of Public Health* 44 (2022), e333-e334; Q. Jiang, “Social Media for Health Campaign and Solidarity Among Chinese Fandom Publics During the COVID-19 Pandemic,” *Frontiers in Psychology* 12 (2021). https://doi.org/10.3389/fpsyg.2021.824377; Segah Sak and Bilge Yavuzyiğit, “Striving for wellbeing digitally in the city amidst the pandemic: Solidarity through Twitter in Ankara,” *Habitat International* 137 (2023), 102846.

44. H. Min and S. Yun, “The Role of Social Media and Emotion in South Korea's Presidential Impeachment Protests,” *Issues & Studies* 55 (2019): 195002, doi: 10.1142/S1013251119500024; Yong Chan Kim, “Social media use on protest sites during the 2016-2017 candlelight vigils in Seoul,” in JongHwa Lee et al. eds., *The Candlelight Movement, Democracy, and Communication in Korea* (London: Routledge, 2021), pp.34-47.

45. Bruno Latour, *Reassembling the Social: An Introduction to Actor-Network-Theory* (Oxford: Oxford University Press, 2005).

46. Klaus M. Miller et al., “The impact of the General Data Protection Regulation (GDPR) on online tracking,” *International Journal of Research in Marketing* (2025). https://doi.org/10.1016/j.ijresmar.2025.03.002.

47. N. Srnicek, *Platform Capitalism* (Cambridge: Polity Press, 2017); Nick Couldry and Ulises Mejias, *The Costs of Connection: How Data Is Colonizing Human Life and Appropriating It for Capitalism* (Stanford: Stanford University Press, 2019).

48. Evelyn Ruppert, “Population Objects: Interpassive Subjects,” *Sociology* 45 (2011), 218-233; Evelyn Ruppert and Stephan Scheel, *Data Practices: Making Up a European People* (Cambridge, MA: MIT Press, 2021).

49. D. Beraldo and S. Milan, “From data politics to the contentious politics of data,” *Big Data & Society* 6 (2019), pp.1-11.

50. Nick Couldry and Jun Yu, “Deconstructing Datafication's Brave New World,” *New Media & Society* 20 (2018), pp.4473-4491.

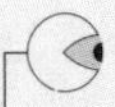

51. D. Beraldo and S. Milan, "From data politics to the contentious politics of data," *Big Data & Society* 6(2) (2019).

52. 이에 대한 자세한 논의는 오요한·홍성욱, "인공지능 알고리즘은 사람을 차별하는가?", 《과학기술학연구》 제18권, 2018, 153-216쪽 참조.

53. K. Austen, "Environmental science: Pollution patrol," *Nature* 517 (2015), pp.136-138.

54. "Ramani Huria." https://en.wikipedia.org/wiki/Ramani_Huria

55. D. Beraldo and S. Milan, "From data politics to the contentious politics of data." *Big Data & Society* 6(2) (2019).

56. Nick Couldry and Jun Yu, "Deconstructing datafication's brave new world," *New Media & Society* 20 (2018), pp.4473-4491.

57. Sara Bannerman, "Relational privacy and the networked governance of the self," *Information, Communication & Society* 22 (2019), pp.2187-2202; J. Boeken, "One for all in privacy law: a relational view on privacy based on the ethics of care," in J. Sen ed., *Data privacy* (IntechOpen, 2024), pp.1-17. doi:10.5772/intechopen.1006844

58. 'Fuck Off Google'(베를린)과 '#blocksidewalk'(토론토) 캠페인은 감시 자본주의를 주도하는 구글과 그 자회사에 의해 추진된 도시개발 프로젝트에 맞서 시민들이 주도한 저항운동이다. 이들은 데이터 수집과 감시에 기반한 감시 자본주의에 반대하며 지역 커뮤니티의 자율성과 데이터 주권을 요구했다. 온라인과 오프라인의 조직활동을 통해 캠페인을 펼친 결과 두 사례 모두 구글의 계획 철회 또는 축소를 이끌어냈으며, 이는 기술 대기업에 맞선 지역 연대와 데이터 정의를 위한 실천의 중요성을 보여준 운동으로 평가된다. Vassilis Charitsis and Mikko Laamanen, "When Digital Capitalism Takes (on) the Neighborhood: Data Activism Meets Place-Based Collective Action," *Social Movement Studies* 23 (2024), pp.320-337.

59. 데이터 무소유data non-ownership란 데이터를 특정 개인이나 조직이 독점적으로 소유하는 것이 아니라, 접근권과 활용을 중심으로 관리하는 상태를 의미한다. 즉, 누구나 데이터를 만들고 사용할 수 있지만 '내 것'이라고 독점할 수 없으며, 연구, 시민과학, 공공 정책 등에서 데이터를 널리 활용할 수 있도록 공익적·공유적 성격을 강조하는 관점이다. 예를 들어 시민들이 스마트 센서로 공기 질 데이터를 수집할 경우에 모든 사람이 이를 사용할 수 있게 하거나, 기업이 개인의 인터넷 로그 데이터를 분석할 때 데이터 자체의 소유권은 없고 사용 권한만 가지는 식이다. 데이터 무소유는 데이터를 '내 것/네 것'으로 소유하지 않고 필요할 때 접근하고 활용하는 상태를 뜻한다.

인공지능
파놉티콘